음악으로 변주된 성경

음악으로 변주된 성경

초판 1쇄 찍은 날 · 2006년 8월 10일 | 초판 1쇄 펴낸 날 · 2006년 8월 16일

지은이 · 신영우 | 펴낸이 · 김승태

편집장 · 김은주 | 편집 · 정은주, 이덕희, 권희중 | 디자인 · 노지현, 이훈혜
영업 · 변미영, 장완철 | 물류 · 조용환
드림빌더스 · 고종원, 이민지 | 홍보 · 설지원

등록번호 · 제2-1349호(1992. 3. 31.) | 펴낸 곳 · 예영커뮤니케이션
주소 · (110-616) 서울 광화문우체국 사서함 1661호 | 홈페이지 www.jeyoung.com
출판사업부 · T. (02)766-8931 F. (02)766-8934 e-mail: jeyoungedit@chol.com
출판유통사업부 · T. (02)766-7912 F. (02)766-8934 e-mail: jeyoung@chol.com

copyright©2006, 신영우

ISBN 89-8350-397-1 (03230)

값 19,500원

음악으로 변주된 성경

신영우 지음

들어가는 글

밤이 깊도록 수고하였으나 한 마리의 물고기도 잡지 못하며

낙심하고 있던 베드로에게 찾아오신 예수님,

생업의 장(場)에서 철저하게 패배하고 있던 나에게

그 동일한 주님이 아주 가까이 다가 오셨습니다.

"깊은 곳으로 가서 그물을 내려라"

그때부터 이 글은 쓰여지고 있었습니다.

물질로 나의 믿음을 시험하신

냉정하고도 엄정한 神이시여,

그랬습니다. 예수여,

이천 년 전 척박한 바람 부는 유대 땅에서

당신이 그토록 싫어하시던 일,

하나님과 재물을 겸하여 섬겼습니다.

내 인생의 광야길을 힘겹게 걷고 있을 때

 음악으로 변주된 성경

오늘의 일용할 만나를 축복처럼 내려 주시고
눈물을 흘리며 씨를 뿌리는 자가
기쁨으로 단을 거두는
역설로 살아가는 행복을 깨닫게 하신 나의 하나님.

그리 아니 하셨을지라도 이제 나의 입술에
한가지 변치 않을 고백이 생겼습니다.

나를 귀머거리로 태어나지 않게 하시고
오늘도 음악 듣는 기쁨을 허락하신 창조주시여,

"진실로 나의 잔이 넘치나이다"

　　"수고하고 무거운 심 신 자들아 나 내세로 오라 내가 너희를 쉬게 하리라" 말
씀하신 하나님께서 삶에 지친 내게 이쯤에서 귀한 안식년을 허락해 주시며, 지난
날을 한번 돌아보며 회개하게 하시고, 현실을 직시하며 겸손함을 알게 해주시고,
앞으로 남은 인생 어떠한 삶을 살아가야 할 것인지 결단하게 해주시므로 진정 하
나님과 웰빙하는 쉼을 허락하셨다.
　　사회생활 한 지 실로 24년 만에 맞는 안식년이다. 이 안식년의 시작은 너무 비
참하고 고통스러웠으나, 이내 하나님께서 예비하신 귀한 안식과 축복의 시간임
을 깨닫게 된다. 나는 심기일전하여 매번 민수기 이상을 넘기지 못했던 성경 일
독에 도전한다. 그 어느 때보다 영적으로 절박했고 갑자기 여유로워진 시간 앞에
놓인 상황에서 부분부분 알고 있던 말씀이 줄줄이 엮어짐에 더욱 흥미를 느끼며
빠른 속도의 진전을 보인다.

욥의 고통이 바로 지금 나의 고통이요. 시편을 통한 다윗의 애절한 간구가 내 마음을 적셔오며, 전도서가 지난 내 삶을 깊이 회개케 하는 감동의 연속이다. 창세기를 펼치면서 하이든의 '천지창조'가 들려옴을 경험하고, 열왕기에서는 멘델스존의 '엘리야'가 마음 속에 울려 퍼진다. 이사야 40장으로 들어서는 순간 헨델의 '메시야'가 말씀의 배경으로 깔리며, 그 한마디 한마디가 모두 나를 위해 예비하신 하나님의 말씀임을 직감하는 진한 감동을 느낀다.

이 때 갑자기 그간 들었던 종교음악들과 관련된 성경 구절이 떠오르며, 각 곡에 대한 이야기가 머릿 속에서 파노라마와 같이 스쳐 지나가며 한 권의 책의 구성과 내용이 펼쳐지는 아주 특별한 성령의 임재를 경험하게 된다. 지금까지 30여 년간 하나님의 축복으로 받은 귀한 선물인 음악을 어떻게 하면 남들에게 나누어 줄 수 있을까? 라는 물음에 나는 오래 전부터 내가 가장 즐겨 들었던 오페라나 종교음악에 관련된 책을 하나 써야겠다는 잠재의식을 갖고 있었던 터에 드디어 쓰고 싶어했던 책을 쓸 수 있다는 소망을 발견한 것이다.

이 책의 프롤로그는 하나님께서 내게 주신 가장 큰 선물인 음악을 어떻게 만나게 되었는지, 또 어떤 방법으로 음악을 들었는지 내 자신의 경험을 바탕으로 한 독특한 음악 감상 비법이 소개된다. 음악이란 선물을 통해 더 큰 선물인 하나님의 말씀과 만난 이야기와 이 책에 소개되는 다양한 형식의 종교음악을 이해 할 수 있도록 각 형식별로 간단한 설명을 붙여 놓았다. 본문에서는 종교음악 중 가장 잘 알려진 대곡들 중심으로 구·신약 성경의 전체적인 맥이 통할 수 있도록 선정했다. 이 책은 음악과 성경의 비중이 동등하지만 곡의 배열을 작곡가 연대 순이 아닌 해당 곡과 관련된 성경의 책 순서대로 배열했다. 각 곡들의 내용은 곡의 성격에 따라 차이가 있지만 대체로 각 곡에 인용된 성경 구절, 하나님과 음악과 관련된 이야기, 작곡가들이 곡을 만든 이야기 그리고 내가 각 곡을 만난 추억담으로 구성된다. 양적인 부담에도 불구하고 종교음악은 가사의 의미가 중요하므로 전곡의 가사와 간단한 음악적 설명이 덧붙여져 있다.

　내 삶의 가장 어려운 시기임에도 이 책을 쓰는 동안 하나님께서 말씀과 음악으로 계속 동행하심에 그 어느 때보다 마음의 평정을 찾을 수 있었다. 그리고 이 모든 감동을 다 표현할 수 없는 무딘 글 솜씨에 안타까움을 느끼며, 과학도임을 자청하며 글쓰기의 부족함과 둔감함을 합리화하며 모면해 왔던 나의 치부가 다 드러나는 글임을 부끄럽게 생각한다. 다행히도 내 글의 솔직 담백함만은 인정해 준 아내가 자청하여 어색한 부분을 좀 가다듬어 주고 용기를 북돋아 주어 고마울 따름이다. 또한 미약한 내 글에 추천의 글을 써주신 이동원 목사님과 크리스천 문화사역에 강한 의지를 갖고 출판의 기회를 주신 예영커뮤니케이션에 진심으로 감사드립니다.

　절대적인 것이 상대적 잣대로 조롱 당하고 진지한 가치가 경박하고 즉흥적인 문화로 치환(置換)되고 있는 포스트모던의 거센 조류(潮流) 앞에 속수무책인 이 시대에 이 글이 메아리가 되어 돌아올 가능성은 희박해 보인다. 그럼에도 불구하고 나의 작은 바램이라면 이 책으로 인해 나같이 하나님을 모르던 사람이 음악을 통하여 하나님과 만날 수 있는 계기가 되고, 믿는 사람들에게는 가장 거룩한 음악을 통하여 하나님께 온전히 영광 돌리고 믿음이 더욱 풍요롭고 여유로워지며, 음악을 좋아하는 사람들에게는 종교음악이 참으로 완전한 음악이요 불멸의 음악임을 인식하고 친밀해지게 되는 역사가 나타나, 하나님의 영광이 높이 드러날 수 있었으면 한다.

추천의 글

기독교 신학은 하나님의 계시를 두 가지로 이해하여 왔습니다.

일반계시와 특별계시가 그것입니다.

음악이 일반계시에 속한다면 성경은 특별계시입니다.

신 영우님의 이 책은 이 두 가지 계시의 만남의 마당을 보여 줍니다.

그는 일반계시로 특별계시를 소개하며

특별계시로 일반계시를 해석하고 있습니다.

저는 이 책으로 음악을 이해하는 폭이 넓어졌고

성경을 더욱 사랑하게 되었습니다.

음악을 사랑하는 매니아들이 이 책으로 성경을 사랑하게 되고

성경을 사랑하는 성도들이 음악의 영역에서 하나님을 새롭게 만나게 된다면

저자의 바램과 기원이 이루어 질 것입니다.

그리고 저자의 소원처럼 하나님의 영광을 함께 높여 드릴 것입니다.

음악도 이상의 음악에 대한 탁견과

음악으로 변주된 성경

신실한 성도의 신앙 고백으로 써 내려간 이 책에서
독자들은 음악을 선물로 주시고 음악가들의 삶의 마당에서 일하신
하나님의 오묘하신 섭리를 만나게 될 것입니다.
그리고 이 섭리의 마당에서 오늘도 우리에게 다가오시는
살아계신 음악의 주인을 새롭게 만나시게 될 것을 기대합니다.

주후 2005년 가을 마당에서
이 동원 (지구촌 교회 담임 목사)드림

CONTENTS

CONTENTS

지존자여 십현금(十玄琴)과 비파(琵琶)와 수금(竪琴)의 정숙한 소리로
여호와께 감사하며 주의 이름을 찬양하며 아침에 주의 인자하심을 나타내며
밤마다 주의 성실하심을 베풂이 좋으니이다(시 92:1)

에이크(EYCK Jan Van, 1395~1441) :
헨트 제단화 중 〈노래하는 천사〉, 〈천사들의 음악연주〉, 1426~27, 성 바봉 성당, 헨트

Prologue

－음악과의 만남, 음악감상의 4단계, 성경과의 만남, 종교음악에 대하여

음악과의 만남

나는 4남 4녀의 막내로 태어나 제일 큰 누나와 나이차가 무려 13년이니 내가 유치원 다닐 때 우리 집엔 유치원생부터 대학생까지 거의 모든 학년이 다 있었다. 이런 환경에서 나는 형, 누나들의 어깨 너머로 다양한 정보를 주워들을 수 있었다. "서당 개 삼 년에 풍월한다"고 내 또래의 애들과는 도저히 비교되지 않을 만큼, 요즘 말하는 영재에 버금가는 정도로 무엇이든 많이 알고 있었고 또한 조숙했다. 그러던 중 무언가 다른 나만의 세계를 꿈꾸다 중학교 3학년 때 우연히 FM 방송을 듣게 되었다. AM과 달리 잡음이 없고 신기하여 여기저기 돌리다 바이올린 소리에 다이얼을 멈추고 집중하여 듣게 되었다. 때론 부드럽게 때론 예리한 바이올린 소리가 내 마음을 휘저어 놓는 것이 아닌가? 그전까지 느껴보지 못했던 진한 감동이었으며 새로운 세계로 빨려 들어가고 있는 느낌이었다. 곡이 끝나고 아나운서의 곡명 소개를 들으니 베토벤의 '바이올린과 오케스트라를 위한 로망스 2번'이라는 것이다. 그리고 이어지는 것이 쇼팽의 '즉흥환상곡'이란다. 음악 교과서에도 나온 곡이고, 어디서 많이 들었던 곡이었다. 기억을 디듬어 보니 TV 연속극에서 배경음악으로 들어 본 것 같은데 그 곡이 바로 쇼팽의 즉흥곡 4번 일명 '즉흥환상곡'이라는 것을 알고 가슴 뿌듯하였다.

그날 음악과의 첫 만남을 통해 아름답고 황홀한 감동을 느꼈고, 그 감동은 나를 음악의 세계로 초대하여 지금까지 음악을 좋아하는 사람으로 만들었다. 그때까지는 형, 누나들 옆에서 엘비스 프레슬리, 폴 앤커, 비틀즈, 클리프 리처드 등의 팝송은 들어 왔지만 이런 종류의 음악은 내게 큰 울림은 주지 못했다. 그런데 그 날 들은 바이올린과 피아노 두 곡의 손짓은 내게 클래식 음악이 결코 멀리 있지 않다는 사실을 일깨워 주었다.

그날 이후 나는 아무것도 모르는 상태에서 음악 자체의 매력에 끌리어 시간만 나면 FM의 클래식 음악 방송만 듣게 되었다. 이를 가소롭게 여긴 형, 누나들은 막내 동생의 새로운 세계로의 발걸음에 대한 기특함에 격려 내지는 축복과는 거리가 먼 "너 그게 뭔지 알고나 듣냐?" "거 참 웃기는 놈이네." 등의 말을 하며 비아냥거릴 뿐이었다. 도움은커녕 전혀 인정받지 못하는 상황에서 나는 내 나름대로 모든 것을 해결해 나가며 차근차근 음악을 듣게 되었다.

당시 우리집에는 그 흔한 '운명' 판 한 장도 없었다. 음악을 들을 수 있는 장치는 오직 FM 라디오와 녹음기 한 대뿐이었다. 우선 소품을 주로 방송해주는 FM 방송 프로를 들으며 처음 듣는 곡이면 무조건 녹음하였다. 그렇게 약 일년간 반복해 들으니 거의 모든 소품을 다 알게 되었고, 이제 소위 명곡이라는 대곡을 하나하나 듣게 된 것이다. 그것도 한 곡을 다 듣는 것이 아니고 중요 악장만 골라 듣다 보니 자연스레 전곡을 들을 수 있게 된 것이다.

또한 좋은 음악회가 열리면 만사 제쳐 놓고 가봐야 했다. 지금도 기억에 선명한 것은 1973년 늦가을, 대학입시가 다가온 시점에 이걸 놓치면 평생 후회할 것 같은 음악회가 있었다. 빈 필하모니 오케스트라(지휘: 클라우디오 아바도)가 처음으로 방한했고, 빈의 삼총사 중 하나인 외르크 데무스의 피아노 독주회가 열렸다. 레코드와 FM으로만 듣던 그 명연주을 듣게 된 것이다. 그 현장에 도열한 오케스트라와 지휘자가 만들어 내는 선율을 확인하는 순간 내 가슴은 벅차 올랐고 내 인생에 이 보다 더한 행복은 없으리라 생각했다. 적요(寂寥)한 정취로 가득한 늦가을, 아스팔트의 낙엽을 밟으며 고독하게 홀로 선율을 음미하며 귀가하던 길목에서, 삶이 던지는 난해한 은유의 상징성과 의문으로 가득한 기호들을 해석하던 시절이었다. 이젠 건널 수 없는 시간의 강이 흐르고 있지만, 지금도 낙엽이 쌓이고 이파리가 바람에 날릴 때면 음악과 열렬히 연애하던 내 젊은 날의 초상이 실루엣처럼 어른거린다.

아인슈타인은 "죽음이란 더 이상 모차르트를 듣지 못함을 의미한다."라고 했다. 그렇다. 음악을 듣는 것은 내가 존재하는 의미였다. 대학에 들어가면서 시간적 여유를 가지고 음악을 마음껏 듣게 되었다. 아마도 음악을 가장 많이 들었던 시기가 아닌가 싶다. 음악과 깊은 사랑에 빠진 이십대 청년의 모습을 상상해 보시라. 방학만 되면 베토벤의 피아노 소나타 32곡 전곡, 현악4중주 16곡, 바그너의 니벨룽겐의 반지 전4부작 등의 음악을 들었다. 이런 식으로 목표를 갖고 대곡들을 하나하나 정복해 나갔다. 교내 방송국의 제작부에서 PD로 활동하며 당시 대학 방송의 수준을 넘는 기획과 준비로 2년간 전무후무한 수준 높은 클래식 프로그램을 제작하기도 했다.

그러나 무엇보다도 나는 피아노와 성악, 오페라에 가장 정통하다. 남들은 지루하다고 하는데 나는 성악 장르 중에서 종교음악을 최고로 생각한다. 종교음악에는 분명 다른 세계가 있다. 종교적인 질서를 갖추되 그 질서 안에 자유로운 예술혼이 살아 있다. 나는 유럽의 수도원에 가서 수도사들이 직접 부르는 그레고리안 성가를 꼭 한번 들어보고 싶은 열망이 있다. 내가 중세에 태어났다면 경건함과 고독한 절제의 미학이 스며있는 이 노래의 매력에 빠져 수도자가 되었을지도 모를 일이다. 초기에는 음악 그 자체만으로도 좋았지만, 하나님을 인격적으로 만나고 말씀이 진리로 받아들여진 후에 느끼는 감동은 이루 말할 수 없다.

음악감상의 4단계

우리는 지금까지 영화, 라디오, TV프로, CF 등의 삽입 음악이나 프로그램의 시그널을 통하여 곡명은 모르지만 많은 클래식 음악을 접해 왔다. 비록 정식으로 음악을 들은 것은 아니지만 언젠가 한번 들어본 것처럼 어렴풋이 기억에 남는 곡이 적지 않다. 어쩌면 우리도 모르는 사이에 귀로 흘러 들어와 우리 안의 어디엔가 굳게 자리잡고 있을지도 모른다. 이처럼 우리는 이미 상당량의 음악을 알고 있다고 할 수 있다. 이제 좀 더 관심을 갖고 우리 안에 여기저기 흩어져 있는 음악을 하나하나 꿰어 나가보도록 한다. 음악을 듣는 가장 기본적인 자세는 클래식 음악은 어렵고 지루하다는 고정 관념의 벽을 뛰어넘는 것으로부터 시작한다. 그러기 위해서는 처음부터 소위 명곡이라는 대곡을 듣는 것보다 우리에게 친근한 소품으로 시작하여 점점 대곡으로 향하는 단계적 접근이 클래식 음악을 친근하고 익숙하게 만드는 방법이다.

감동적인 만남

첫 단계 진입에 앞서 스스로 음악과 친해질 수 있는 계기를 만드는 것이다. 즉, 어떤 음악을 듣고 감동하여 음악감상을 삶의 품귀(品貴)한 가치로 여길 수 있는 곡을 만나야 하는 것이다. 이런 곡은 감수성이 예민한 청소년기엔 쉽게 만날 수 있으나 나이가 들면 들수록 쉽지 않으므로 약간은 의도적인 접근이 필요하다.

경영학에서 말하는 '진실의 순간 (moment of truth)' 즉, 고객의 마음을 사로잡는 데는 순수한 마음으로 처음 만나는 순간이 가장 중요하다는 것이다. 순수한 마음으로 음악을 대하면서 마음속 깊이 심금을 울려주는 감동적인 곡을 만나도록 하는 것이다. 이 순간 마음과 음악의 문이 동시에 열린다. 내 경우는 이미 말한 바와 같이 베토벤의 '바이올린과 오케스트라를 위한 로망스 2번'과 쇼팽의 즉흥곡 4번 일명 '즉흥환상곡'이 이에 해당하는 곡이다.

우리집에서 나는 막내였으나, 그 많은 형제들 중에 내게 음악에 대하여 알려준 사람은 아무도 없었다. 처음엔 음악을 꼭 들어야 하는 의도가 없었으므로 부담도 없고 급할 것도 없었다. 아무것도 모르니 무작정 당돌하게 음악을 듣겠다고 나선 것이다. 그 당시 클래식 음악이 얼마나 방대하고 그 세계가 심오하고 끝없는 것인지 알았다면 절대 도전하지 못했을 것이다. 결국 나는 모든 것을 나 홀로 내 형편에 맞게 차근차근 내 나름대로 터득하며 음악을 들을 수밖에 없었다. 덕분에 음악 듣는 기초를 아주 굳건히 다질 수 있었다. 이렇게 나름대로 하나하나 터득해 나간 나의 단계별 접근 방법이 지금 생각하니 그 누구의 지도를 받은 것보다 오히려 음악감상을 제대로 할 수 있는 가장 그럴듯한 음악감상의 방법론이 된 것으로 이를 정립하여 음악을 처음 듣는 사람들에게 소개해 주고 싶다.

1단계 : 시작은 짧은 소품으로

처음부터 소위 명곡이라는 대곡의 음반을 사서 듣는 것은 결코 좋은 방법이 아니며 실패할 확률이 99%이다. 또한 명곡 해설책을 사서 음악에 대한 사전 지식을 갖고 시작하는 것도 바람직하지 않다. 초보자는 음악의 구성이나 작곡의 배경 등 이론이 필요 없다. 그저 듣는 것만으로도 즐겁다는 어린이와 같은 자세로 접근해야 한다. 주로 FM 방송을 들으면서 거부감 없이 귀에 들어오는 곡. 즉, 자신의 마음 속 깊이 파고드는 감동적이고 인상적으로 끌리는 곡, 처음 듣는 곡인데도

들어본 것 같이 낯설지 않고 친근하게 들리는 곡, 전에 많이 들어본 곡인데 곡명을 모르겠는 곡, 제목만 많이 들어 본 유명한 곡들을 백지장 같이 순수한 감성과 마음의 귀만 열어 놓고 하나씩 발견하여 곡명을 기억하고 반복하여 들음으로 한 곡 한 곡 자기 것으로 만드는 것이다.

음악의 길이는 10분이 넘지 않는 독립된 소품일수록 좋다. 비록 짧은 소품이라도 대곡과 같은 구성은 물론 어떤 면에서는 짧은 시간에 작곡가의 완전한 메시지를 전달하기 위하여 대곡보다 더 짜임새 있고 진한 감동을 주는 곡이 많다. 즉, 짧은 시 한 편이 장편 소설보다 더 직관적인 감동을 주는 것과 같은 이치이다. 클래식 소품은 비록 3~10분짜리지만 한 시간 이상의 대곡들과 경쟁하며 400년 이상 살아남아 지금까지 전해지는 대단한 곡들이다. 즉, 작곡가의 감정을 농축시켜 놓은 엑기스 덩어리인 것이다. 대곡은 소품의 몇몇 주제를 여러 가지 음악 형식과 기법을 사용하여 스케일이 커진 경우가 많으므로 소품의 음악성을 절대 무시해서는 안 된다. 소품을 많이 듣고 알고 있는 것이 음악감상의 기초를 탄탄하게 하는 것이고 나아가 대곡을 쉽게 이해할 수 있는 지름길이다. 소위 공부 꽤나 했다는 자칭 지식인들이 '운명'이나 '미완성'은 알아도—그것도 1악장의 제1주제만 어설프게—클라이슬러의 주옥같은 바이올린 소품인 '사랑의 기쁨', '사랑의 슬픔'은 전혀 모르더란 것이다.

당시 나는 FM 라디오와 녹음기만으로 약 일년 남짓 1단계를 보냈다. 특히, 당시 FM 방송은 요즘보다 소품을 많이 편성했고 청취자의 희망음악 시간은 주로 소품이 방송되었기에 녹음하여 반복해서 들으면서 모든 소품을 줄줄 외워 따라 할 정도로 만들었다. 이렇게 소품 중심으로 아는 곡을 늘려가다 보면 자신도 모르게 소품의 범위를 벗어나 새로운 단계로 접어들게 된다. 훗날 음악감상의 마지막 단계에서 돌이켜 볼 때 음악과 함께한 긴긴 여정 중 가장 잊을 수 없는 행복했던 시간은 순수하게 음악을 느끼고 받아들이던 이 첫 단계임을 알게 된다. 마치 첫사랑과 같단 말이다. 오래 사귄 친구일수록 항상 부담 없이 다가가서 속마음을 터 놓을 수 있듯이 처음 만났던 음악들이 평생의 가장 소중한 벗이 됨을 잊어서는 안 된다. 나는 지금도 대곡을 듣고 나면 그 흥분과 긴장감과 뿌듯함 뒤에 따르는 허전함을 엘가의 '사랑의 인사'와 같은 아름답고 포근한 소품으로 달래주곤 한다.

2단계 : 마음에 드는 악장만을 반복

본격적인 음악을 듣는 단계로 조금 능동적인 자세가 필요하며, 대곡을 듣기 위한 준비 단계이다. 비로소 음악의 장르인 교향곡, 협주곡, 관현악곡, 실내악, 성악, 독주, 오페라 등의 개별적 특성을 이해하고 대표적인 곡을 찾아 듣는 것이다. 음악 해설서가 한 권쯤 필요하나 곡의 자세한 해설보다 각 장르의 대표적인 명곡은 어떤 것이며 무엇을 먼저 들어야 할지 찾아보는 정도로만 사용하면 된다.

특정 장르에 치우치지 말고 골고루 듣도록 한다. 이때 지켜야 할 점은 교향곡의 경우 대개 30~70분 정도로 4개의 악장으로 이루어지는데 매번 처음부터 끝까지 의무적으로 전곡을 듣지 말고 귀에 들어오는 악장부터 골라 들으라는 것이다. 즉 한 곡에 매달려 완전히 끝장내려 하지 말라. 책이나 영화는 줄거리가 중요하므로 보다가 중단하거나 다른 작품과 병행해서 보면 헷갈리고 감동이 반감되지만 음악은 음 하나하나 짧은 주제, 한 개의 악장 단위로 독립성이 있어 우리에게 감동을 주기에 충분하기 때문이다. 즉, 처음 한 번은 끝까지 들으면서 가장 마음에 드는 악장을 하나 골라서 거의 외울 수 있도록 반복하여 듣는다.

대곡도 마치 소품을 듣듯이 악장별로 나누어 자신의 귀에 쉽게 와 닿는 순서로 정복해 나가면 된다. 그러다가 도저히 들을 수 없는 악장이 있으면 그냥 넘어가라. 이렇게 하면 긴 곡이 서너 개의 10분 내외의 작고 아름다운 소품으로 바뀌게 된다. 이제 처음부터 전곡을 들어보자. 이미 잘 알고 있는 몇 개의 악장은 쉽게 술술 넘어간다. 전에 듣기 어려웠던 악장도 조금만 참고 들으면 전에 들을 때는 그냥 지나쳤던 악장이 곡 전체를 때론 부드럽게 때론 극적으로 연결해주며 돋보이게 하는 중요한 악장이라는 새로운 사실을 발견할 수 있을 것이다. 나도 모르게 그 어려웠던 악장에서 새로운 매력을 느끼며 전체적으로 감동적인 완전한 음악이 이루어짐에 놀라게 된다.

오페라, 오라토리오 또는 종교음악의 경우는 특히 더하다. 처음부터 2~3시간 짜리 전곡을 듣기는 정말 무리이고 거의 불가능하므로 전곡의 근간을 이루는 중요한 아리아와 중창, 합창과 중요한 장면들을 골라 듣는다. 이렇게 중요한 곡을 골라서 반복하여 들으면 멜로디가 외워지고 발음은 정확하지 않지만 거의 따라 부를 수 있는 정도가 된다. 이는 마치 어렸을 때 뜻도 모르고 팝송을 따라 부르게 되듯 신기하게도 이게 가능하다. 그 때 날 잡아 전곡을 듣는 것이다. 마찬가지로 전곡을 들으면서 전에 그냥 지나쳐버린 부분들이 이미 친숙해진 아리아, 중창, 합창들 사이에서 극적으로 빛을 발해주고 곡의 이해를 돕는다는 것을 느낄 수 있을 것이다. 이와 같은 방법으로 들으면 아무리 어렵고 긴 오페라 특히 사람들이 듣기 어려워하는 종교음악일지라도 누구든지 쉽게 이해할 수 있으며, 완전한 사기 것으로 만들기에 충분하다.

음악감상은 철저히 자기와의 싸움이다. 공부는 누가 가르쳐 줄 수 있어도 음악감상은 스스로 들으며 알려고 노력하고 새로운 영역을 개척해 나가는 외로운 투쟁의 연속인 것이다. 비록 주변에 가르쳐 주는 사람이 있다 해도 오직 안내자(guider)의 역할 뿐일 것이다. 결국은 자신이 느끼고 자신이 자신에게 그 이해의 정도를 물어보고 대답하고 또 채점해야 하기 때문에 자신만이 가장 공정한 심판관이다.

3단계 : 비교 감상을 통해 자신의 곡으로

음악의 역사에 대하여 어느 정도 공부해야 하고 해설책을 통하여 작곡가들의 각 시대적인 역할과 대표적 작품에 대해서 곡의 구성이나 작곡 배경을 살펴봐야 한다. 지금까지 각자 순수하게 음악만 듣고 나름대로 느꼈던 것과 작곡가의 창작 배경과 전달하려는 의도를 비교해 보면 참 신기하게도 대부분의 경우 크게 다르지 않음에 놀랄 것이다. 만국 공통어인 음악이 베푸는 감동의 세례는 누구에게나 평등하다.

음악이란 예술은 작곡가의 창작품이 악기라는 도구와 이를 다루는 연주자라는 전달자를 통하여 실연 또는 재생연주라는 수단에 의해 최종 감상자인 청중에게 전달되는 것이다. 그러므로 같은 곡이라도 다양한 악기와 전달자 및 해석 방법에 따른 많은 변수들이 작용하므로 연주의 중요성을 이해하며 여러 연주자의 특징을 파악하는 약간 고차원적인 단계로 많은 음악과 연주를 접하면서 음악 감상의 폭을 넓히는 단계이다. 곡을 들을 때 누가 연주한 것인지를 꼭 염두에 두어야 한다. 작곡가라는 창조자의 작품을 감상자라는 대중에게 어떻게 전달해 주느냐는 전적으로 연주자에게 달려있기 때문이다. 유명 레이블로 녹음할 정도면 모두 명연주자의 반열에 들어 있음에 틀림없으나, 각자의 개성에 따라 많은 차이를 보이고 있음을 발견할 수 있다. 즉, 카라얀이 표현하는 '운명' 과 브루노 발터의 '운명' 은 전혀 다른 곡임을 느낄 수 있게 된다.

이 단계는 여러 연주자의 음반을 비교하며 한 곡을 완전히 자신의 것으로 만드는 과정이므로 자신이 듣고 느낀 바와 남들이 평한 바를 객관적인 입장에서 비교해봐야 한다. 여러 연주자의 곡의 표현 차이를 충분히 느낄 수 있는 정도의 오디오 시스템을 갖추는 것에도 신경 쓸 일이다. 또한 음악은 문학, 미술, 무용 등과도 깊은 연관 관계를 갖고 있어 다른 예술의 세계에 대해서도 저절로 관심을 갖게 된다. 모든 예술은 음악의 상태를 동경하며 음악과 어우러지고 변주된다. 특히, 종교음악의 경우 성경과 기독교 사상과 밀접한 관계가 있으므로 성경을 통한 말씀의 이해가 동반되면 그 감동이 배가된다. 또한 음악 서적이나 전문지를 보고 음악은 물론 다른 예술 분야까지 다방면으로 지식을 쌓아가며 주위의 동호인들과의 교류를 통하여 음악감상의 폭을 넓혀가는 단계이다.

4단계 : 인생의 최고의 벗으로

　자신의 음악 세계를 완성하는 마지막 단계이다. 지금까지 들어온 음악을 바탕으로 자신이 가장 좋아하는 장르에 대하여 누구보다도 깊고 넓게 알 수 있도록 한다. 이 단계에서는 곡의 세밀한 부분까지 이해하기 위하여 악보를 보면서 음악을 듣는 방법도 있다. 원래 시각이 주는 효과가 청각이 주는 것보다 강하기 때문에 악보를 보면서 음악을 들으면 평상시 들을 수 없었던 악기 소리까지 들리게 되므로 곡의 새로운 면을 맛볼 수 있다. 정상적인 단계를 밟아 이 단계에 이르러 한 장르에 정통하게 된다면 다른 모든 장르에 대해서도 수준급으로 이해할 수 있게 된다. 생전 처음 듣는 곡이라도 누가 작곡한 곡인지 알아챌 수 있고 훈련 여하에 따라 어떤 연주자가 연주한 것까지도 맞출 수 있다. 또한 아무리 어려운 곡이라도 두세 번 들으면 외울 수 있게 된다. 또한 음악 이외의 예술에 대한 관심으로 지식의 폭이 넓어지고, 오디오 시스템에 대한 일가견도 생기게 되어 자신만의 음악세계와 소리의 세계를 이루어 놓을 수 있는 완성의 단계에 이르게 된다.

　이렇게 여러 단계를 거치는 데는 단계별로 뚜렷한 경계가 있는 것이 아니다. 곡에 따라 음악 장르에 따라 단계를 넘나들며 각자 조절하도록 한다. 이 기간은 음악을 인생의 최고의 벗으로 만드는 노력이며 투자의 시간이다. 개인의 능력과 노력, 음악적 감수성에 따라 다르겠지만 짧게 잡아도 10년은 걸릴 듯싶다. 이렇게 젊어서 사귀어 놓은 음악은 나이가 들면 들수록 가족이나 친구 이상으로 우리의 인생 끝까지 함께 할 수 있는 최고의 벗임을 확신한다.

　마르틴 루터가 "음악은 하나님께서 우리에게 준 가장 큰 선물이다"라고 말했듯이 음악은 주어진 인생을 더욱 풍요롭고 즐겁게 살 수 있도록 해 주는 은총의

선물이다. 우리는 음악에 대한 마음의 귀를 열고 다가가면 되는 것이니 한번 해
봄직한 것이 아니겠는가? 이러한 단계를 거쳐 자기 것으로 만든 곡들은 평생 잊
혀지지 않는다. 사람의 기억력에 한계가 있어 다른 것들은 망각하는데 음악만은
어디에 쌓이는지 모르게 그 많은 양이 계속 쌓여만 가니 혹시 음악 듣는 사람들
몸 속에는 '음악보' 라는 것이 따로 있는 게 아닌지 신기할 따름이다.

성경과의 만남

나는 어릴 적부터 산수와 자연 과목을 좋아했고 남다른 호기심이 많아 초등학교 때 방학숙제로 식물, 곤충채집과 공작을 해 내면 항상 전시될 정도로 특별했다. 고등학교 들어와서 지구과학을 배우며 천문학에 대한 관심이 유달랐다. 이런 나를 위해 그 때 일본에 있던 누나가 당시 우리나라에서는 굉장히 귀한 천체망원경을 선물로 보내주어서 그냥 책에서 사진으로 보는 경지를 뛰어 넘어 실제 천체를 관측하면서 많은 시간을 보냈다. 지금도 갖고 있는 그 천체망원경으로 달의 분화구며, 태양의 흑점을 볼 수 있었다. 처음으로 달의 분화구를 보았을 때의 그 감동은 뭐라 표현할 수 없을 정도로 벅찼다.

육안으로 볼 때는 밤하늘의 별들이 밝기는 다르지만 구분하기는 어려운데 나에게는 특별한 눈―천체망원경―이 있었으므로 많은 별들을 구별할 수 있었다. 학교 도서관에서 공부하다 밤에 운동장에 나와 친구들에게 "저게 목성이고 이게 토성이야"라고 하면 친구들은 네가 그걸 어떻게 아냐며 잘 믿어주질 않았다. 그리고 책에서 배운 별자리의 별들이며 오리온자리의 대성운을 천체망원경으로 관찰하면서 몇 만 광년 전의 빛이 지금 내 망막에 와 닿은 건지, 뭇 별들의 생성과 소멸을 설명함에 인간의 언어는 무기력하고 그 화법은 빈약하되 무한한 우주는 무수한 말을 걸어왔다. 또한 천문학에 대해서 이론적인 무장이 필요해 우주의 생성과 기원에 관한 책들도 섭렵해 갔다. 그 당시 유력한 학설로 우주는 'Big Bang'

이라는 대폭발에 의해 생성되었고 지구의 나이가 약 45억년(최근 학설은 약 150억년) 정도 되었다는 것이다. 그리고 생물시간에 모든 생명체는 진화에 의하여 현재의 모습을 하고 있다는 것이다. 인류의 조상도 진화론의 예외는 아니었다.

그리고 불교도인 어머니는 윤회설을 주입시키며 착하고 바르게 살아야 한다는 것을 강조하셨다. 한편 교회 다니는 친구들은 "하나님께서 천지만물을 창조하셨다"는데 뭐가 맞는 건지 잘 몰랐다. 오히려 학교에서 배운 진화론이 과학적이고 불교의 윤회설이 철학적 깊이가 있는 것 같고, 우주의 중심은 나 자신이며 수행의 정도에 따라 해탈의 경지에 이를 수 있다는 석가의 가르침은, 자존감을 가진 인간이라면 한번쯤 빠져 보고 싶은 매력 있는 종교 사상임에는 틀림없다고 생각하며 적당히 사고의 균형을 잡았다.

나는 고등학교 1학년 때부터 음악을 본격적으로 들었고 하이든의 '천지창조'라는 음악이 있다는 것을 안 것은 아마 고3 때 정도인 것 같다. 그때는 전곡을 듣지 못하고 FM방송에서 흘러나오는 '천지창조'의 유명한 합창곡을 몇 곡 들어본 정도였다. 그후 대학에 들어가면서 음악을 체계적으로 듣게 되었다. 조금 다르게 표현하면 연구하는 자세로 거침없이 오페라나 종교음악 등 대곡을 전곡으로 많이 접했다.

그 첫 번째 종교음악이 헨델의 '메시아' 고 다음이 하이든의 '천지창조'였다. 종교음악의 대본이 대부분 성경을 기본 텍스트로 하여 대본작가가 그대로 인용한 것도 있고 문학성과 자신의 신앙고백을 가미하여 변형하고 있으므로 곡의 내용을 잘 이해하기 위해서는 그 음악의 기본이 되는 성경 구절을 찾아 봐야 할 것 같았다. 그리하여 '메시아'를 들으면서 처음 성경을 접하게 된 것이다. 마침 집에 굴러다니던 성경책이 있어 펼쳐보았다. 책이 워낙 두꺼워 이걸 다 읽는 사람이 있을까 하며 첫 장을 넘겨 제목을 봤다. 소제목들이 도저히 내가 알고 있던 어휘의 세계가 아니었다. 사람 이름 같기도 하고 지명 같기도 하고 하여튼 '메시아'

의 첫 곡인 이사야 40장 1절을 펼쳐 읽기 시작했다. "너희는 위로하라 내 백성을 위로하라"로 시작되는 말씀은 대체 무슨 이유로 위로하란 건지 알 수가 없었다. '메시아'는 그리스도의 탄생의 예언부터 탄생, 고난, 죽음, 부활, 영생을 다루었기에 성경의 여러 부분에서 광범위하게 인용하고 있어서 여기저기 뒤적이며 찾아 봤다. 이해가 안 되면 다시 몇 번을 반복해 읽었다. 그러면서 깊이 느낀 점은 성경은 그 구절만을 반복해 읽어서는 절대 이해할 수 없다는 것이었다.

성경은 그 날줄(經)인 구약에서 신약으로 타고 흐르는 구속사적인 흐름과 그 씨줄(緯)인 창세기에서 계시록을 아우르는 일관된 주제가 성령의 감동으로 견고하게 직조된 책이므로 자기 입맛에 따라 윤색하거나 자의적으로 해석하면 한 오라기 실의 풀림도 허락하지 않는다는 것을 나중에 알았다.

또 '천지창조'를 들으면서 「창세기」를 읽게 되었다. 창세기 1장의 1절은 들어본 적이 있는 구절이고, 2절은 도저히 무슨 말인지 몰랐다. 그리고 3절부터 계속 '하나님이 가라사대'란 명령을 붙여 말씀만 하면 그대로 다 만들어지는 것이었다. 또한 7절에서 '궁창 위의 물과 궁창 아래 물' 등 도대체 무슨 말인지 이해가 되지 않는 부분이 많았다. 「창세기」는 내게 있어 20년간 배워 온 모든 과학의 지식 및 어머니의 가르침을 한순간에 무너뜨리는 엄청나고 충격적인 내용이었다. 성경의 내용을 그대로 믿어야 할지, 아니면 이 책의 내용은 말도 안 되는 내용이라고 해야 할지 도저히 판단이 안 섰다. 천지창조 이전의 혼돈(chaos)보다 더한 혼란이 나를 어지럽혔다. 철학에서 말하는 '에포케(epoche)' 즉 판단 유보 내지는 판단 정지 상태에 처했다는 말이 옳았다.

성경에 대하여 형제들에게 물어봐도 잘 아는 사람이 없었다. 우리집은 워낙 어머니의 영향력이 강해 모두 어머니 따라 절에 다닐 정도니 성경은 거의 금서였다고 보면 된다. 나는 당시 심취해 있던 바흐의 종교음악들, 헨델의 '메시아', 하이든의 '천지창조' 같은 곡을 들으면서 바흐나 헨델, 하이든이 이렇게 멋있고 훌

룡한 음악을 만들 수 있는 영감을 받게 된 것은 아마도 성경 말씀과 하나님에 대한 확신이 없이는 절대 불가능했을 거라고 생각하며 그간 창조에 대하여 배워 알고 있던 모든 지식에 대하여 의구심을 갖기 시작했다.

그런데 재미있는 사실은 모태 신앙도 아니고 기독교와는 거리가 먼 가정에서 자란 내가 다른 사람에 의해 전도되어 성경을 접한 것이 아니라 내 스스로 성경을 찾게 되었다는 사실이다. 더구나 음악에 이끌리어 말씀을 만난 것이다. 이후로도 나는 교회는 다니지 않았지만 수많은 종교음악과 접하며 음악과 관련된 구절에 한해서만 성경을 읽으며 아니 찾아보며란 표현이 더 맞을지 모르겠다. 시간이 지나면서 성경은 이제 나에게 종교음악을 잘 이해할 수 있는 하나의 참고 서적으로 자리를 잡고 있었으며 더 이상 낯선 책이 아니었다.

나는 다시 우주의 기원에 대한 이론과 진화론의 가설에 물음이 생겨나기 시작했다. 빅뱅 이론의 가설은 우주가 알 수 없는 에너지에 의해 우연히 대폭발함으로 천체가 만들어지고 은하계가 탄생했다는 것인데 우주가 무(無)의 상태에서 진화했다는 것은 인과율의 법칙, 질량보존의 법칙, 에너지보존의 법칙, 열역학 제2의 법칙 등의 자연법칙 그 자체를 부정하는 것이 된다. 물론 대폭발 이론의 과학적 접근 방식은 일견 타당하고 합리적으로 보인다. 인간의 추측과 상상력도 존중되어야 마땅하다. 그러나 대폭발이 어떻게(how) 일어났나? 라는 질문의 답은 될지언정 왜(why) 생겨났나?―이는 인간이 가장 궁금해 하는 일이다―라는 근원적인 철학적 질문에 관한 해답은 없다.

천문학에 접근하면 할수록 정밀하게 설계된 우주의 질서 앞에 놀라게 되며 우주 상수(常數)에 변화가 오면 생명체가 존재할 수 없는 조화에 감탄을 금할 수 없다. 특히, 태양계의 지구와 달의 위치와 운행의 기하학적 배열은 예술 그 자체다. 또 진화론자들은 오늘날 다양한 생물체의 존재를 돌연변이로 설명하는데 이는 엄청난 횟수의 유익한 돌연변이의 발생을 요구하며 이 확률은 수학적으로 제로에 가깝다. 그러므로 이 전형적인 무신론적 가설은 여전히 허구적이며 수정이 거듭되고 있는 과학이다.

눈을 들어 밤하늘을 올려다 보라. 수많은 별이 신의 현현(顯現)을 증거하듯 반짝이고 있지 아니한가?

> "창세로부터 그의 보이지 아니한 것들 곧 그의 영원하신 능력과 신성(神性)이 그가 만드신 만물에 분명히 보여 알게 되나니"(롬 1:20).

시간이 흘러 정식으로 교회라는 곳을 나가게 되었는데, 의심 많은 제자 도마처럼 말씀을 하나하나 손으로 만지며, 이성적 동의의 과정이 없이는 한 발짝도 나아갈 수 없는 의심 많은 회의론자인 내 아내의 믿음의 진보가 한없이 더디었다면, 음악을 통해 성경을 먼저 접하고 밤하늘에서 하나님의 존재를 인식했던 나는 성가대의 아름다운 찬양에 마음의 문이 열리고 어느 순간부터 찬송을 부르면 눈물이 흐르며 하나님의 임재를 경험하게 되었다.

종교음악에 대하여

종교음악의 기원

구약 출애굽기에 이스라엘 백성이 홍해를 다 건넌 후 예언자 미리암이 여호와를 찬양하는 노래를 만들어 불렀다고 기록되어 있다. 이는 음악으로 하나님을 찬양하는 가장 첫 기록이며 따라서 종교음악의 효시라고도 볼 수 있다.

> "아론의 누이 선지자 미리암이 손에 소고를 잡으매 모든 여인도 그를 따라 나오며 소고를 잡고 춤추니 미리암이 그들에게 화답하여 가로되 너희는 여호와를 찬송하라 그는 높고 영화로우심이요 말과 그 탄 자를 바다에 던지셨음이로다 하였더라"(출 15:20~21).

찬미가(Hymnus)

초대교회의 성가는 매우 단순했다. 아직 악보가 없던 시대였지만 누구든지 한 번 들으면 쉽게 익힐 수 있도록 단순한 멜로디에 가사를 바꾸어 반복해서 부르도록 하고 있다. 4세기 성 암브로시오의 '창조자의 영원한 세계(Aeterne rerum conditor)' 가 찬미가(Hymnus)의 효시로 13세기까지 가톨릭 교회와 수도원을 중심으로 발전하며 철저히 전례를 위한 음악으로 사용된다. 찬미가의 3요소는 '노래(canto)', '찬양(lode)' 및 '신성(divinita)' 으로 성 예로니모는 "찬미가란 여호와의 권능과 위엄을 크게 찬양하며 아울러 주님의 끝없는 자비와 사랑을 부르고 듣는 이들이 느낄 수 있어야 한다"고 정의하고 있다. 찬미가의 가사는 성서의 내용을 표현한 긴 성시로 여기에 단순한 멜로디를 붙여서 노래로 부르며 선율보다 더 중요시되고 있다.

부속가(Sequentia)

'부속가' 는 성 암브로시오에 의해 복음을 더욱 장엄하게 선포하기 위해 복음과 알렐루야 사이에 복음의 내용과 일치하는 새로운 노래를 삽입한 것으로 시작된다. 알렐루야(Alleluja)에서 인용되었다고 해서 '계속되다' 라는 뜻을 가진 라틴어 'Sequentia' 로 불리게 되었다. 초기에는 두 개의 부속가를 부속가—알렐루야—부속가—복음의 순서로 부르게 된다. 6세기경부터 스페인, 프랑스 남부의 갈리아 지방과 스위스 상 갈렌의 분도 수도회에 전파되어 정형적인 산문시의 규칙적 운율을 가지고 정리된다. 이후 여러 개의 부속가 중 트리엔트 공의회에서 4개(Victimae paschali laudes, Veni Sancte Spiritus, Lauda Sion Salvatorem, Dies ira dies illa)로 한정하였고, 1727년에 '성모애가' 라고 하는 'Stabat mater dolorosa' 가 전례에 추가되어 현재 5개의 부속가가 전해지고 있다.

암브로시오 성가(Cantus Ambrosius)

밀라노의 주교였던 성 암브로시오(Ambrosius Aurelius, 339~397)에 의해 만들어진 성가로 그리스도교는 313년에 밀라노 칙령에 의해 로마 황제 콘스탄티누스로부터 공식 인정을 받는다. 이후 그리스도교는 로마와 밀라노를 중심으로 급속히 전파된다. 특히 밀라노는 동방 계열인 아리안족의 개종이 많아 밀라노 교회는 동방교회의 전례가 자연스럽게 유입된다. 암브로시오는 교구 신자들의 신앙심을 돈독히 하고 그들의 능동적인 미사 참여를 위해 전례를 더욱 장엄하고 화려하게 발전시키게 된다. 고대 그리스 음악의 선법과 유대인들의 시편성가 등을 도입하여 신자들이 성서의 내용을 보다 쉽게 이해하고 암기할 수 있도록 곡을 붙인 것이

암브로시오 성가로 이는 후에 새롭게 탄생하는 그레고리오 성가에도 많은 영향을 미치게 된다.

그레고리안 성가(Cantus Gregorian)

그레고리안 찬트는 교황 그레고리우스 1세의 재위(590~604년) 시 유럽 전역에서 구전되던 민요를 포함한 음악을 모아 '네우마' (neuma)라는 특별한 악보로 기보했고 단성의 무반주로, 라틴어 가사의 신을 찬미하고 감사하고 기원하는 내용의 노래다.

수도원의 성무일과(하루 8차례 드리는 기도)에 사용한 것이다. 엄밀히 말하면 노래라기보다는 단순한 멜로디에 붙여 무반주로 성경을 낭송하는 형식으로 음악의 요소인 화성과 리듬이 배제되고 선율의 굴곡도 제한되어 있으며 남성의 양감 없는 목소리로 불려지므로 오히려 성스러움과 신비로움을 더해 주며 가톨릭의 예배 형태인 성무일과(Office)와 미사(Missa)에 사용되어 왔다.

성무일과란 수도사들의 일상생활 중의 기도로 보통 오전 3시경 일어나 마틴스라는 해뜨기 전 기도로 시작하여, 콤프리네를 끝낸 뒤 오후 7시 전후해서 잠자리에 들때까지 수도원에서 하루에 여덟 번의 정해진 시간—마틴스(Matins, 해뜨기 전), 라우드스(Lauds, 해뜰 때), 프리메(Prime, 오전 6시), 떼르체(Terce, 오전 9시), 섹스트(Sext, 정오), 논네스(Nones, 오후 3시), 베스퍼스(Vespers, 해질 때), 콤프리네(Compline, 잠자기 전)—과 순서에 따라 기도하는 그들의 생활을 의미한다.

성무일과 예배의 기본적인 틀은 시편을 낭송하고 회중이 찬미가를 노래하며, 그날의 과제로 주어진 성경구절을 낭송하는 것이다. 모두 기본적인 음률을 가진 가락의 형태로 불리워지는데 회중이 두 패로 나뉘어 한 구절씩 번갈아 노래하는 안티폰, 독창자와 회중이 교창하는 레스폰소리아, 합창의 세 가지 형태가 섞여 있다. 성무일과 중 마틴스, 라우드스, 베스퍼스 등이 가장 중요하게 지켜지고 있으며, 이중 베스퍼스에는 다성음악으로 불려지는 마그니피카트(Magnificat) 부분이 포함된다. 교회력의 절기에 따라 각각 다른 이 성무일과는 모두 2,160여 가지가 그레고리안 찬트로 안티포날이라는 책에 채보되어 있으며, 모든 종교음악의 기초가 되어 유럽 전역에서 1,000여 년간의 전성기를 맞이한다. 지금도 전 세계 가톨릭 수도원에서 원래의 형태 그대로 불리고 있다.

라우다(Lauda)

'라우다'는 라틴어의 '라우스'(Laus: 찬양, 찬미)에 어원을 둔 합창단과 독창자에 의해 주고받는 형식으로 부른 비 전례 종교음악이다. 13세기경부터 이탈리아를 중심으로 4행시 또는 9행시의 가사에 곡을 붙인 단성율 음악이었으나, 16세기 이후 다성율로 변화하여 오라토리오로 발전한다.

피렌체에서 1598년 이탈리아 오페라의 효시인 다프네(Jacopo Peri의 곡)를 탄생시키는 모체가 되는 형식이다. 찬미가(Hymnus)가 엄격하게 전례에 사용된 반면 라우다는 요즘의 성가와 같이 일반 성도들을 위한 자유로운 형식의 성가이다.

폴리포니아(다성음악)

15~16 세기에 들어서면서 이탈리아를 중심으로 프랑스 남부 지방에서는 새로운 음악풍조인 마드리갈(Madrigale: 연가)이 유행되기 시작했다. 보통 2성부 또는 3성부로 이루어진 초기 마드리갈은 교회로 유입되어 이제까지 단선율로 불리어지던 그레고리안 찬트의 단조로움에서 탈피해 보다 화려하고 리듬이 살아 움직이는 음악 형태로서 삽시간에 널리 퍼지게 된다.

세속음악인 폴리포니아는 2-8성부로 모테트와 미사의 기본을 이루며 그레고리안 찬트에서 가사를 따오므로 거부감 없이 교회의 미사 전례에 받아들여져 그레고리안 찬트를 대치하게 되며, 16세기 말 이후 오라토리오, 칸타타, 코랄 등 비교적 큰 규모의 음악 형식으로 발전된다.

모테트(Motet)

성서의 구절, 기도문 등 종교적인 내용의 라틴어 가사로 되어있으며 무반주로 노래되던 다성부 합창음악이다. 모테트는 미사와 달리 중세와 르네상스 시기에는 교회당 밖의 의식에서 사용되어 왔다. 가사 선택에 있어서나 음악적으로 작곡가들의 창조적 역량이 충분히 발휘되며 자유롭고 진보적이다. 악기만으로 연주되는 경우도 있고, 세속적인 가사의 세속 음악으로도 변모되었다.

미사(Mass, Missa)

미사는 가톨릭 교회의 가장 장엄한 의식이다. 미사는 예배 의식을 지칭하는 동시에 예배 때 사용하는 텍스트를 가사로 하여 만든 예배음악을 의미하기도 하며, 그 선율의 원형이 그레고리안 찬트이다. 미사란 명칭은 예배가 끝난 뒤 사제가 신자들에게 "미사가 끝났으니 가서 복음을 전하십시오(라틴어로 'Ite missa est')"라며 해산을 선언하는 구절에서 유래한 것이다.

미사는 그리스도의 복음을 전하는 말씀의 전례와 그리스도 최후의 만찬을 재현하는 성찬의 전례, 두 부분으로 구성되며 의식의 중심은 빵과 포도주의 봉헌에 모든 성도들이 참여하는 데에 있다. 미사는 전례 순서에 따라 모든 미사에 공통으로 적용되는 가사가 변하지 않는 부분인 통상문(Ordinarium)과 교회의 절기에 따라, 즉 특별한 축일이나 기념일 목적에 따라 가사가 변하는 고유문(Proprium)으로 구분된다. 중세인들이 교회 안에서 종교적 경험과 병행하여 음악적으로 향유했던 미사곡은 적어도 바로크 시대까지 서양 음악 작곡가라면 누구나 한번쯤은 작곡했을 정도로 중요한 성악 장르였다. 이 미사곡은 완전히 전례 의식을 위해 작곡된 것이 대부분이지만 바로크 시대 이후로 갈수록 연주를 목적으로 작곡되는 경우도 발생한다.

레퀴엠(Requiem : 진혼곡)

특히 죽은 자를 위한 미사를 레퀴엠(진혼곡)이라 부른다. 레퀴엠은 보통 미사와 달리 키리에 앞의 입당송 부분에 "영원한 안식을(Requiem Aeternam)"로 시작되고, 글로리아와 크레도 대신 레퀴엠 부분이 첨가된다. 그리고 "진노의 날"과 "봉헌송"으로 이어지는 경우가 많다. 아뉴스 데이(하나님의 어린 양)가 끝난 후 "영원한 빛(Lux Aeterna)"으로 시작되는 "영성체송"으로 끝맺는다.

● 미사와 레퀴엠의 형식 비교

미사통상문(Ordinarium)	미사고유문(Proprium)	내 용
	입당송(Introitus)	주여, 그들에게 영원한 안식을 주소서
키리에(Kyrie)	키리에(Kyrie)	주여, 우리를 불쌍히 여기소서
글로리아(Gloria) — 대영광송		하늘 높은 곳에는 하나님께 영광 땅에서는 마음 착한 이에게 평화
	층계송(Graduale)	주여, 그들에게 영원한 안식을 주소서
	연송(Tractus)	주여, 죽은 모든 신자들의 영혼을 온갖 죄에서 풀어주소서
	부속가(Diesirae)	진노의 그날이 오면, 다윗 시빌의 예언에 따라 세상만물 재 되리라
크레도(Credo)		나는 믿나이다. 한 분이신 전능하신 하나님
	봉헌송(Offertorium)	영광의 왕이신 주 예수 그리스도여, 죽은 모든 신자들의 영혼을 지옥 벌과 깊은 구렁에서 구하소서
상투스(Sanctus), 베네딕투스 (Benedictus)		거룩하시다. 주의 이름으로 오시는 이여 찬미받으소서
하나님의 어린 양 (Agnus Dei)	하나님의 어린 양 (Agnus Dei)	하나님의 어린 양, 세상 죄를 없애시는 주여, 우리를 불쌍히 여기소서
영성체송(Communio)		주여, 영원한 빛 그들에게 비추소서

오라토리오(Oratorio : 교성곡, 성담곡)

오라토리오는 10세기 이전 성경 속의 이야기로 배역을 나누어 대화체로 주고받음으로 이해를 돕는 민중의 종교 교육 수단에 근원을 두고 있다. 그러던 것이 16세기 중엽부터 수도원이나 신학교 등 특수한 시설에서 그들의 기도실로 이용되던 방인 오라토리움에서 성서를 읽으면서 더 큰 흥미를 끌기 위해 배역을 나누고 간단한 연기를 곁들여 종교적인 음악극을 공연하던 것에서 오라토리오라는 이름을 얻게 되었다.

초기엔 주로 종교적인 내용을 가진 규모가 큰 서사적인 악곡으로서 프랑스풍의 서곡으로 시작되어 서창(레치타티보)과 이어지는 아리아와 합창에 관현악 반주를 포함하는 대규모 음악 형식이다. 특히, 레치타티보는 장식음이 없이 평범하게 부르는 세코와 풍부한 반주가 수반되는 아콤파냐토로 나누어 효과를 더하고 있다. 오페라보다는 합창을 훨씬 강조하고 무대 장치와 의상 없이 공연된다는 점의 차이를 보였다. 16세기 말 이탈리아를 중심으로 오페라와 같이 크게 발전하여 헨델에 의해 바로크 오라토리오의 꽃을 피웠고, 17세기 이후 독일에서는 쉬츠, 바흐, 하이든을 거치며 절정을 맞게 된다.

칸타타(Cantata)

기악으로 연주되는 소나타(sonata)와 대별하여 '노래되는 곡'이라는 뜻을 가진 성악곡으로 그 기원은 이탈리아의 모노디(monody: 화음을 낼 수 있는 악기로 반주하는 단선율 성악곡)에서 온 것이며, 17세기 중엽 콘티누오 반주에 아리아와 레치타티보를 번갈아가며 노래하는 독창용 성악곡을 일컬었다.

오페라나 오라토리오와 같이 발전해오며, 세속적 내용의 실내 칸타타(Cantata da camera)와 종교적 내용인 교회 칸타타(Cantata da chiesa)로 나누어진다. 교회 칸타타는 초기에 이탈리아 베네치아 악파가 시편의 가사로 독창, 합창이나 오케스트라의 반주로 구성된 모테트의 일종인 교회 콘체르토로 시작되어 바흐 시대 루터파의 예배에 당일 낭독될 복음서, 사도서신 등의 가사로 설교 전, 후에 연주되는 독창, 중창, 합창으로 구성되는 악곡이다.

　바흐는 라이프치히 성 토마스 교회와 성 니콜라이 교회의 칸토르로 재직할 당시 매주 일요일과 축일에 성 토마스 교회와 성 니콜라이 교회에서 4시간 이상 거행되는 예배를 위해 200곡이 넘는 칸타타를 작곡하면서 독보적인 형식을 구축했다.

수난곡(Passion)

　그리스도의 수난에 관한 내용에 오라토리오 형식으로 구성된 음악이다. 즉, 수난곡은 음악양식이라기보다는 가사를 중심으로 분류한 것으로 보통 그레고리오 성가적 수난곡, 폴리포니적 수난곡, 오라토리오적 수난곡 세 가지로 분류한다. 이 중 오라토리오적 수난곡은 서창, 다카포, 아리아, 아리오조, 합창 등으로 구성되고 가사도 자유롭게 만들어진다. 또한 성악곡은 아니지만 하이든의 '십자가 상의 일곱 말씀'도 내용적으로 수난곡의 범주에 넣을 수 있다.

코랄(Choral)

　합창을 뜻하는 라틴어 코루스(chorus)의 형용사형 코랄리스(choralis)에서 유래한 말이며, 독일어화 된 코랄(choral)은 16세기 중엽부터 등장한다. 중세기에 그레고리오 성가로 대표되는 로마교회의 여러 가지 단선율 성가의 총칭으로 쓰였으나 종교개혁 후 독일, 북유럽에서는 신도들이 자기 나라 말로 부르는 종교적 유절(有節)가곡 및 그 가사를 뜻하게 되었다.

앤덤(Anthem)

　앤덤은 영국 국교(성공회: Anglican church)의 예배에서 가톨릭의 모테트와 유사한 역할을 하는 합창곡에 해당된다. 앤덤과 모테트의 차이는 음악 양식보다는 언어에 있다. 독창자 없이 합창으로만 연주하는 앤덤은 'full anthem' 이라고 하고, 하나의 시구(verse)마다 기악 반주를 수반하는 독창과 무반주 합창을 교대로 연주하는 것은 'verse anthem' 이라고 한다. 예배 음악에 자국의 언어를 도입하고 가사를 알아듣기 쉽게 하기 위해 호모포닉한 부분을 많이 둠으로써 충만한 음향을 낸다는 점에 있어서 앤덤은 영국의 독특한 음악 유산이라고 할 수 있다.

테 데움(Te Deum)

"(우리들)당신을 주님으로 찬송하도다"라는 라틴어 가사에서 유래한 31개의 시구로 이루어진 장대한 찬가로서 감사와 구원에 대한 마음을 바치는 찬양이다.

스타바트 마테르(Stabat Mater)

성모 애가(Stabat Mater)는 부속가(Sequentia)중의 하나인데, 1727년에 미사 예전서에 채택되었다. 이 전례는 '성모의 7가지 슬픔의 축일' (9월 15일)에 노래된다.

"슬픔에 잠긴 성모"라는 뜻으로 십자가 위에서 고통과 죽음 앞에 선 아들 그리스도를 바라보며 '주 예수 높이 달리신 십자가 곁에 성모 서서 비통하게 우시네' 로 시작하는 20절로 된 3행시에 마리아의 슬픔과 고뇌를 담은 노래이다.

마그니피카트(Magnificat)

수태를 알게 된 마리아는 친척인 엘리사벳을 방문하고 기쁨 속에 하나님을 찬미하는 누가복음 제1장 46~55절에 적혀있는 마리아의 찬가 '나의 혼은 주님을 우러러보고, 나의 영은 구주이신 하나님을 찬양하나이다(Magnificat anima mea Dominum.)'에 다성부 음악을 붙인 것으로 만과(vespers: 가톨릭 교회의 저녁기도) 때 주로 부르던 찬양이다.

하늘이 하나님의 영광을 선포하고
궁창이 그 손으로 하신 일을 나타내는도다(시 19:1)

미켈란젤로(Michelangelo Buonarroti, 1475~1564) : 〈천지창조〉 중
'어둠과 빛의 분리', 1511, 시스티나 예배당, 바티칸

천지창조
Die Schopfung : Franz Josef Haydn
– 창조주의 위대하고 섬세한 권능에 봉헌한 노래

아름다운 한 권의 책

하느님

— 천상병 —

만일 우주가 없었더라면
만일 태양계가 없었더라면
만일 지구가 없었더라면
만일 지상이 없었더라면
사람은 어찌 낳겠어요?

만일 분자가 없었더라면
만일 원자가 없었더라면
만일 원소가 없었더라면
만일 핵이 없었더라면
물질은 어찌 생겼겠어요?

만일 봄이 없었더라면

 음악으로 변주된 성경

만일 여름이 없었더라면

만일 가을이 없었더라면

만일 겨울이 없었더라면

문명이 어찌 빛났겠어요?

다 훌륭하신 하느님께서

다 거룩하신 하느님께서

다 전지전능하신 하느님께서

다 절대자이신 하느님께서

창조하시지 않았겠어요?

　형이상학적 추론의 과정이 없는 단순함으로, 그러나 진정한 자유인이 누리는 날이 서지 않은 부드러운 직관으로 창조주의 위대함을 노래한 천상병, 나는 때묻지 않은 이 시인 편이다. 어린 아이와 같이 깨끗한 영혼이 하나님을 볼 수 있음이여….

　과학이라는 학문이 생명의 기원과 신비를 해부하기 위해 이론을 만들고, 가설을 세우며, 확신해 마지않던 그 이론을 수정하고, 또 다른 이론 체계를 구축하고, 학설은 항상 변할 수 있다고 말하는 것과 다름 아닌 무의미하고도 지루한 동어반복을 계속하는 동안, 찬연한 생명의 언어로 생명의 본질을, 변치 않는 우주의 질서를 선포하는 진리의 세계를 만날 때 인간이 쌓아 올린 서푼 어치 지식의 바벨탑이 와르르 무너지는 소리를 듣는다.

　아인슈타인은 "나는 생명의 신비 앞에서 가장 강렬한 감동을 받는다. 이 감동이야말로 아름다운 것과 참된 것의 바탕을 이루고 예술과 과학의 원동력이 된다."라고 했다.

"…그의 능력의 말씀으로 만물을 붙드시며(…sustaining all things by his powerful word)"(히 1:3).

성경은 과학 서적 같은 형식으로 쓰여 있지 않으며 학문적 진리를 전달할 목적도 없어 보이지만 결코 과학과 대립의 각을 세우지 않는다. 뉴턴의 만유인력을 이보다 더 명쾌하고 명료하게 표현할 수 있을까? 설명하는 방법이 다를 뿐이다. 창조주는 만물을 창조하시고 중력이라는 신비로운 힘으로 관리하신다. 인류 역사상 뛰어난 대과학자들은 창조주의 창조원리와 섭리를 탐색해 가는 과정을 통해 아직도 인간이 발견하지 못한 자연의 법칙을 인정하고 인간이기 때문에 다 알 수 없는 우주의 비밀 앞에 겸허하다.

단테의 말처럼 이 세상은 창조주가 보시기에 좋았더라고 한 '아름다운 한 권의 책'이며, '자연이라는 책은 하나님의 손으로 수학이라는 언어를 통해 쓰신 것이다'라고 갈파한 갈릴레오의 시선은 예리하다.

창세기 1장은 내게 시원(始原)에의 무구한 갈망을 해갈케 하는 장엄한 교향곡이며 생명에 대한 영원한 물음에 화답하는 엄숙한 대서사시이다.

기도의 응답으로 맡겨진 '천지창조'

하이든(Franz Joseph Haydn, 1732.3.31~1809.5.31)은 오스트리아 동부의 작은 마을인 로라우에서 태어났다. 5세 때부터 음악적 재능을 보이기 시작하여 7세 때 빈의 성 스테판 대성당의 소년합창대에 들어가 당시의 오스트리아 여왕 마리아 테레지아의 총애를 받았다. 1761년(30세) 헝가리의 귀족 에스테르하지 후작 집안의 부악장에 취임하여 1766년부터 30년에 가까운 세월을 충실한 악장으로 근무하며 총104곡의 교향곡과 수많은 기악곡을 작곡하면서 교향곡의 아버지란 칭호를 얻으면서 미사, 모테트, 칸타타, 오라토리오 등 수많은 종교음악을 남겼다.

일생 동안 낙천적이면서 겸손한 성품과 신앙심을 갖고 진실하게 작곡 활동을 하며 푸근한 대인관계로 파파 하이든이란 애칭으로 불리기도 한다. 1791년과 1794년 2회에 걸쳐 영국을 방문하여 "잘로몬교향곡"을 발표하면서 런던의 웨스트민스터 대성당에서 열린 헨델 추모음악회에 참석하여 헨델의 '메시아'를 들었을 때 깊은 감동을 받아 눈시울을 적시면서 "헨델이야 말로 우리들 중 참다운 거장이다"라고 높이 평가했다. 그때부터 자신도 위대한 하나님의 음악을 만들어야 겠다는 결심을 하며 끊임없이 기도했다.

'천지창조'의 대본은 원래 영국의 시인 리들레이가 밀턴의 「실낙원」을 기본으로 하여 헨델의 오라토리오를 위하여 만든 것이다. 그러나 그것이 이루어지지 않자 마침내 하이든에게 작곡의 기회가 돌아오게 되었고 이를 헨델의 연구가였던 반 슈비텐 남작이 독일어로 번역하여 하이든에게 전달하였다. 하이든의 기도 응답이 이루어진 것이다.

하이든은 이전에도 성경을 주제로 한 좀 독특한 형식의 곡을 만들었다. 성 금요일을 위하여 만든 "십자가 위의 일곱 가지 말씀"이라는 기악의 반주와 바리톤의 서창으로 연주되는 일종의 소나타 모음곡이었다. 하이든은 이 곡에 많은 애착을 갖고 악기를 달리하여 세 차례의 개작을 시도하는 등 자신의 신앙을 음악으로 표현함에 있어서는 특별한 열정을 보여 그의 다른 곡들과 유별난 차이를 보이고 있다.

헨델은 57세에 '메시아'를 썼으나 대본을 받은 하이든의 나이는 63세로 당시로선 상당히 고령이었다. 그러나 하이든의 사진을 보게 되면 그가 자신의 성격과 생활신조대로 너무나 곱게 늙었다는 것을 알 수 있을 것이다. 하여튼 하이든은 평생의 소망을 성취한 듯 노구에도 불구하고 모든 정열을 받쳐 '천지창조'의 작곡에 열중하였다.

신의 성품인 창조에의 동참

하이든은 '천지창조' 의 작곡이 구체화되기 이전인 1782년 영국 방문시 천왕성을 발견하여 명성을 떨치고 있던 세계적인 천문학자 윌리엄 허셜(Herschel Friedrich William, 1738~1822)을 찾아가 그의 망원경을 통해 신비스런 우주의 모습을 보고 감탄을 금치 못하게 된다. 허셜은 음악가이자 오르간 연주자이기도 하여 두 대가의 만남에서 천체와 음악에 대한 흥미로운 대화가 오갔음이 상상된다. 특히, 하이든은 당시 세계 최대인 허셜의 천체망원경을 통해 달과 별들의 오묘한 모양새와 빛깔을 보면서 대 천문학자로부터 별들의 질서와 조화에 대한 설명을 들으며 하나님의 창조의 위대함에 경의를 표했고 훗날 '천지창조' 의 작곡을 위한 음악적 영감을 불어넣었으리라 확신한다.

창세기는 하나님께서 절대 주권을 가지고 천지만물을 창조하신 어마어마한 사건이며 성경 전체를 함축시켜 놓은 인류 역사의 축소판이다. 하이든은 종교적 신념을 갖고 하나님의 창조를 믿고 있었으며 이를 가장 아름다운 표현 방식인 음악을 통하여 주장하고 있다.

'천지창조' 는 성경의 책 중에서 하나님의 주권을 가장 높게 나타내 보이는 창세기의 첫 머리 천지만물을 하나하나 창조해 나가는 과정을 음악으로 표현한 것이다. 하이든은 하나님의 창조에 대한 100% 확신을 갖고 '천지창조' 에 대하여 "창조자에 대한 경배와 예배에 영감을 주기 위하여 썼으며, 듣는 자로 하여금 창조주의 자비와 전능을 가장 잘 느낄 수 있는 마음의 틀 속으로 들어가게 하기 위하여 썼다"고 이야기 한다.

독실한 크리스천이었던 하이든은 이처럼 만년에 종교 음악을 작곡하면서 가장 행복했다고 한다. 특히, '천지창조' 의 작곡에 전념하고 있던 시기는 나이는 들었지만 하이든 생애에서 가장 풍요롭고 행복한 때였다. 하이든은 신앙심으로 고양되었고 신과의 영적인 교감을 가지고 있었던 그는 이전의 어느 때 보다 더 온전히 작곡에 몰두했으며, 그의 본성 가장 깊은 곳에 도사리고 있던 음악적 영감을 최고로 표출해 낼 수 있었다. 결국 예술을 창작하는 것이 신의 성품인 창조에 동참하는 행위이므로 위대한 예술가가 신실한 신앙인이 되는 것은 당연하게 여겨진다.

어떤 의미에서는 하이든의 모든 작품은 천상의 아버지를 찬미하고 그에게 감사를 표현하는 작업의 연속이었다 해도 지나치지 않을 것이다. 하이든의 친구인 그리징거는 "하이든은 자기가 양육 받았던 믿음에 충성스럽게 헌신하였다. 그는 모든 인간의 운명이 하나님의 인도하시는 손 아래 있다는 것과, 하나님이 선한 자들과 악한 자들에게 보상을 하신다는 것과 모든 재능은 위로부터 내려온다는 것을 마음속으로 강하게 확신하였다"고 회상한다.

천사의 눈에 비친 위대하고 섬세한 천지창조

하이든은 천지창조라는 엄청난 사건을 도저히 인간에 의해 설명하게 할 수가 없었다. 또한 인간이 창조되기 이전 천지만물이 창조된 것에 착안하여 인간이 아닌 우리엘, 라파엘, 가브리엘 이라는 세 천사를 등장시켜 이야기를 전개하고 있다.

천사란 하나님을 섬기고 하나님과 인간의 중간적인 존재로서 하나님과 사람 사이를 중개하며 인간을 수호하는 영적인 존재이다. '천지창조'에서는 창세기 첫 장의 하나님께서 천지만물을 창조하시는 과정을 천사의 눈으로 우리에게 아름답게 설명해 주고 있다. 아름다운 목소리를 가진 세 천사는 마치 하나님의 천지창조의 과정을 중계방송하듯 생생하게 전달해 주고 있다. 성경의 창세기 첫 장이 매우 함축적으로 순차적인 천지만물의 창조를 말하고 있는데 세 천사는 만물의 창조 하나하나에 의미를 부여하며 묘사하듯 찬양하고 있다. 또한 함께 2중창, 3중창의 아름다운 하모니로 노래하며, 다른 천사들을 대동하여 합창으로 효과를 더해 주고 있다.

'천지창조'는 천사들의 서창에 의한 꿀벌의 날개 소리, 개구리의 울음 소리, 꾀꼬리의 지저귀는 소리, 사나운 사자의 포효함, 맑은 물이 솟는 샘, 시냇물이 졸졸 흐름, 자욱한 안개, 광야의 폭풍우, 천둥, 아름다운 백합과 장미의 향기, 무겁게 걸쳐 내리는 비구름, 눈 내리는 정경에 이르는 하나님의 창조물을 묘사함에 관현악의 효과적인 수법을 동원하여 상당히 표제 음악적으로 흐르게 되는 기막힌 발상을 하고 있다. 이러한 발상은 당시 고전주의 음악의 표현의 한계 선상에서는 도저히 생각할 수 없는 것들로 하이든은 이미 낭만주의를 저만치 달려가고 있었다고 볼 수 있다.

하나님께 영광을(Laus Deo)

오라토리오 '천지창조'의 작곡이 계속되는 3년간 하이든은 곡을 한곡씩 완성해 갈 때마다 각 작품의 끝에다 "하나님께 영광을(Laus Deo)"이라고 써 넣음으로써 진정으로 감사하는 마음을 표현하였다. 마치 하나님이 천지만물을 하나하나 창조하시면서 "보기에 좋았더라"라고 하신 것같이 그 자신도 자신이 작곡한 음악과 창작을 하며 느끼는 즐거움과 경건한 기분에 매우 흡족하고 감동을 받았다고 회상하고 있다.

마침내 1798년 4월 29일 '천지창조'가 완성되고 빈의 슈바르첸베르크 궁전에서 하이든 자신의 지휘로 초연되었다. 이듬해 3월 19일 빈 극장에서 공개 연주를 하며 작곡의 명명일로 기록되었다. 이후 지속적인 인기를 누리며 공연되었고 특히, 하이든이 76세 때인 1808년 3월 27일의 연주에서는 청중들의 최고의 찬사를 받으며, "이리하여 광명 있도다"의 감동적인 부분에 이르러서 청중들의 환호에 응하여 하이든은 하늘을 가리키며 "저 높은 곳을 향하여"라고 소리쳤다는 일화가 있다. 또한 하이든은 '천지창조'를 작곡하며, '내가 '천지창조'를 작곡했을 때보다 더 경건한 적은 결코 없었다. 나는 매일같이 무릎을 꿇고 그 작품을 작곡할 수 있는 능력을 달라고 기도하였다"고 회상한다. 그리고 한 친구에게 이렇게 고백한다.

"나는 천지창조를 작곡하는 동안 하나님에 대한 확신이 너무나도 충만하여, 피아노 앞에 앉기 전에 조용히 그러나 신뢰하는 마음으로 하나님을 훌륭하게 찬양하는 데 필요한 재능을 달라고 기도드리곤 했다."

'메시아' vs '천지창조'

하이든은 헨델의 '메시아'의 할렐루야 합창을 듣고 감동하여 눈물을 흘렸다. 그리고 합창 음악에 있어 헨델에 대한 존경심과 콤플렉스는 하이든을 갈등하게 하였다. 솔직히 하이든은 '메시아'와 같은 장대하고 감동적인 오라토리오를 만들 자신은 없었던 것이다. 특히, '메시아'의 합창 부분에 대해서는 더욱 그렇다.

그러나 하이든은 이를 기악으로 극복하였다. 관현악부로만 본다면 '천지창조'가 '메시아'보다는 훨씬 충실하고 묘사적이며 천지만물의 창조의 분위기를 다양하고 효과적으로 표현함에 있어서도 월등히 낫다. 또한 천지창조라는 하나님의 큰 선물에 대한 축복을 찬양함에 있어 악곡 전체에 일관되게 흐르는 소박하고 건강한 감정과 낙천적이고 밝은 감정은 하이든 자신의 감사한 마음과 낙천적 세계관이 표현되어 있다.

하이든은 100곡이 넘는 교향곡과 수많은 기악곡을 작곡한 탄탄한 관현악 기법을 기반으로 소위 '하이든풍'이라고 하는 특유의 친숙하면서도 아름다운 멜로디로 성악을 리드한다. 아리아는 화려하고 기교적인 이태리풍과 간결하고 소박한 매력이 있는 독일 민요풍이 절묘하게 조화를 이루고 있다. 그리고 천사들의 자유로운 찬양으로 시종일관 하나님을 찬미한다.

'메시아' 가 한편의 큰 합창곡인 반면 '천지창조' 는 성악이 첨가되고 스토리가 있는 한편의 큰 교향곡을 듣는 느낌이며 하이든의 모든 음악이 함축되어 있는 그의 음악의 결정체라 볼 수 있다.

 곡별 성경대조표

[제1부]

곡	성경 본문	형 식	내 용
1	창 1:1~3	서창(라파엘)	태초에 하나님 천지를 창조하셨다
2	창 1:4~5	아리아(우리엘) 와 합창	사라지네 그 거룩한 빛 앞에서 / 절망과 분노 공포 그 뒤를 따르네
3	창 1:6~7	서창(라파엘)	또 창공을 만드시고
4	창 1:8	아리아(가브리엘) 와 합창	놀라워 주가 하신 일 / 온 천사들이 찬양하네
5	창 1:9	서창(라파엘)	하나님 가라사대 천하의 물은 한 곳에 모여
6	창 1:10	아리아	거친 물결 일어나서
7	창 1:11	서창(가브리엘)	하나님 초목을 창조하시다
8	창 1:12	아리아	거칠던 들은 푸른 초원으로 변하였네
9	창 1:13	서창(우리엘)	하늘에 천사들이
10	창 1:14~15	합창	거문고 들고 피리를 불며
11	창 1:16	서창(우리엘)	하나님께서 창공에 빛나는 빛들이 생겨
12	창 1:17~18	서창(우리엘)	밝은 빛으로 찬란한 해가 떠오르니
13	시 19:1~5	3중창과 합창	저 하늘이 주 영광 나타내고

[제2부]

곡	성경 본문	형 식	내 용
14	창 1:20	서창	하나님께서 저 넓은 바다에는
15	창 1:21	아리아(가브리엘)	힘센 날개로 저 독수리 높이 나르네

16	창 1:22~23	서창(라파엘)	하나님께서 큰 고래와 모든 움직이는 생물들을 지어내시고
17		서창(라파엘)	천사들이 거문고 들고
18		3중창	오 아름답다 초록색 옷 입은 푸른 언덕
19		3중창과 합창	전능하신 주 하나님
20	창 1:24~25	서창(라파엘)	하나님께서 땅의 모든 동물들을
21		서창(라파엘)	땅은 만물의 어머니
22	창 1:26	아리아	하늘은 찬란하게 빛나고
23	창 1:27	서창(우리엘)	하나님께서 사람을 만들어
24		아리아(우리엘)	고귀한 위엄 지니고
25	창 1:28~31	서창(라파엘)	주 하나님께서 만드신 모든 것 보시니
26		합창	크신 일을 이루셨네
27		3중창	주님만 바라보며 주 하나님 의지할 때
28		합창	크신 일을 이루셨네 / 할렐루야, 할렐루야

[제3부]

곡	성경본문	형 식	내 용
29		서창(우리엘)	장미빛 구름 아름다운 노래 가운데
30		2중창(아담, 하와)과 합창	주 하나님 풍성하심이 / 주 권능 찬양하여라
31		서창(아담, 하와)	첫 번째 감사예배를
32		2중창(아담, 하와)	오 내 사랑 그대와 함께 있으니
33		서창(우리엘)	오 변함없는 행복한 한 쌍이여
34		합창	우리 주께 찬송하라, 아멘

곡의 구성

천지창조는 3부 34곡으로 구성되며, 1 · 2부는 창세기 1장의 6일간의 천지창조 과정으로 1부는 1~4일째, 2부는 5~6일째에 걸친 하나님의 창조를 세 천사(가브리엘—Sop, 우리엘—Ten, 라파엘—Bass)의 설명과 찬양, 제3부에서는 에덴동산에서 노니는 아담과 이브의 사랑과 하나님이 창조하신 만물에 대해 찬양하는 내용이다.

[제1부] 천지창조의 제1일째부터 4일째까지(제1곡~13곡)

　　창조 이전의 혼돈 상태를 표현하는 긴 서주로 시작하여, 태초에 하나님이 천지를 창조하시는 과정 즉, 첫째 날의 빛을 만드시고, 시간을 창조하심. 둘째 날의 하늘을 지으시고, 셋째 날의 땅과 바닷물을 내시고 바다와 산, 강과 시냇가 등을 만드시고 다시 초목을 창조하시고, 넷째 날 해와 달, 별을 만드시는 처음 4일간을 13곡으로 표현하고 있다.

제1곡 서주와 서창 — 태초에 하나님 천지를 창조하셨다

　　창조 이전의 무질서와 혼돈을 나타내는 표제 음악적인 성격을 띤 관현악의 총주로 무겁고 느리게 시작한다. 특정 주제나 가락의 명확한 조성을 느낄 수 없는 긴 서주가 연주된다. 천사 라파엘의 서창과 이어 합창이 선명한 화음으로 하나님의 업적을 이야기 한다.

라파엘: '태초에 하나님이 천지를 창조하셨다. 땅은 아직 형체 없이 비었고

　　　　또 어둠은 물 위를 덮고 있었다. 하나님 영이 이 물 위를 휘돌고 있다."

합　창: "하나님의 영이 물 위를 휘돌고 있더니 빛이 생겨라 말씀하니 빛 생겼다.

　　　　그 빛을 보시니 좋게 보여 빛과 어두움을 갈라 놓으셨다."

〈첫째 날〉

제2곡 테너 아리아, 합창 — 사라지네 그 거룩한 빛 앞에서 / 절망과 분노, 공포 그 뒤를 따르네

　　경쾌한 관현악의 전주에 이어 천사 우리엘은 유려하게 흐르는 현악기 반주

로 즐거움에 넘치는 아리아를 부른다. 이어서 밝고 힘찬 합창곡으로 천지
창조의 합창의 전형을 보여 주는 곡이다.

우리엘: '빛나는 주의 거룩한 광채 어두운 그늘 다 사라지니 첫날이 되었다.

　　　　무질서는 사라지고 새 질서 생겼네. 저 마귀 무리들은 겁이나

　　　　깊은 지옥 밤 속으로 다 도망가네. 절망과 분노, 공포 그 뒤를 따르네.

합　　창: "새 세상 열렸네. 새 세상 열렸네. 말씀대로 이루셨네. 겁이나 깊은 지옥 밤

　　　　속으로 다 도망가네. 하나님 말씀대로 새 세상 열렸네."

〈둘째 날〉

제3곡 서창(라파엘) — 또 창공을 만드시고

천지창조의 2일째로 라파엘이 창공, 폭풍우, 천둥, 비, 눈, 번개 등을 이야기
하며 오케스트라가 묘사적 수법으로 현란하게 표현한다.

"하나님 하늘을 창조하시고 창공 위의 물과 창공 아래의 물을 구별하시사 갈라져
있게 하시니 그대로 되었다."

제4곡 아리아(가브리엘)와 합창 — 놀라워 주가 하신 일 / 온 천사들이 찬양하네

오보에 조주에 맞추어 가브리엘의 아리아에 합창은 창조주를 찬양하며 화
답한다. 제2일째의 하나님의 위업을 밝고 화려하며 아름다운 선율로 노래
한다.

"놀라운 주 하신 일을 보아라. 저 천군 천사 기뻐하며 하나님을 찬양하네.
창조주를 찬양하네. 창조의 둘째 날. 창조의 둘째 날."

〈셋째 날〉

제5곡 서창(라파엘) — 하나님 가라사대 천하의 물은 한 곳에 모여

천지창조의 3일째이다. 라파엘의 서창이다.

"하나님 가라사대 천하의 물은 한 곳으로 모여 마른 땅이 물 위에 드러나게 하시니

육지라 하시고 물 모인 곳을 바다라 하시고 보시니 참 좋았더라."

제6곡 아리아(라파엘) — 거친 물결 일어나서

격정적인 관현악의 반주에 이끌리어 바다, 산, 강, 시내의 형상을 각기 조를

달리하여 노래하며 찬양한다. 특히, 졸졸거리는 시내는 목가적인 분위기로

묘사하고 있다.

"거친 물결 일어나서 바다는 파도 치도다. 산과 바위 나타나서

봉우리 높이 솟았네. 넓은 평야에는 강이 굽이굽이 흘러 내리네.

깊은 골짜기에 맑은 시내 흐르도다."

제7곡 서창(가브리엘) — 하나님 초목을 창조하시다

첼로의 조주가 딸린 가브리엘의 짧은 서창이다.

"하나님 또 가라사대 마른 땅에 풀과 여러 가지 채소 열매 맺는 과일

종류 따라서 번식하도록 만들어지라 하시니 그대로 되었다."

제8곡 아리아(가브리엘) — 거칠던 들은 푸른 초원으로 변하였네

이어서 안단테의 목가적이며 매력 있는 아리아로 그지없이 아름답게 초록

을 예찬한다.

"거칠던 들은 푸른 초원으로 변했네. 곱게 핀 꽃들은 그 경치 더욱 빛내니 아름답

다. 향기내는 방초와 값진 약초도 났도다.

가지에 맺힌 금 같은 열매 골짜기를 장식하는 나무.

험한 산 덮은 우거진 수풀 거칠던 들은 푸른 초원으로 변했네."

제9곡 서창(우리엘) — 하늘에 천사들이

"하늘의 천사들이 셋째 날 됨을 알리며 하나님을 찬양하네."

제10곡 합창 — 거문고 들고 피리를 불며

빠른 4/4박자의 흥겨운 합창으로 고귀한 신을 찬미한다.

"거문고 타고 피리를 불며 하나님 높이 찬양하라.

주께서 하늘과 땅을 아름답게 만드셨네."

제11곡 서창(우리엘) — 하나님께서 창공에 빛나는 빛들이 생겨

우리엘은 해, 달과 별을 창조하신 하나님의 업적을 다음과 같이 이야기한다.

"하나님께서 창공에 빛나는 별들이 생겨 밤과 낮 나눠지게 하시고

또 땅을 환하게 비추고, 절기와 날과 해를 이루고,

또 뭇 별들도 만드셨다."

〈넷째 날〉

제12곡 서창(우리엘) — 밝은 빛으로 찬란한 해가 떠오르니

제4일째로 우리엘이 천체의 창조를 알리고 태양과 달과 별을 오케스트라의 반주로 대조적으로 서술한다.

"빛나는 광채 찬란하게 해가 솟으니 새 신랑같이 즐겁고 뽐내는 거인 같이 힘차게 날리네. 고요한 밤 은은한 빛으로 달님은 밤하늘 거니네.

드넓은 하늘 창공엔 수많은 별이 금빛 찬란해.

천군 천사들이 하늘의 노래로 넷째 날 됨을 알리며

주의 크신 권능 찬양하네."

제13곡 3중창(가브리엘, 우리엘, 라파엘)과 합창 — 저 하늘이 주 영광 나타내고

3중창과 합창이 교대로 대조적인 효과를 만들어 내고 있다. 합창이 푸가 풍의 대위법적인 전개를 보인다. 그리고 이것이 발전한 끝에 "하늘은 주의 영광 나타내고"가 되풀이되면서 음악을 최고조에 이르게 하며 힘찬 합창으로 끝맺는다. 이 곡에서는 하이든의 합창곡 기법이 총망라되고 있으며, 중창이 딸린 합창은 하이든의 만년을 특색 짓는 화성적 수법에 대위법적 수법을 동화시킨 작법을 써서 신께 대한 찬미를 장려하게 펼치고 제1

부를 힘차게 맺는다. 천지창조 가운데 가장 유명한 합창곡으로 독립되어 자주 연주되고 있으며, 찬송가 75장 '저 높고 푸른 하늘과'에서도 인용하고 있다.

"저 하늘은 말하네. 주의 영광 창공은 놀라운 주 솜씨 알리네.
이 날 말하면 저 날은 듣고 이 밤 알리면 저 밤 전하네.
그 말이 퍼져 나가네. 온 세상에 널리 울려 퍼지네."

[제2부] 천지창조의 제5일과 제6일에 해당한다(제14~28곡)

천지창조의 다섯째 날 물고기와 새들을 창조하시고, 여섯째 날은 짐승들을 창조하는데 사자, 범 등 각 짐승의 특성을 익살스럽게 표현하고 있다. 또 하나님은 자신의 형상대로 사람을 창조하신다. 하나님의 아름다운 창조에 대하여 천사 우리엘이 "모든 것이 주를 우러러 보도다"라 찬양하며, 라파엘은 "대지는 기쁨과 힘으로써 소생하도다" 이어 천사들의 "하나님 높이 통치하시도다", "할레루야"라며 합창으로 마무리한다.

〈다섯째 날〉

제14곡 서창(가브리엘) — 하나님께서 저 넓은 바다에는

"하나님께서 저 넓은 바다에는 고기가 생겨 우글거리고
땅 위 높은 하늘 창공 아래에 새들이 날아다녀라 하셨네."

제15곡 아리아(가브리엘) — 힘센 날개로 저 독수리 높이 나르네

가브리엘이 하늘과 바다 생물의 창조를 알리고, 갖가지 새들의 즐거운 모습을 목관악기의 묘사적인 반주 위에 생기 발랄하고 기교적인 아리아로 노래한다. 독수리는 F장조의 아르페지오를 타고 솟구침으로 묘사되고, 종달새는 3개의 클라리넷에 맞춰 아침 하늘을 선회하며, 비둘기 한 쌍의 구구거리는 모습이 부드러운 트릴에 의해 매우 생동감 있게 표현된다.

"힘센 날개로 저 독수리 높이 날으네. 높이 날으네."

하늘 높이 올라가 해를 향하여 해를 향하여 종달새는 즐겁게 노래하네.

또꾸꾸 또꾸꾸 다정한 비둘기들 사랑노래 부르네.

힘센 날개로 저 독수리 높이 날으네. 사랑노래 부르네.

여기저기 숲속에서 어여쁜 꾀꼬리가 노래하네.

아무 슬픔도 모르게 아름다운 노래로 그 아름다운 노래로."

제16곡 서창(라파엘) ― 하나님께서 큰 고래와 모든 움직이는 생물들을 지어내시고

라파엘은 현악기의 반주로 하나님이 이들의 생물에 축복을 주신 취지를 감사하는 마음으로 이야기한다.

"하나님께서 큰 고래와 모든 움직이는 생물들 지어내시고 축복의 말씀하셨다. 생육하고 번성하라. 공중의 새들 번성하여 모두 노래 불러라.

물고기도 번성히리. 바다에 충만하라.

생육하라. 번성하라. 주 하나님 안에서 기뻐하며 즐기어라."

제17곡 서창(라파엘) ― 천사들이 거문고 들고

"천사들이 거문고 들고 그 놀라운 다섯째 날을 찬양하네."

제18곡 3중창(가브리엘, 우리엘, 라파엘) ― 오 아름답다 초록색 옷 입은 푸른 언덕들

세 천사는 가브리엘, 우리엘, 라파엘 순으로 주제인 수금을 들고 하나님의 업적을 찬양으로 계속 이어나간다. 이어 서로 자연의 혜택 속에 생물의 모습을 아름다운 화음으로 묘사하는 칸타빌레의 3중창으로 신을 찬미한다.

가브리엘: "오 아름답다 초록색 옷 입은 푸른 언덕들

흐르는 시냇물 안개 덮이고 맑고 맑은 샘이 아름답다."

우 리 엘: "넓은 하늘에 뛰놀며 나르는 즐거운 새들

또 넓은 하늘에 빛나는 광채로 아름다운 무지개 나타나네."

라 파 엘: "번쩍거리는 물고기 물살 따라 헤엄쳐 다니네.

깊은 물 속에서 큰 고래 나타나 물 위에 뛰노네."

3 중 창: "놀라운 우리 하나님 크신 사업이여 오 크신 사업."

제19곡 3중창(가브리엘, 우리엘, 라파엘)과 합창 ― 전능하신 주 하나님

천사들이 찬양할 때 합창이 가세하여 긴밀하고 힘차게 연주되며 관현악
반주는 마치 교향곡의 마지막 악장을 듣는 듯한 분위기를 자아내고 있다.

"전능하신 주 하나님 그 영광 영광 영광 영원히."

〈여섯째 날〉

제20곡 서창(라파엘) ― 하나님께서 땅의 모든 동물들을

"하나님께서 땅의 모든 동물들을 종류에 따라 내도록 하라.

들의 짐승들과 집 짐승 태어나라 말씀하셨다."

제21곡 서창(라파엘) ― 땅은 만물의 어머니

라파엘의 땅을 찬양하는 생동하는 베이스 아리아가 앞에 나오는데, 하나
님의 말씀에 따라 기름진 땅의 모태에서 뛰어나온 동물들을 그리고 있다.
사자는 한 옥타브 트릴로 포효하고, 유순한 호랑이는 유연한 프레스토에
따라 약동하고, 말은 스타카토로 달리고, 소가 풀을 뜯는 것은 8분의 6박
자의 전원적인 곡으로, 곤충은 날개 짓하고 벌레들은 변하는 악보에 맞춰
천천히 기어가는 자연을 마치 풍경화를 그리듯 섬세하게 묘사하고 있다.

"땅은 만물의 어머니 하나님 말씀에 따라

수없이 많은 생물 신나게 뛰어나오네.

기쁨에 포효하며 사자가 나왔네.

호랑이가 날쌔게 뛰어드네. 뿔 달린 사슴 머리 흔드네.

휘날리는 갈기 솟구쳐 힘센 말이 울부짖네.

음악으로 변주된 성경

푸른 초장엔 풀을 뜯는 소의 무리 보이네.

목장 길을 양떼들이 무리 지어 흘러가네.

또 모래알 같은 벌레들이 하늘 높이 나르네.

또 기는 짐승 땅을 기어 다니네."

제22곡 아리아(라파엘) — 하늘은 찬란하게 빛나고

라파엘은 생물이 생겼으나 아직 하나님을 찬양하지 못하는 인간이 빠져

있음을 알리며 인간의 창조를 예고한다.

"하늘은 찬란하게 빛나고 땅은 화려하게 꾸며졌네.

하늘엔 가득히 새들이 날고 바다엔 고기떼 춤추네.

또 땅엔 많은 짐승들 그러나 아직 남았네.

놀라운 하나님 솜씨 그가 일어나 하나님 찬양하리라."

제23곡 서창(우리엘) — 하나님께서 사람을 만들어

우리엘은 하나님께서 인간을 지어 내심을 노래한다.

"또 하나님께서 사람을 만들어 당신 모습대로 지어내시되

남자와 여자로 지어내시고 그 코에 입김을 불어 넣으시니 사람이 되었다."

제24곡 아리아(우리엘) — 고귀한 위엄 지니고

우리엘이 하나님의 모습대로 만들어진 인간 남녀의 창조를 알리는 민요

풍의 소박하고 여유로운 선율로 남자의 곁에 있는 아내의 평화롭고 사랑

스런 모습을 노래한다.

"고귀한 위엄 지니고 미모에 용기 갖추고 저 하늘 향해 서 있는 그는 인간오 사람

새 천지의 주인 시원한 넓은 이마는 총명함 엿보이네.

그 맑은 눈빛 속에 빛나는 하나님 모습 보이네.

아름답고 어여쁜 사랑하는 아내 그 가슴에 안기어

행복한 미소는 그를 사랑함이로다.

그 사랑 행복한 사랑. 오 사랑 오 기쁨 행복하여라."

제25곡 서창(라파엘) — 주 하나님께서 만드신 모든 것 보시니

"주 하나님께서 만드신 모든 것 보시니 참 좋았다.

천군천사들이 여섯째 날을 찬양하였다."

제26곡 합창 — 크신 일을 이루셨네

빠른 템포의 경쾌한 합창으로 후반부는 푸가로 전개되며 힘차게 끝맺는다.

"크신 일을 이루셨다. 오 아름다운 새 천지 주 보시니 참 좋았다.

소리 높여 찬양하라 기쁨으로 주 하나님 찬양하라."

제27곡 3중창(가브리엘, 우리엘, 라파엘) — 주님만 바라보면서 주 하나님 의지할 때

느린 아다지오의 아름다운 선율이 플루트와 클라리넷으로 먼저 나온 다음 가브리엘과 우리엘의 2중창으로 시작되어 3중창으로 이어진다. 28곡의 합창과 함께 전곡 중 가장 아름답고 극적인 부분이다.

가브리엘, 우리엘: "주님만 바라보며 하나님 의지할 때

은혜로운 손으로 늘 풍성하게 하시네.

그러나 만일 주께서 얼굴을 돌리신다면

갑자기 두려움에 떨리라."

라파엘: "너의 숨을 거두시면 티끌로 화하리라.

주께서 숨을 넣으면 만물의 생명 얻겠네."

3중창: "새 땅이 열리니 새 힘이 넘치리라."

라며 생명의 고귀함을 하나님께 높이 찬양하고 있다.

제28곡 합창 — 큰 일을 이루셨네 / 할렐루야, 할렐루야

3중창과 계속 이어지는 잘 알려진 합창으로 2중 푸가로 웅대하게 발전시키면서 최후에는 "할렐루야, 할렐루야"라고 힘있게 노래하며 제2부를 맺는다.

"크신 일을 이루셨다. 주 하나님 영원히 찬양하라.

하나이신 하나님 높이 다스리시니 할렐루야 할렐루야."

[제3부] 낙원에서의 아담과 이브(제29곡~제34곡)

하나님이 만드신 낙원에 아름다운 플루트 가락이 울려 퍼지며 동산을 걸어 다니는 아담과 이브의 행복한 모습을 묘사하며, 이어 아담과 하와가 "하나님의 크신 위엄을 찬양"과 "사랑의 2중창"이 연주된다. 마지막으로 천사들이 한 쌍의 남녀에게 축복을 보내고 주를 찬미하며 "아멘"으로 끝맺는다.

제29곡 서주와 서창(우리엘) ― 장미빛 구름 아름다운 노래 가운데

라르고의 서주에 이어 낙원에 울려 퍼지는 천사들의 즐거움을 나타내는 듯이 플루트 선율이 주도하고 있는 인상적인 도입이다.

이어 우리엘의 서창은 동산을 걸어가는 아담과 하와의 모습을 장미빛 하늘에 고운 노래 울려 퍼지리라며 목가적으로 노래한다.

"장미빛 구름 아름다운 노래 가운데 새 아침 밝았네.

하늘에서 울리는 저 노래 소리가 땅에 퍼지네.

보라 이 한 쌍을 손 잡고 거니네. 그들의 눈빛 감사한 마음 보이네.

곧 입을 열어서 주 찬양하리라. 우리도 함께 주 찬양 드리자."

제30곡 2중창(하와, 아담)과 합창 ― 주 하나님 풍성하심이 / 주 권능 찬양하여라

현의 스타카토와 오보에의 조주에 이끌리어 하와와 아담을 찬미하는 아름다운 2중창이 불려지며 멀리서 은은히 들리는 합창이 화답하며 길게 이어진다.

"주 하나님 풍성하심이 온 천지에 찼네.

천지가 크고 놀랍도다. 주님 솜씨라.

아름다운 새벽 별 새 날이 밝아옴을 알리네.

빛나는 밝은 해 만물의 물과 영혼되네."

제31곡 서창(아담, 하와) — 첫 번째 감사예배를

아담과 하와가 하나님 앞에 첫 번째 감사예배 드리며 사랑과 행복의 대화를 나눈다.

제32곡 중창(아담, 하와) — 오 내 사랑 그대와 함께 있으니

아담과 하와는 "오 내 사랑 그대 함께 있으니 꿈만 같도다"라며 사랑의 2중창을 부른다.

제33곡 서창(우리엘) — 오 변함없는 행복한 한 쌍이여

천사 우리엘이 한 쌍의 남녀에게 보내는 축복의 노래이다.

"오 변함없는 행복한 한 쌍이여 그릇된 길 가지 말고

또 헛된 생각 없으면 영원히 행복하리라."

제34곡 합창 — 우리 주께 찬송하라, 아멘

합창은 주께 찬송하라고 힘차게 시작하여 2중 푸가로 "주를 찬미함은 영원히 그치지 않으리"와 "아멘"의 두 개의 동기를 중심으로 마지막 합창답게 장대하고 웅장하게 전개되고 중간에 독창자의 경과부가 삽입되면서 마지막에 힘차게 "아멘"으로 끝맺고 있다.

"우리 주께 찬송하라. 감사하라. 크신 일 이루셨네.

주의 이름 주의 영광 소리 높여 찬양하라. 주 영광 영원토록

아멘, 아멘."

여호와가 만일 하나님이면 그를 좇고 바알이 만일
하나님이면 그를 좇을 찌니라(왕상 18:21)

에스칼란테(ESCALANTE Juan Antonio Frias, 1633~1670) :
〈예언자 엘리야를 깨우는 천사〉, 1667, 베를린국립미술관, 베를린

엘리야
Elias op. 70 : Jakob Ludwig Felix Mendelssohn
－음(音)의 풍경화가가 그린 선지자상

내 신앙의 모본

엘리야는 엘리사와 함께 구약에 등장하는 15명의 선지자 가운데 별도의 책으로 기록되지 않았지만 하나님의 뜻을 단지 말로만 전하는 선지자가 아니고 역경 중에서도 하나님께 순종하며 행동으로 보이면서 하나님을 거역한 이스라엘과 싸웠던 행동파 선지자이다. 내게는 엘리야 하면 늘 생각나는 두 개의 스토리가 있다.

어머니께서는 독실한 불교도로서 집의 한쪽 구석에 날마다 불공드리던 장소가 있었다. 초등학교 때는 형제들 모두 어머니를 따라 무릎 꿇고 앉아 향과 촛불을 켜 놓고 식구 수대로 몸에 지니고 다니던 '몸불'이라는 일종의 부적을 꺼내어 올려놓고 불경을 외우며 거기에 절까지 하며 가족불공을 드렸다. 당시엔 아무것도 모르고 어머니께서 복 받으려면 절에서든 집에서든 상관없이 날마다 거르지 말고 불공을 드려야 한다는 것이었다. 나는 불경을 잘 외워 어머니께서 늘 함께 불공드리고 싶은 불공 파트너였다. 그러다가 형, 누나들이 하나씩 이탈하고 나도 고등학교 들어와서 음악을 들으며 싱경을 접하게 되면서, 어머니께 이 핑게 저 핑게 대어가며 불공드리는 일을 피하게 되었다. 그러다가도 어머니의 병이 심해지면 나는 습관적으로 그 단 앞에서 무릎을 꿇고 어머니의 쾌유를 기도했던 기억도 있다. 대학시절 어머니께서 돌아가시고 나는 그 단으로부터 완전히 자유케 되었다. 나중에 알고 보니 그것이 마치 하나님과 엘리야가 싸워 이긴 아합왕과 이세벨이 섬기던 바알과 아세라 우상과 같은 것이 아니었나 하는 생각이 든다.

그랬던 내가 지금의 아내를 만나면서 정식으로 교회에 나가게 되었고 성경은 잘 모르지만 매주일 오케스트라를 대동한 성가대의 아름다운 찬양과 온화하며 웅장한 오르간 소리를 들을 수 있어 말씀보다 음악적인 예배의 분위기를 더 좋아하는 엉터리 신앙 생활을 했다. 몇 년 후 세례를 받고 시간이 흐르면 자동으로 받게 되는 서리집사라는 직분도 받으면서 뭔가 한 가지라도 교회에 봉사해야겠다는 의무감을 갖던 차에 자의 반 타의 반으로 급기야 주일학교 초등부 교사가 되었다. 당시 나는 교사 직분을 받았지만 성경을 잘 몰랐으니 두려움이 앞섰다. 잘 아는 것도 어린 학생들을 지도하려면 신경써야 하는데 공부해 가면서 가르친다는 것이 적지 않은 부담이었다. 교재에 아합왕과 엘리야 이야기가 나왔다. 나는 성경 공부를 할 때 다른 사람과는 달리 잘 이해되지 않는 부분이나, 이해가 되더라도 더 잘 와 닿을 수 있는 부수적인 방법으로 음악을 동원하고 있었다. 엘리야의 인간으로서 내면적인 모습이나, 갈멜산의 싸움의 광경을 효과적으로 묘사한 멘델스존의 '엘리야' 를 들으면 마치 엘리야의 일대기가 영화처럼 펼쳐진다.

엘리야의 이야기 중 어린이들이 흥미로워 할 내용은 분명히 1 : 850 이라는 갈멜산의 무용담이지만 엘리야를 통하여 정작 어린이들에게 가르쳐줘야 할 교훈은 어떤 어려운 상황에서라도 하나님을 믿고 그 말씀에 순종하는 엘리야를 부각시켜야 했던 것이다.

하나님의 특별한 훈련을 견뎌낸 엘리야에게 하나님은 갈멜산에서 능력의 싸움을 허락하신다. 갈멜산은 샤론과 에스드렐론 두 평야 사이에 위치한 높이 540미터의 산으로 지중해까지 볼 수 있고 석굴이 많고 올리브 나무가 울창하며 옛부터 예배처소로 이용된 아름다운 산이다. 특히 갈멜산은 지중해의 바닷바람에 노출되어 물이 풍부하여 정상에는 '기후의 신' 을 섬기는 성소가 있었다. 따라서 이곳 갈멜산 정상은 엘리야와 바알이 참신의 능력을 겨루기에 적당한 곳이다. 이들의 대결은 갈멜산 동쪽에 있는 '엘 무라카(번제의 장소)'에서 벌어진다.

그러나 엘리야를 통하여 어린이들에게 중요한 교훈으로 세상에서의 선택의 문제를 꼭 알려주고 싶었다.

"네가 어느 때까지 두 사이에서 머뭇머뭇하려느냐 여호와가 만일 하나님이면 그를 좇고 바알이 만일 하나님이면 그를 좇을찌니라"(왕상 18:21).

이래라 저래라 명령하지 않고 내가 원하는 거 그냥 들어주기만 하면 되는 신, 나의 이기심과 무한한 욕심을 충족시켜 줄 풍요와 다산의 신, 이를 좇을 것인가? 먼저 그의 나라와 그의 의를 구하며, 그분의 음성을 날마다 들을 때 끊임없이 우리와 변론하기 좋아하며 서로 대화하기 원하는 인격적인 신, 창조와 생명의 주인 그를 좇을 것인가?

바알신이냐 하나님이냐, 인간에게 절대 자유의지를 허락하신 그분, 이 선택과 테스트는 오늘도 유효하다. 아이들에게 바알과 아세라 선지자 850명과 여호와의 불을 일으키는 싸움에서 승리한다는 내용을 재미있게 이야기해 주며 함께 기도 드리던 기억이 새롭다.

흔히 손꼽기를 좋아하는 사람들은 3대 오라토리오로 헨델의 '메시아', 하이든의 '천지창조' 그리고 멘델스존의 '엘리야'를 꼽고 있다. 모두 성경을 주제로 한 오라토리오이다. '천지창조'는 창세기 처음 하나님께서 천지만물을 창조하신 이야기이고 '메시아'는 그리스도의 전 생애를 다뤘다. 그리고 유대인인 멘델스존은 자신들이 가장 존경하는 선지자 엘리야를 이야기하므로 3대 오라토리오가 성경의 중요한 맥을 꿰뚫고 있다.

이 세 작품은 모두 각 작곡가들의 작품을 대표하는 걸작으로 회자되는 빼어난 곡들이다. 헨델이 '메시아'를 24일 만에 작곡한 것이며, 하이든이 '천지창조'를 작곡하며 항상 기도하며 감사한 것과 멘델스존이 20살이라는 어린 나이에 묻혀져 있던 바흐의 "마태수난곡"을 세상에 다시 알린 사실 그리고 우여곡절 끝에 완성된 대본으로 '엘리야'를 작곡한 사실 모두가 하나님의 특별한 간섭하심 없이는 이루어지지 않았을 것임을 알 수 있다. 그 곡들이 지금 우리들에게 널리 알려져 하나님의 말씀을 음악으로 만나게 됨이 감사하다.

엘리야의 극적인 묘사

멘델스존(Jakob Ludwig Felix Mendelssohn, 1809.2.3~1847.11.4)은 독일 함부르크에서 부유한 은행가의 아들로 태어났다. 어머니는 유태인의 딸로서 어려서부터 종교적인 분위기의 가정에서 일요일 밤마다 소규모이긴 하지만 수준 높은 음악회가 열려 그 무대를 통해 멘델스존의 음악적 재능이 크게 향상되었다. 멘델스존은 바흐, 헨델, 모차르트 등 독일 작곡가는 물론 팔레스트리나, 페르골레지 등 이탈리아 거장을 통한 로마 악파의 엄격한 교회 성악곡 형식, 베네치아풍의 풍요로운 음색, 나폴리 악파의 이상적인 선율 등 다양한 음악적 경험을 히게 된다.

또한 바흐의 연구가로서 바흐의 '마태수난곡'을 비롯한 귀중한 종교음악을 발굴하고 연구하여 초연 후 100년이 지난 1829년 '마태수난곡'을 연주하여 바흐와 '마태수난곡'을 새롭게 조명하면서 종교음악 작곡에 대한 열의를 보인다. 마침내 27세(1836년) 때 첫 오라토리오 '사도 바울'을 작곡하여 하이든 이후 독일 오라토리오의 긴 휴면을 깨며 성공한다.

이후 더 극적인 성서의 인물을 찾으며 새로운 오라토리오 작품의 구상을 위해 친구인 칼 클린게만에게 대본을 부탁하며 "당신은 매우 극적인 대본을 만들 수 있을 것이다. 이를테면 마카베우스나 또 다른 서사시처럼, 혹은 그 둘의 성격을 합친 것 같은 것으로 만들 수 있을 것이다. 그 어떤 것이든 나는 상관하지 않을 것이다."라고 주문했다. 그러나 클린게만과는 새 오라토리오의 기본 설계만 마쳤다.

멘델스존은 다시 "사도 바울"의 대본을 쓴 성직자 슈블링과 같이 작업을 하게 된다. 슈블링은 클린게만의 기초가 마음에 들지 않았으며, 멘델스존과도 상반된 의견을 보이게 된다. 즉, 슈블링은 그리스도를 엘리야가 말한 예언의 성취였다는 것과 그리스도의 출현을 분명하게 나타내기를 원했다. 멘델스존은 그것이 마치 '메시아'와 흡사한 내용이므로 이에 동의하지 않았다. 또한 슈블링은 멘델스존에게 이야기의 극적인 요소보다 종교적이고 도덕적인 면을 강조한 음악을 작곡하도록 종용하였으나 이 부분에서도 좁혀질 수 없는 견해차를 보이게 된다.

멘델스존은 1838년 11월 2일자 슈블링에게 보낸 편지에서 다음과 같이 이야기 하면서 서로 다른 생각을 갖고 있던 두 사람의 작업은 중단되어 6년간의 공백 기간을 갖게 된다.

> "나는 엘리야를 오늘날 우리의 실제적인 선지자로 상상하고 있다. 즉, 강하고, 시기심 많고, 심지어 심술궂고, 분노하고, 생각에 잠긴 모습, 귀족 계층이나 일반 백성들의 아류와 대조적이고, 진실로 거의 모든 세상과는 대조적이며, 마치 천사의 날개를 타고 있는 것 같이 하늘 높이 있는 자라고 본다. 이를 묘사 하기 위해 나는 기꺼이 극적인 요소를 두드러지게 할 것이고 더 풍성하고 극명 하게 나타내 보일 것이다."

멘델스존은 1845년 그가 죽기 1년 전 영국의 버밍검의 음악축제에서 새 작품을 요청 받게 되는 계기도 있었지만 '엘리야'의 완성은 그에게 있어 일생일대의 큰 음악적인 사명이었다. 우여곡절 끝에 '엘리야'의 작곡을 재개하였다. 비록 슈블링이 대본의 완성을 요청 받아 완성했으나 시간이 너무 촉박한 나머지 두 사람 사이의 쟁점이 마무리되지 않은 상태에서 멘델스존은 성경을 진정한 대본으로 생각하고 있었다. 또한 멘델스존은 헨델, 하이든, 바흐의 많은 작품을 연구하였으므로 그들과는 다른 한 인물을 집중적으로 묘사하며 첫 작품보다 더 극적인 효과를 줄 수 있는 악상을 이미 머릿속에 그리고 있었으므로 창작의 속도를 높일 수 있었다.

1846년 8월 5일 라이프찌히에서 관현악부가 연주되고 8월 19일 런던에서 성악부가 시연되고, 8월 24일 버밍검에서 전곡이 시연되었다. 그리고 8월 26일 버밍검의 타운홀에서 작곡자 자신의 지휘로 초연되었다. 초연 당시 2,000명이 환호하는 앙코르에 응하여 "비의 기적" 부분부터 제 1부의 마지막까지 다시 연주되었다고 한다.

이렇게 큰 성공을 거둔 연주였음에도 불구하고 멘델스존은 이 곡에 대한 강한 애착을 갖고 철저한 개정 작업에 착수한다. 유명한 천사들의 3중창과 마지막 곡 합창을 추가하며 상당 부분의 개정을 마치고 이듬해 4월 런던에서 개작 초연을 하였고, 10월 독일의 함부르크에서 크레브스의 지휘로 초연이 개최되었으며, 1847년 11월 14일 빈에서 멘델스존이 직접 지휘할 예정이었던 '엘리야' 의 연주는 그의 추도식이 되고 말았다.

멘델스존은 정신적으로는 낭만주의며 형식적으로는 고진주의의 질서 조화의 감정에 충실하며 초·중기 낭만주의의 교량 역할을 했다. 바흐, 베토벤을 존경하여 음악의 형식과 외관적 균형을 중시하면서 내면적으로는 매우 우미한 선율 우선주의의 낭만적 정취—쾌활하고 즐거움, 감미롭고 밝으며, 개성적인—를 물씬 풍기는 관현악 기법을 구가한 '음(音)의 풍경화가' 이다. 특히, 종교음악에서는 자신의 참신앙이 그대로 녹아 들어가 있는 고귀한 영적 정신 세계를 표출하므로 감동을 주고 있다.

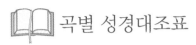 곡별 성경대조표

[제1부]

순서	성경본문	형 식	내 용
1	왕상 17:1 렘 8:19~20	서창(엘리야)과 서곡, 합창	도우소서 주여
2		2중창과 합창	주여 우리 기도를 들어주소서
3	욥 2:13	서창(오바디아)	너희의 마음을 바치라
4	욥 23:3	아리아(오바디아)	온 맘으로 주를 찾을 때에
5	신 28:15, 22	합창	하나님이 보지 않으셨다
6	왕상 17:2~5	서창(천사, 알토)	엘리야 너는 여기를 떠나라
7	잠 3:23 시 91:11~12 왕상 17:7~9, 14	복 4중창과 서창 (천사)	주 하나님의 천사들 너를 따르고
8	왕상 17:17~24	서창(과부)과 2중창(엘리야, 과부)	더욱 크게 부르짖으라
9	시 112:1, 4	합창	주를 경외하는 자는 복이 있도다
10	왕상 18:1, 15~25	서창(엘리야, 아합)과 합창	살아계신 하나님 앞에 나는 섰노라
11	왕상 18:26	합창(바알 사제들)	바알 신이여 응답하소서
12	왕상 18:27	서창(엘리야)과 합창(바알 사제들)	더 크게 부르라
13	왕상 18:28~30	서창(엘리야)과 합창(바알 사제들)	어찌 내게 이런 일이 있소
14	왕상 18:36, 37	서창과 아리아(엘리야)	아브라함과 이삭의 하나님
15	시 55:22	4중창	너의 짐을 주께 맡기라
16	시 104:4 왕상 18:38~40	서창(엘리야)과 합창 (백성)	생명을 만드신 주여
17	렘 23:29 시 7:11,12	아리아(엘리야)	주의 말씀은 불 같지 않더냐
18	호 7:13	아리오소	하나님 버리는 자는 고통을 받으리라
19	왕상 18:43	서창(오바디아, 엘리야, 소년)과 합창(백성)	하나님의 사람이여 당신의 백성을 도우소서
20	시 93:3~4	합창(백성)	하나님께 감사하라

02

[제2부]

순서	성경본문	형 식	내 용
21	사 41:10	아리아와 서창	들으라 이스라엘아
22	사 41:10	합창(백성)	두려워 말라
23	왕상 19:2	서창(엘리야와 여왕) 과 합창	하나님께서 너를 세우사
24	렘 26:11	합창	그를 죽이라
25	왕하 1:13 렘 26:11 시 56: 7	서창(오바디아, 엘리야)	하나님의 사람이여
26	왕상 19:4, 10 욥 7:16	아리아(엘리야)	만족합니다
27	왕상 19:5, 시 34:7	서창(테너)	보라 그가 자고 있다
28	시 121:1~4	3중창(세 천사)	네가 산을 향하여 눈을 들라
29	시 121:1~4, 138:7	합창	주께서 이스라엘을 지켜주리라
30	왕상 19:7~8	서창(천사, 엘리야)	일어나라 엘리야
31	시 37:1, 4, 5, 7, 8	아리아(천사)	주 안에 쉬라
32	마 24:13	합창	끝날까지 참는 자
33	시 22:19, 143:6~7	서창(엘리야,천사)	주여 이제 밤이 되었습니다
34	왕상 19:11~12	합창	하나님이 지나가신다
35	사 6:3	서창(알토), 4중창과 합창	스랍들이 높은 곳에서
36	왕상 19:15, 18	합창, 서창(엘리야)	이제 돌아가거라
37	사 54:10	아리오소(엘리야)	높은 산이 평탄케 되고
38	왕하 2:11	합창	선지자 엘리야 불같이 솟아나고
39	마 13:43 사 51:11	아리아(테너)	이 땅에 정의 나타나서
40	말 4:5, 6	서창(소프라노)	하나님이 엘리야를 보내셨다
41	사 41:25	합창, 4중창	천사들이 해 돋는 곳에서 오라 너 목마른 자들아 물로 나오라
42	사 58:8	합창	그때 너희 빛이

곡의 구성

등장인물

예언자 엘리야(바리톤), 王臣 오바디아(테너), 아합왕(테너), 여왕 이세벨(알토)

천사(소프라노, 알토), 과부(소프라노), 소년(소프라노)

[제1부]

1부는 엘리야의 활약상을 그린 열왕기상의 17장~18장을 기본으로 예레미야, 요엘, 욥기, 신명기, 잠언, 시편, 호세아의 구절을 인용한 총 20곡으로 구성되어 있으며, 다음 세 부분으로 나누어 볼 수 있다.

- 아합에 대한 징계의 예언, 가뭄의 참혹함, 이스라엘 백성의 믿음과 참을성이 없는 탄원이 제1곡부터 9곡까지 연주된다.
- 엘리야의 귀환과 아합의 바알신과 대결하여 물리치는 장면이 제10곡부터 18곡까지
- 여호와의 노여움을 풀고 오랜 가뭄으로부터 이스라엘 백성을 구한다는 제19~20곡으로 이루어져 있다.

〈징계의 예언, 가뭄의 참혹함, 이스라엘 백성의 믿음과 참을성이 없는 탄원〉

제1곡 서창(엘리야) ― 도우소서 주여

d단조의 관현악 총주를 배경으로 엘리야의 무거운 서창으로 시작된다.

"이스라엘의 신 여호와는 살아계시다. 내 말이 없는 몇 해 동안 비를 보지 못 할 것이다"라 예언한다. 가뭄과 굶주림으로 고통 받는 이스라엘 백성의 불안한 마음을 첼로, 베이스로 무거운 푸가풍으로 서곡이 진행된다. 곡은 점점 고조되어 관악기, 타악기가 가담하고 바이올린의 극적인 패시지에 이끌리어 합창은 "주여 구하여 주소서"라고 절규한다. 테너는 반음계적 푸가

풍의 코랄로 마무리하며 4성부 차례로 서창이 이어진다.

"추수는 이제 지나고, 여름도 갔도다. 그러나 구원은 오지 않도다.

주는 이제 우리의 신이 아닌가?

모든 물은 마르고 어린 아기의 혀도 마르다"(왕상 17:1).

제2곡 2중창과 합창 — 주여 우리 기도 들어주소서

애원하는 백성들의 합창에 대하여 소프라노, 알토의 아름답고 서정적인 2중창이 이어진다.

"주여 우리 기도 들어주소서. 시온이 손을 벌려도 아무도 위로할 자 없네."

제3곡 서창(오바디아) — 너희의 마음을 바치라

오바디아의 서창 "우상을 버리고 주께 돌아오라"(욥 2:13).

제4곡 아리아(오바디아) — 온 맘으로 주를 찾을 때에

"온 맘으로 주를 찾을 때에 정녕 주를 만나리라 말하셨다.

오 주님을 만나기 원해. 그에게 나오기 나 원하네"(욥 23:3).

제5곡 합창 — 하나님이 보지 않으셨다

백성들은 불안과 초조한 마음으로 음의 고조를 이룬 후, 속도를 늦추어 코랄풍으로 전개되고 확신에 찬 합창으로 마무리한다(신 28:15, 22).

〈엘리야의 은거와 과부 아들의 살아남〉

제6곡 서창(천사, 알토) — 엘리야 너는 여기를 떠나라

그러나 신의 구원은 나타나지 않고, 비가 오는 징조마저 보이지 않는다. 이제 백성의 저주는 엘리야에게 집중된다. 신변의 위협을 느낀 엘리야에게 "그릿 시냇가로 가라는" 천사의 계시가 알토의 서창으로 전해진다(왕상 17:2~5).

제7곡 복 4중창과 서창 — 주 하나님의 천사들 너를 따르고

소프라노, 알토, 테너, 베이스가 성부에 2명씩으로 구성된 복4중창 — 8중창이 멘델스존 특유의 낭만성을 지니고 연주된다.

"천사가 너를 지킬 것이다. 네가 가는 모든 길 보호하리로다."(잠 3:23, 시 91:11~12)에 이어 천사의 서창(왕상 17:7~9, 14)이 불려진다.

제8곡 서창(과부)과 2중창(엘리야, 과부) — 어찌 내게 이런 일이 있소

과부의 집에 머무는 동안 과부의 아들은 병에 걸려 죽게 된다. 오보에의 슬픈 조주에 이끌리어 과부와 엘리야가 만나게 된다. 엘리야의 기도로 과부의 아들이 소생되어 기쁨의 눈물을 흘리는 과부와 엘리야의 2중창이다(왕상 17:17~24).

과　부: "기도 들으신 주 내 아들 살리셨네. 다시 살았네.

　　　당신은 하나님의 사람이외다.

　　　주님 말씀은 진리외다. 무엇을 주께 드리리까?"

엘리야: "하나님 사랑하라. 온 마음 다하여 너의 마음 다해 사랑하라.

　　　주를 두려워하는 자들."

제9곡 합창 — 주를 경외하는 자는 복이 있도다

관악, 현악의 섬세한 반주에 이어 서정적으로 노래한다(시 112:1, 4).

"주를 두려워하는 자 평화의 길 다니리로다.

복이 있다 어두움 가운데 빛 되신 주 자비롭고 참 사랑이 많은 주님.

주를 두려워하는 자 평화의 길 다니리로다."

〈엘리야의 귀환과 아합의 바알신과의 대결〉

제10곡 서창(엘리야, 아합)과 합창 — 살아계신 하나님 앞에 나는 섰노라

예언된 3년이 흘러 엘리야는 여호와의 명에 의해 단신으로 아합의 왕궁에 들어가 바알의 예언자들과 대결한다. 금관의 강렬한 반주에 맞춰 엘리야,

아합왕, 백성들의 대화가 극적인 합창으로 이어진다(왕상 18:1, 15~25).

제11곡 합창(바알 사제들) ― 바알신이여 응답하소서

바알의 예언자 450명이 제단을 갖추고 8부 합창의 빠른 템포로 기도의 합창이 아침부터 한낮까지 이어지나 기도의 응답을 받을 수 없다(왕상 8:26).

"불을 내리사 원수를 멸하소서. 바알이여. 들으소서. 바알 바알 바알."

제12곡 서창(엘리야)과 합창(바알 사제들) ― 더 크게 부르라

엘리야는 조롱하는 목소리로 "큰 소리로 너의 하나님을 부르라"고 하며, 합창은 "바알신이여 응답하소서 잠깨소서"라 부르짖는다(왕상 18:27).

제13곡 서창(엘리야)과 합창(바알 사제들) ― 더욱 크게 부르짖으라

바알 예언자들의 절규하는 모습을 생생하게 합창으로 표현하며 엘리야는 "모든 백성들 내게 오라"고 맞선다(왕상 18:28~30).

제14곡 서창과 아리아(엘리야) ― 아브라함과 이삭의 하나님

엘리야는 여호와께 "백성들이 주 여호와는 하나님이신 것을 온 백성이 다 알게 하여 주옵소서"라며 백성들의 마음을 돌이키는 아름다운 간구의 노래를 부른다(왕상 18:36~37).

제15곡 4중창 ― 너의 짐을 주께 맡기라

코랄로 독일 프로테스탄트의 교회의 코랄에서 멜로디를 따온 것으로 페르마타 (Fermata: 늘임표)부분의 바이올린의 펼친 화음은 극히 아름다운 효과를 주고 있다.

"너의 짐 주께 맡겨라. 너를 지키시리. 그가 의인을 지키시리로다.

주의 오른편에 그 자비 한없다.

저 하늘에 계신 주를 기다리는 자 복 받으리라"(시 55:22).

제16곡 서창(엘리야)과 합창(백성) ― 생명을 만드신 주여

엘리야의 "불을 주관 하시는 주여 이제 불을 내려 주소서"라는 말에 하늘에서 불꽃이 내려와 제단의 제물을 태워버린다. 이를 본 백성들의 맹세가 담긴 힘찬 합창이 코랄풍으로 이어진다(왕상 18:38~40).

제17곡 아리아(엘리야) — 주의 말씀은 불 같지 않더냐

승리한 엘리야는 극적인 아리아를 부른다(렘 23:29, 시 7:11~12).

"주 말씀 불 같으며 바위를 쪼개는 망치 같다.

저 바위 깨뜨리는 망치 악한 자들은 하나님의 진노를 받는다.

악한 자 안 고치면 용서치 않으리.

주님께서 용서치 않고 멸하리.

그 말씀 불 같으며 바위 쪼개는 망치 같다."

제18곡 아리오소 — 하나님 버리는 자는 고통을 받으리라

"화 있으리라 하나님을 버리는 자 망하리. 주님에게 죄를 범한 까닭이라.

주로 인해 속죄함을 받았으나 저들이 거짓말 하였도다"(호 7:13).

〈가뭄의 해소〉

제19곡 서창(오바디아, 엘리야, 소년)과 합창(백성)
— 하나님의 사람이여 당신의 백성을 도우소서

오바디아, 엘리야, 소년의 서창과 백성들의 합창이 어울려 모두 비를 내려 줄 것을 간구한다(왕상 18:43).

제20곡 합창(백성) — 하나님께 감사하라

엘리야의 필사적인 기도로 드디어 구름이 생기고, 이 구름이 섬섬 퍼져 나간다. 드디어 비가 오기 시작하고 격렬한 호우가 내린다. 엘리야에 인도되어 백성들의 유명한 합창이 힘차게 불려진다.

"주께 감사하라. 마른 땅을 적시는 하나님께 물 함께 모여 흐르도다.

감사하라. 저 물결 높으며 그 성냄 무섭다. 저 노한 파도 주께서 계시도다.

전능의 주 감사하라. 하나님께서 마른 땅을 축여 주시도다"(시 93:3~4).

[제2부]

박해에서 벗어나서 하나님의 뜻대로 대 사역을 완수하고 엘리야는 승천한다. 제2부는 이사야, 예레미야, 열왕기상/하, 시편, 욥기, 전도서, 마태복음, 말라기의 구절을 인용한 내용으로 음악적으로 1부에 비하여 매우 서정적이며 아름답기 그지없다. 2부의 내용을 세분하면 다음과 같다.

- 하나님께서 엘리야에게 용기를 주는 제21~22곡
- 엘리야의 아합에 대한 질책과 이세벨이 백성들을 선동하는 23~24곡
- 엘리야의 도주와 낙심함을 그린 25~26곡
- 주안에서의 안식과 안위를 표현한 27~29곡
- 하나님의 응답을 기다리는 30~32곡
- 하나님의 인재를 나타내는 33~35곡
- 새 힘을 얻은 엘리야의 사역과 승천 36~38곡
- 심판 날과 메시야의 예언 39~42곡

소프라노의 아리아 "들으라, 오, 이스라엘", 힘찬 합창 "두려워 말라" 등이 제2부의 서정성을 선명히 들려준다. 또한 엘리야의 아리아 "충분하다(Es ist genug)"는 매우 친근하고 감동적인 힘을 갖고 있다. 이 아리아는 멘델스존이 쓴 가장 훌륭한 음악적 창조로 평가된다. 여성 3중창 "그대의 눈을 뜨라(Hebe deine Augen auf)"가 너무도 유명해서 엘리야의 아리아가 가려져 있을 뿐이지 이 곡의 가치는 아무리 강조해도 지나치지 않는다.

물론 합창도 이 작품에서 중요한 비중을 차지하고 있다. 합창은 바알에게 기원한다든지 비의 기적에 참가하는 등 에피소드의 큰 비중으로 등장한다. 특히, "누가 최후까지 굳게 서 있을 것인가(Wer bis au das Ende behart)" 라는 합창은

큰 인상을 남긴다.

〈하나님께서 용기를 주심〉

제21곡 아리아와 서창 — 들으라 이스라엘아

오보에의 조주에 맞춰 소프라노 아리아에 이어 "나는 너를 위로하는 자이

니라, 두려워말라"는 확신에 찬 신의 말씀이 불려진다.

"너는 들으라 주님의 말씀을 내 계명 지켜 나의 계명 지켜 누가 우리의 말을 듣나.

주의 힘 있는 그 팔 뉘게 나타났나.

악한 무리에게 고난을 당하셨도다. 그의 말씀 오 내가 위로하리라.

두려워 말라. 나는 너의 주. 오 내가 위로하리라.

내가 네게 힘 주리라. 아 들으라. 죽을 사람 두려워 말라.

주 잊지 말라. 너 만드시고 만물을 창조하신 주"(사 41:10).

제22곡 합창(백성) — 두려워 말라

행진곡풍의 백성들의 합창으로 푸가풍으로 변하다가 다시 행진곡풍으로

마무리된다.

"사람들 멸망해도 너희는 상관없다. 두려워 말라"(사 41:10).

〈엘리야의 아합에 대한 질책과 이세벨이 백성들을 선동함〉

제23곡 서창(엘리야와 이세벨)과 합창 — 하나님께서 너를 세우사

엘리야는 아합왕 앞에서 그를 저주하며 예언한다.

엘리야 "주님께서 너를 만민 중에 높이사 이스라엘 왕이 되게 하셨다.

아합 너는 여호와를 진노케 했지.

저 여로보암이 죄 중에서 아무 생각없이 행함같이

너는 바알 앞에서 제단을 모으고 그를 경배했지.

음악으로 변주된 성경

의로운 자를 다 죽여버렸도다.

주께서 이스라엘 사람들을 크게 징계할 것이로다.

그가 참말 주 되심을 알게 하시리로다."

이세벨과 군중들은 바알 선지자들을 죽이고 왕을 저주한 엘리야를 없애버리자는

살기등등한 합창이 이어진다(왕상 19:2).

제24곡 합창 ― 그를 죽이라

"죽이라 처형하라. 저 하늘 문 닫고 기근을 가져온 자.

주 하나님의 이름으로 저주한자 그를 죽이라. 그는 죽어 마땅하리.

우리에게 저주를 말한 자. 우리가 확실히 들었소.

저를 처형하라. 어서 속히 붙잡아 죽이라"(렘 26:11).

〈엘리야의 도주와 낙심함〉

제25곡 서창(오바디아, 엘리야) ― 하나님의 사람이여

오바디아의 충고에 따라 엘리야는 광야로 도망한다(왕하 1:13, 렘 26:11, 시 56:7).

오바디아: "엘리야여 이제 곧 나의 말을 들어보오.

이세벨 왕후가 당신을 붙잡기 위하여 많은 사람을 모으고

그 올가미의 함정 속에 빠뜨린 후 당신을 잡아 죽이려 하오.

그리하오니 가던 길을 바꾸어 광야로 향하시오.

주 하나님이 함께 하시리라. 하나님이 돌보시며 인도하시리.

서둘러서 어서 가시고 나에게 축복하소서."

엘 리 야: "당신은 여기 있으오. 아이야 함께 하라.

주가 너와 함께 하리라. 난 광야로 가리로다."

제26곡 아리아(엘리야) ― 만족합니다

첼로의 간주에 이어지는 낭만적인 가락의 유명한 아리아 "주여 만족하도다"를 부른다(왕상 19:4, 10, 욥 7:16).

'만족하니 내 생명 거두어 주소서. 나는 조상보다 못하오니 여호와여 이제껏 나는 피곤하게 지내었고 눈물의 나날 지냈으니 나를 거두소서.

나는 열심히 주를 위해 많은 일 했으나 이스라엘 백성들은 주의 언약 저버리고 주의 단을 헐고 주의 선지자를 모조리 붙잡아 칼로 죽였소.

나는 이제껏 주를 위하여 열심을 다하여 하나님 위하여 많은 일 했으나

이제 나 홀로 남았나이다. 이제 저희가 나의 생명까지도 죽이려 하나이다.

오 하나님 나의 생명 거두소서."

〈주안에서의 쉼과 안위〉

제27곡 서창(테너) — 보라 그가 자고 있다

"보라 저가 광야에서 나무아래 잠을 자도다.

주님의 천사들이 그를 옹위하고 둘러섰도다"(왕상 19:5, 시 34:7).

제28곡 3중창(세 천사) — 네가 산을 향하여 눈을 들라

가장 아름답고 서정적인 유명한 천사의 3중창이 불려진다(시 121:1~4).

'너의 눈을 들어 산을 보라. 도움이 오는 저 산.

천지 지으신 주께로 도움 오도다.

너의 발이 움직이지 않고 너를 항상 지키시는 자 결코 졸지 않으리."

제29곡 합창 — 주께서 이스라엘을 지켜주리라

멘델스존다운 낭만적인 아름다움을 지닌 합창이다(시 121:1~4, 138:7).

"주께서 이스라엘을 지키시리라.

근심 중에 있는 네게 힘을 주시리. 근심 말라. 힘을 주시리."

〈하나님의 응답을 기다림〉

제30곡 서창(천사, 엘리야) — 일어나라 엘리야

　　박해의 불안에 견디다 못한 엘리야는 천사의 인도에 의해 신의 산 호렙에

다달아 절망에 빠져 "나를 죽게 해 주소서" 라고 호소한다(왕상 19:7~8).

제31곡 아리아(천사) — 주 안에 쉬라

　　절망에 빠진 엘리야를 위로하며 천사가 부르는 아리아가 이어진다.

　　"편히 쉬어라. 주님의 품속에 네 소원 들으시리로다.

　　온 마음으로 주를 의지하라. 너 슬퍼 말라.

　　악한 자들 인하여 편히 쉬어라 . 주님 품속에"(시 37:1, 4, 5, 7, 8).

제32곡 합창 — 끝날까지 참는 자

　　계속 번뇌하는 엘리야를 위로하는 코랄풍의 천사의 합창이 아름답게 울

린다.

　　"끝까지 잘 견디는 자. 복 있도다. 진정 복 있도다"(마 24:13).

〈하나님의 임재〉

제33곡 서창(엘리야, 천사) — 주여 이제 밤이 되었습니다

　　밤이 되어 엘리야는 기도한다. 하나님께서 엘리야의 앞을 지나가는 것이

다. 먼저 산이 갈라지고 바위를 깨뜨리는 무서운 폭풍이 일어나며 지진이

나고 불이 일어난다.

엘리야: "주여 이제 밤 되니 가지 마소서.

　　이곳에 머무르소서. 나의 영혼이 당신을 갈망합니다"(시 22:19).

천　사: "이제는 일어나라. 산에 오르라. 찬란한 하나님의 영광이 가까이 비치니 네 얼굴

　　감추라. 주가 오신다"(시 143:6~7).

제34곡 합창 — 하나님이 지나가신다

극적인 관현악의 분위기에서 가벼운 바이올린 반주로 반전되며 낭만적인

가락과 함께 여호와의 출현을 노래한다.

"보라 하나님 나타나 강한 바람에 산이 진동하고 돌이 깨어지네.

그 가운데 주 계시지 않네. 바다 솟아오르며 땅이 흔들리네.

지진 후에 불이 일어났도다.

불이 있은 후에 작은 음성이 작은 소리로 주가 오시네"(왕상 19:11~12).

제35곡 서창(알토), 4중창과 합창 — 스랍들이 높은 곳에서

알토의 서창 "천사들 서로 노래 부르다." 에 인도되어 여성 4중주와 합창

으로 아름다운 8중주가 이어진다.

"거룩 거룩 거룩 주 하나님. 주 하나님은 그 영광 땅에 충만하도다.

주의 영광 땅에 충만하도다"(사 6:3).

* 스랍: 여호와를 섬기는 세 쌍의 날개를 가진 천사

〈새 힘을 얻은 엘리야의 사역과 승천〉

제36곡 합창, 서창(엘리야) — 이제 돌아가거라

신의 계시를 노래한다(왕상 19:15, 18).

합   창: "너의 길을 가거라. 주께서 바알에게 절하지 않은 칠천 명을 남겨주었다.

주 명령하셨다."

엘리야: "주의 힘으로 나의 길 가리라.

주를 위하여 기쁘게 고통 받으리 내 맘이 기쁘다, 항상 기쁘다.

소망 중에 편히 쉬어라."

제37곡 아리오소(엘리야) — 높은 산이 평탄케 되고

이에 새 힘을 얻은 엘리야의 아리오소가 이어진다.

"산이 비록 떠나고 언덕이 옮겨지더라도 주의 인자하심 영원히 주의 인자

내게서 떠나지 않으리. 주의 평화 약속이 변하지 않으리라.

주의 인자함 나 함께 영원히 있으리"(사 54:10).

제38곡 합창 — 선지자 엘리야 불같이 솟아나고

엘리야의 승천 이야기를 멘델스존은 가장 극적인 합창으로 표현하고 있다.

"선지자 엘리야 불같이 일어났다. 그의 하는 말 횃불과 같다.

모든 왕들이 망했도다. 그가 시내산 위에 서서 장래의 심판을 들었네.

주님께서 그를 하늘로 데려 갈 때 오 하늘에서 불수레와 불말이 내려와

하늘로 데려갔도다. 하늘로 올라갔다"(왕하 2:11).

〈심판 날과 메시야의 예언〉

제39곡 아리아(테너) — 이 땅에 정의 나타나서

엘리야의 힘에 의해 이스라엘은 다시 여호와를 섬기게 되었다. 그 후 한 결같이 구세주 그리스도의 출현을 기다리며 테너의 아리아 예언한다.

"의로운 자는 하늘에서 태양과 같이 빛나리로다.

기쁨이 그 머리에 영원토록 슬픔이 없어지리로다"(마 13:43, 사 51:11).

제40곡 서창(소프라노) — 하나님이 엘리야를 보내셨다

"하나님이 엘리야를 보내셨다. 주님의 무섭고도 두려운 날 오기 전에 또 그가 부모 의 마음 자녀들에게로 또 자녀의 마음 부모에게 향하게 하리. 주가 이 땅을 저주하여 멸하지 못하게"(말 4:5~6).

제41곡 합창 — 천사들이 해 돋는 곳에서 오라 / 너 목마른 자들아 물로 나오라

"오라 너 목마른 자들아 물로 나오라"며 구세주를 기다리는 합창과 소프라노, 알토, 베이스 차례로 "오 목마른 자 오라. 주 앞에 오라"라며 4중창을 부른다.

"주께서 북쪽에서 사람을 부르셨도다. 그의 이름을 해뜰 때부터 불렀네.

그 이름 부르리. 왕으로 오시리.

또 그는 나의 택한 자니 내 영혼 기뻐하리. 하나님 함께 하시리.

또 지혜의 정신 이해함과 모든 힘 그에게서 오네.

그 말씀 내가 주를 불렀도다. 주의 이름 부르는 자를."

4중창 : "목마른 자 나와서 그 물을 마셔라. 그에게 나와서 네 영혼 편히 쉬리로다.

물에 나 오라. 그에게로" (사 41:25).

제42곡 합창 ─ 그 때 너희 빛이

엘리야를 끝맺는 합창으로 웅장한 푸가로 전개되어 전 성부의 총주로 고

조하며 "아멘" 으로 막을 내린다.

"너의 아침 빛과 같이 환하게 빛나리라. 너의 힘이 용솟음 치리라.

주의 영광이 네게 갚아 주시리라.

창조의 주님 그 이름 만국에 아름답도다.

모든 나라에 하늘의 영광 가득.

아멘, 아멘, 아멘." (사 58:8).

호흡이 있는 자마다
여호와를 찬양할찌어다 할렐루야(시 150:6)

브레이(BRAY, Jan de, 1626~2697) : 〈하프를 연주하는 다윗〉, 1670, 개인 소장

시편교향곡
Symphony of the Psalm : Igor Fedorovich Stravinsky
– 신 고전주의(Neo Classicism)에 담긴 호흡 있는 자의 노래

성경의 오아시스

시편보다 마음을 더 기쁘게 하는 것이 있겠습니까?
시편은 백성들에게 내리는 하나님의 축복이고
하나님께 바치는 찬양이며
신자들이 드리는 감사이고
모든 이들이 치는 손뼉입니다.

보편적인 교훈이고 교회의 목소리요
노래로 바치는 신앙고백이고
참된 신심의 표현입니다.
또한 자유의 기쁨이고
행복에 넘치는 외침이며 환희의 소리입니다.

시편은 분노를 가라앉혀 주고
근심 걱정에서 해방시키며 슬픔을 몰아냅니다.
시편은 밤에는 우리를 지켜주는 무기이고
낮에는 우리를 가르치는 교사입니다.

 음악으로 변주된 성경

두려울 때의 방패이고 거룩함을 지닌 이들에게 축제입니다.

고요함의 거울이고 평화와 화목의 보증입니다.

시편은 칠현금처럼 여러 가지 목소리를 하나의 노래로 모읍니다.

새벽에 시편의 노래가 울려퍼지면 저녁에는 그 소리가 메아리쳐옵니다.

시편에서 우리는 죄를 피하는 것을 배우고

죄를 보속할 때 느끼는 수치심을 잊게 합니다.

시편은 복된 예언자가 성령이라는 활로 연주하여

천상 음악의 즐거운 선율이 땅에 울려 퍼지게 하는

덕행의 악기가 아니겠습니까?

—성 암브로시우스(St. Ambrosius, 339~397)의 '시편 해설' 中에서—

이같이 성 암브로시우스의 해설은 시편을 가장 함축적으로 석설하게 설명하지 않았나 생각된다. 창세기로부터 시작되는 성경을 읽다 보면 모세오경을 지나 사막같은 이스라엘의 환란의 역사가 이어지며 점점 지루함을 느끼게 되어 역사서가 마무리될 쯤이면 항상 더 이상 읽어나갈 에너지마저 고갈되는 느낌을 받는다. 이 때 나에게 신선한 오아시스의 역할을 해주는 것이 바로 시편이라는 책이다. 성경의 다른 책들의 경우 쭉 읽어 내려가면서 계속 앞으로 넘기며 빨리 끝나기를 바라지만, 시편의 경우는 한편 한편을 그냥 넘기기가 아쉽다. 시편의 여러 편의 마지막에 '셀라(Selah)' 라는 말을 볼 수 있다. '셀라' 는 일종의 음악용어로서 높임음 또는 중지라는 뜻으로 "그곳에서 한 박자 쉬라" 또는 "숨을 멈추고 호흡을 고르라"라는 지시어이다. 즉, 시편은 다음 편으로 나가기보다 지나친 장에 대해 계속 미련과 여운이 남아 다시 뒤적이며 한마디 한마디 더욱 깊이 묵상하게 된다.

시편이 없는 성경 일독은 정말 끔찍한 일이다. 시편은 다시 성경 일독을 마무리 할 수 있는 힘과 의지를 재충전시켜 주는 오아시스와 같은 역할을 한다. "사막이 아름다운 것은 그곳 어딘가에 우물이 숨겨져 있기 때문이다"라는 생텍쥐페리의 말과 같이 성경이 아름다운 것은 시편이 있기 때문이 아닐까. 시편의 주옥같은 시들은 문학적으로만 평가해도 미문(美文)의 전범(典範)이라 아니할 수 없으며 한편 한편이 강렬한 하나님의 임재 가운데로 이끄는 힘이 있다. 하나님의 백성인 이스라엘 민족은 하나님께서 하신 큰 일들과 늘 자신들과 함께하시며 지켜주신다는 하나님의 언약에 대한 찬양과 감사의 기도를 드리게 되었다. 유대인들은 시편을 원래 '기도(Tefilla)'라고 불렀다. 그러다 나중에 '찬양(Tehillim)' 또는 '찬양의 책'이라 하였고 초대 교회에서는 시편을 현악기의 반주에 맞추어 노래하는 '찬미가(psalmoi)'라 부른 것이다. 왕, 제사장, 예언자, 무명의 시인, 가수들과 같은 많은 시편 기자의 개인적인 신앙고백, 역사적 상황에 대한 인식, 전례의식을 통한 감사 등 시편은 민족적 감정이 함축되어 있는 시요, 노래이다. 이렇듯 그들은 기도와 찬양을 신앙의 두 축으로 여기고 있어 믿는 자에게 있어서의 시편은 신앙의 호흡과도 같은 책이다.

하나님과 음악

"음악은 인간이 만든 것처럼 알지만, 반은 하나님의 피조물이다. 나는 신학 다음 자리에 음악을 모시고 싶다"는 마르틴 루터의 말과 같이 음악은 하나님께 속한 권능이며 단지 인간에게 부여된 선물이다. 따라서 찬송으로 하나님의 영광을 높여드릴 때 하나님은 가장 기뻐하신다.

"여호와는 나의 힘이요 노래시며 나의 구원이시로다 그는 나의 하나님이시니 내가 그를 찬송할 것이요 내 아비의 하나님이시니 내가 그를 높이리로다"
(출 15:2).

인간뿐 아니라 하나님께서 창조하신 모든 창조물이 저마다 독특하고 신비한 소리를 갖고 있는 음악적인 존재임을 알 수 있다.

"모든 천체들은 음악적인 하모니로 운행되고 있다"   — 피타고라스 —

"자연의 소리는 천둥이며, 폭포의 물소리들은 장엄미사다."   — 칸트 —

"갈대의 나부낌에도 음악이 있다. 도랑의 여울에도 음악이 있다.

사람들이 귀를 가졌다면 모든 사물에 음악이 있다."   — 바이런 —

하나님께서는 만물을 창조하시며 수만 가지 소리를 만드셨다. 조화를 이루면서도 각기 다르게 만들어 마치 이 세상을 수만 가지 악기로 이루어진 거대한 오케스트라로 구성하고 이를 직접 지휘하며 흡족해 하고 계신다.

하나님께서는 자신의 영광을 나타내기 위하여 인간을 창조하셨다. 또한 인간에게 자신을 기쁘게 해 드릴 수 있는 능력과 환경을 주셨고 즐거운 마음으로 그 일을 감당할 수 있는 마음도 주셨다.

"무릇 내 이름으로 일컫는 자 곧 내가 내 영광을 위하여 창조한 자를 오게 하라 그들을 내가 지었고 만들었느니라 (중략) 이 백성은 내가 나를 위하여 지었나니 나의 찬송을 부르게 하려 함이니라"(사 43:7, 21).

"지존자여 십현금과 비파와 수금의 정숙한 소리로 여호와께 감사하며 주의 이름을 찬양하며 아침에 주의 인자하심을 나타내며 밤마다 주의 성실하심을 베풂이 좋으니이다"(시 92:1).

찬양은 우리의 영혼이 주님을 향해 나아가는 지름길로서 찬양의 내용은 하나님의 이름과 업적과 기사를 높이고, 하나님의 은혜와 감사를 나타내는 가사로 노래하라는 기준을 제시하고 있다.

"여호와께 감사하며 그 이름을 불러 아뢰며 그 행사를 만민 중에 알게 할찌어다
그에게 노래하며 그를 찬양하며 그의 모든 기사를 말할찌어다"(시 105:1~2).
"저희가 주의 크신 은혜를 기념하여 말하며 주의 의를 노래하리이다"(시 145:7).

찬송은 내가 생존해 있는 동안 즐거울 때나 고난 중에나 항상 해야 함은 물론
이요. 시편 기자가 시편을 마무리 지으며 '호흡이 있는 자마다 여호와를 찬송하
라' 고 강조한 바와 같이 찬송은 하나님께서 내게 생명주신 것에 대한 감사임을
깨닫고 살아 있는 동안 계속 되어져야 한다.

"나의 평생에 여호와께 노래하며 나의 생존한 동안 내 하나님을 찬양하리로
다"(시 109:33). "내가 여호와를 항상 송축함이여 그를 송축함이 내 입에 계속
하리로다"(시 34:1).

하나님께서는 늘 곁에 찬송 부를 천군과 천사들을 대동하고 계시며, 다윗의
시편은 모두 음악에 맞춰 하나님을 찬양하고 있음을 알 수 있다.

시편과 음악

시편의 문학성에 대해서는 이미 많은 사람들이 인정하는 바이지만 음악으로
표현된 시편의 세계도 파고들수록 무궁무진하다. 시편은 그 자체가 노래의 형식
으로 여러 가지 악기나 멜로디에 맞추어 부르도록 지정하고 있다. 초기의 기독교
음악은 시편창(psalmody)으로부터 시작되어 찬미가(Hymn)로 이어졌고 4세기
이후 그레고리안 성가(Gregorian Chant)로 발전하게 된다. 많은 시편들에 '영장
으로 반주악기 또는 멜로디' 를 지정하고 있다. '영장' 이란 음악 지도자를 뜻하며
그가 선창을 하면 회중이 따라 부르는 형식을 말한다. 반주로 지정된 악기나 멜

로디들은 당시 이스라엘 민족이 일상생활 가운데서 부르던 친숙한 민요와 통속적인 노래들로부터 가져온 것이다. 시편의 음악적인 분위기를 알기 위해서는 시편에 나오는 음악과 관련된 용어를 이해해야 할 것이다.

시편의 음악용어

- 깃딧: 가드에서 유행한 노래 혹은 악기이다(8, 81, 84편).
- 마스길: 주의 깊은, 지적인 특별한 절기에 불려진 교훈적이며 명상적인 시편이다(32, 42, 44, 45, 52~55, 74, 78, 88, 89, 142편).
- 뭇랍벤: 음악기호로 예상된다(9편).
- 믹담: 죄를 속한다. 다윗이 지은 시에 나오며 속죄의 시라고도 한다(16, 56~60편).
- 소산님: 백합화 모양의 악기 또는 봄 노래의 일종이다(45, 60, 69, 80편).
- 셀라: 시편 중 모두 71번이 나오고 하박국 3장에도 3번 나오는데 그 확실한 뜻은 알 수 없으나, 간주곡 혹은 노래 중간의 쉼표로 이해된다.
- 스미닛: 옥타브, 즉 한 옥타브가 낮은 음을 말한다. 한 옥타브 낮게 연주되는 비파(하프)는 남성들의 목소리와 함께 연주된다.
- 식가욘: 열광적인 노래(광시곡)이다(7편).
- 알라못: 여성합창단, 높은 음을 내는 악기, 처녀들이 연주하는 악기를 가리킨다(46편).
- 여두둔: 다윗이 성전에서 찬양으로 봉사하게 한 레위인들을 말한다. 즉, 여두둔이 찬양하도록 만든 노래라는 의미이다(39, 62, 77편).
- 힉가욘: 음악기호(시 9:16)
- 비느기놋: 현악기에 맞추어 노래하라는 뜻으로 시4, 54, 55, 61, 67, 76편에 나타난다.

● 엘-하느힐롯: 플룻과 같은 관악기에 맞추어 노래하라는 뜻으로 시5편에 나온다.

● 알-하스미닛: 시 6편과 12편의 표제는 보통 8현금에 맞추라는 의미로 보는데, 이것을 제8음계에 의해 노래하라는 뜻으로 해석하는 사람도 있고 또는 8음, 즉 한 옥타브를 낮추어서 부르라는 말로도 해석하는 사람들이 있다.

● 알-하깃딧: 시 8, 81, 84편에 나오는데 오늘날 일반적으로는 일종의 노동요인 깃딧의 가락에 맞추라는 의미로 해석하고 있다.

● 알-알라못: 시 46편에 나오는데 알라못이라는 민요곡에 맞추라는 뜻이다. 경우에 따라서는 이것을 선법이나 악기로 해석하여 여성들이 부르는 식의 한 옥타브 높은 선법에 맞추라는 말로, 혹은 높은 음정의 어떤 악기로 반주하라는 뜻으로 받아들이는 학자들도 있다.

● 알-다스헷: 시 57, 58, 59, 75편의 표제인데 '터트리지 말아라', '파괴하지 말아라' 라는 뜻으로 원래 포도를 따면서 부르는 노동요이다.

● 알-아앨렛샤할: 시 22편에 나오는데 '암사슴이 새벽 일찍이' 혹은 '새벽 암사슴' 이라는 히브리인들의 민요이다.

● 알-요낫 엘렘 르호킴: 시 56편의 표제로 '먼 곳의 잠잠히 있는 비둘기' 혹은 '먼 곳의 울지 않는 비둘기' 라는 민요이다.

● 알-소산님: 시 45, 69편의 표제로서 '백합화' 라는 민요 곡조에 얹어 부르라는 것이다.

● 알-뭇랍벤: 시 9편에 나오는데 '아들을 위하여 죽으라!' 는 민요이다.

● 시 60편의 표제 알-수산에둣과 시80편의 엘-소산님에둣은 '증언의 백합화' 라는 뜻으로 해석되는 동일한 노래이다.

● 시 53편의 알-마할랏과 시 88편의 알-마할랏르안놋은 '질병' 혹은 '질병에 관하여' 라고 해석하기도 하며 루터는 '가련한 자의 약함에 관하여' 라고 번역하고 있다.

대체로 원작의 감동이 깊고 강할수록 여기에 음악을 붙일 때 더욱 빛나기 마련이다. 베토벤은 쉴러의 시 「환희의 송가」에 곡을 붙여 걸작 '합창교향곡' 의 마지막 악장을 화려하게 장식했다. 괴테, 뮐러, 하이네의 시들은 슈베르트와 슈만으로 하여금 음악의 영감을 자극하여 샘솟듯 주옥과 같은 가곡을 만들어 내기에 충분한 동기부여의 역할을 했던 것이다. 아마 시편만큼 많은 작곡가들로부터 악상을 이끌어 낸 소재도 드물 것이다.

랏수스는 '7개의 참회 시편곡집' 을 작곡했다. 몬테베르디는 '성모의 저녁기도 1610' 에서 다섯 개의 시편—시 109, 112, 121, 126, 147편—에 아름다운 곡을 붙여 은혜로운 하루를 감사로 마무리하고 있다. 쉬츠는 '다윗시편곡집(1619)' 을 작곡했다. 알레그리는 다윗의 시 51편을 주제로 '미제레레(Miserere Mei, Deus: 참회의 노래, 1638)' 라는 명곡을 남겼다. 바흐는 시편을 여러 곡의 칸타타와 모테트에 인용하였다. 베토벤은 시편 19편 1절 말씀을 읽다가 감동이 되어 '자연에서 나타난 하나님의 영광(Die Ehre Gottes aus der Nature)' 이라는 웅대한 작품을 지었다. 유태인의 피를 이어받은 멘델스존은 시편에 대하여 누구보다도 각별하여 시편 2편, 22편, 42편, 43편, 55편, 99편, 100편, 114편, 115편에 곡을 붙여 총 9곡을 작곡했다. 생명의 양식으로 친근한 '프랑크' 도 시편 150편에 곡을 붙였고 부르크너의 모테트 '착한 사람의 입은 지혜를 속이고' 는 시편 37편 30~31절에 곡을 붙인 것이고 시편 150편에 곡을 붙인 '할렐루야, 주님을 찬양하라' 가 있다. 그 외에도 최근의 수많은 찬양들과 CCM들이 거의 시편의 전편에 곡을 만들어 부르고 있다.

곡의 구성

　발레음악 '불새' 로 당시로선 파격에 가까운 개성과 대담한 수법을 선보였던 스트라빈스키(Igor Fedorovich Stravinsky, 1882.6.17~1971.4.6)는 1913년 파리 음악계에 새로운 충격을 던져주었다. 후기낭만의 잔재와 드비시, 라벨의 인상주의의 짙은 안개에 싫증을 느낀 파리의 진보적인 청중과 젊은 작곡가들에게 자극적인 색채감을 지닌 관현악법과 육감적인 리듬으로 큰 지지를 받으며 작곡의 1기를 마친다. 2기는 영국 잡지에 '바흐로 돌아가라' 라는 슬로건과 함께 신 고전주의(Neo Classicism)을 주장하였다. 이탈리아 부파(Buffa: 희가극)의 전통을 현대적으로 계승하고 실내 편성의 관현악이 성악의 반주를 담당하는 퍼셀과 헨델의 모방에 의한 오라토리오와 함께 주류를 이룬다. 관현악은 낭만주의 교향곡 형식을 벗어나 대규모의 대위법적 전개로 구성하고 합창과 기악합주의 대등한 균형을 유지하여 어느 편이 독주이고 어느 편이 반주인지 느낄 수 없는 협주적 교향곡의 형식을 취하는 새로운 형태의 교향곡인 '시편교향곡' 을 작곡하였다. 스트라빈스키는 이 교향곡에 대해 "신의 영광을 위해 작곡된 이 곡은 창립 50주년을 맞는 보스턴 심포니 오케스트라에 바친다" 며 헌사했다. 1940년 이후 3기는 전쟁을 피해 미국에서 작곡과 지휘자로서 12음 기법에 의한 종교적이며 자신의 내면의 아폴론적 기질을 표현하고 있다.

　전곡은 전주곡, 2중 푸가, 교향적 알레그로의 내용을 갖는 세 개의 악장으로 구성되어 있다. 시편교향곡은 특이한 악기 편성을 보이고 있다. 모든 관현악곡의 기본 선율을 담당하는 현악기 군에 바이올린과 비올라가 빠져 있고, 대신 관악기 군들이 5개씩으로 증편되어 중시되며 주된 멜로디를 담당하고 저음 현이 리듬을 보조하고 있는 가운데 피아노가 강한 색채를 나타내는 획기적인 편성임을 엿볼 수 있다.

1악장(시편 39:12~13)

곡이 시작되면 관악기의 불협화음과 함께 하나님의 자비를 바라는 죄인의 간절한 기도이다.

> "여호와여 나의 기도를 들으시며 나의 부르짖음에 귀를 기울이소서 내가 눈물 홀릴 때에 잠잠하지 마옵소서 대저 나는 주께 객이 되고 거류자가 됨이 나의 모든 열조 같으니이다 주는 나를 용서하사 내가 떠나 없어지기 전에 나의 건강을 회복시키소서"(시 39:12~13).

그러나 전곡에 흐르는 긴장감으로 고조되는 관의 울림은 마치 절규에 가까운 열렬한 기도의 분위기를 전해주고 있다.

2악장(시편 40:1~3)

초연시 2중 푸가라 명명하고 느린 템포로 주제를 복잡하고 자유스럽게 전개해 나가며 바흐를 근대적으로 표현한 교묘한 수법을 보여주고 있다. 오보에로 시작되는 4성 푸가의 진행에 이어 합창이 경건하고 고요하게 선율적인 주제를 부른다.

> "내가 여호와를 기다리고 기다렸더니 귀를 기울이사 나의 부르짖음을 들으셨도다 나를 기가 막힐 웅덩이와 수렁에서 끌어 올리시고 내 발을 반석 위에 두사 내 걸음을 견고케 하셨도다 새 노래 곧 우리 하나님께 올릴 찬송을 내 입에 두셨으니 많은 사람이 보고 두려워하여 여호와를 의지하리로다"(시40:1~3).

와 같이 기원을 허락하신 하나님께 대한 감사의 노래이다.

3악장(시편 150장 전체)

마지막 악장은 스트라빈스키의 다른 음악과 달리 매우 부드럽고 낭만적인 멜로디로 이어진다. 하나님을 찬양하는 할렐루야로 시작하여 합창과 오케스트라가 교대로 대조되며 표현력의 깊이와 장대함을 느낄 수 있다.

"할렐루야 그 성소에서 하나님을 찬양하며 그 권능의 궁창에서 그를 찬양할찌어다 그의 능하신 행동을 인하여 찬양하며 그의 지극히 광대하심을 좇아 찬양할찌어다 나팔 소리로 찬양하며 비파와 수금으로 찬양할찌어다 소고 치며 춤추어 찬양하며 현악과 퉁소로 찬양할찌어다 큰 소리 나는 제금으로 찬양하며 높은 소리 나는 제금으로 찬양할찌어다 호흡이 있는 자마다 여호와를 찬양할찌어다 할렐루야"(시 150:1~6).

그 이름은 기묘자라, 모사라, 전능하신 하나님이시라,
영존하시는 아버지라, 평강의 왕이라 할 것임이라 (사 9:6)

라파엘로(Raffaello Sanzio, 1483~1520) : 〈그리스도의 변용〉, 1518~20, 바티칸 회화관, 로마

메시아
Messiah : Georg Friedrich Händel
-음악이 표현할 수 있는 최고의 신앙고백

내 신앙의 원동력

혼히 음악을 듣는다고 하는 사람들도 종교음악은 좀처럼 친해지기 힘들다고 한다. 가장 큰 이유는 연주시간이 길고 지루하다는 것이다. 즉, 대부분 대곡의 종교음악 전곡을 듣는데 보통 2~3시간은 족히 걸리니 말이다. 그리고 쉽게 접할 수 있는 대중음악의 리듬 중심의 강한 비트에 익숙해져 있는 우리의 귀가 복잡한 선율과 화음으로 구성된 서창, 아리아, 합창으로 반복되는 종교음악이 낯설게 느껴지는 것은 당연한 일이다. 또한 내용이 성경을 주제로 했기에 그리스도교인이 아니면 별 관심이 없다는 것이다. 결정적으로 종교음악에서는 합창이 중요한 부분을 차지하고 있는데 합창곡은 원래 실연을 들어야지 제대로 감동을 느낄 수 있다. 오디오 시스템으로 재생하기에 가장 취약한 장르이므로 웬만한 수준의 오디오가 아니라면 합창음악을 듣기에 한계가 있기 때문이다.

그럼에도 불구하고 헨델(Georg Friedrich Händel, 1685.2.23~1759.4.19)의 '메시아' 만은 예외인 것 같다. '메시아' 는 '할렐루야' 라는 워낙 출중한 합창으로 인하여 대중들로부터 광범위한 사랑을 받게 된다. 거의 모든 사람들에게 있어서 '할렐루야' 합창은 들으려고 듣는(listen) 것이 아니고 들려옴(hear)으로써 이미 알고 있는 곡일 것이다. 특히, 그리스도교인들은 매년 크리스마스나 부활절 시즌에 성가대의 찬양으로 '메시아' 중의 몇몇 합창곡을 반복하여 듣게 되므로 친밀감이 더해진다. 또 음악 듣는 사람들은 남들이 좋다고 하기에 전곡을 들어보니

'할렐루야' 이상 가는 훌륭한 합창곡과 아리아들의 숨어있는 보석의 맥을 찾게 되어 '메시아' 매니아가 되는 경우도 있다.

내가 의지적으로 관심을 갖고 제목을 기억하며 음악을 듣기 시작한 때는 중학교 3학년 때부터였다. 음악을 들으면서 가장 반가운 때는 내가 전에 들어서 알던 음악인데 그 곡을 누가 작곡한 어떤 곡이라는 사실을 알게 되었을 때이다. 매년 크리스마스가 다가오면 라디오나 TV에서 꼭 '할렐루야' 합창만은 빼놓지 않고 지나갔으니 그 당시까지 '할렐루야'를 적어도 10번 이상은 들어 기억하고 있는 곡이었다. 하여튼 음악을 듣던 초기에는 내게 들려져(hear) 알던 곡을 제대로 듣게(listen)되면서 그 곡은 내게 특별한 의미가 있는 곡이 되었다. '할렐루야' 합창도 바로 그 경우에 해당되고 이를 계기로 헨델의 '메시아'는 내게 아주 의미 있는 곡으로 자리잡고 있다.

나는 피아노곡과 성악을 특히 좋아한다. 그리고 내가 터득한 '음악감상 4단계 방법'에 의하여 음악을 듣던 초창기인 고등학교 시절은 소품 중심으로 듣던 1단계와 교향곡이나 협주곡의 중요 악장, 오페라나 오라토리오의 중요 아리아와 합창만을 들으면서 전곡을 쉽게 들을 수 있는 기초를 닦던 시기에 해당한다. 이 때 '할렐루야' 외에도 아리아 '구주는 살아 계시고'나 '아멘' 합창 등 몇몇 곡을 들으면서 향후 전곡을 듣는 단계에서 종교음악 중 '메시아'를 완전 정복해야 할 곡 1순위로 생각하고 있었다.

대학 1학년 때 '메시아' 전곡을 접하게 되었다. 그 때까지 나는 '메시아'의 뼈대를 이루는 몇몇 아리아나 합창을 단순히 아주 멋진 음악으로만 이해하고 있었다. 그러나 전곡을 대하는 데는 조금 다른 접근 방법이 필요했다. 오라토리오도 극의 요소를 갖고 있으며 전체 스토리의 근본이 되는 성경의 이해가 필요함을 느꼈다. 특히, '메시아'의 대본은 다른 종교음악과 달리 성경의 본문을 거의 그대로 인용하였다는 점이 더욱 그러하다. 따라서 '메시아'를 제대로 이해하기 위해서는 성경을 우선 이해해야 함이 필수적이라 생각했다.

'메시아' 가 후대의 여러 작곡가들의 귀한 종교음악을 태동시키는 계기로 작용했던 것같이 '메시아' 는 나의 종교음악에 대한 사랑은 물론, 새싹과 같던 내 신앙심의 성장에도 큰 영향을 준 작품이다. 나는 성악을 좋아했으므로 성악의 모든 요소를 다양하게 포함하고 있는 종교음악에 큰 매력을 느껴 '메시아' 를 시작으로 하이든의 '천지창조' , 바흐의 칸타타들, 수난곡을 비롯하여 거의 모든 작곡가의 미사, 레퀴엠 등 상당수의 종교음악을 두루 섭렵하게 되었다.

음악이란 수단을 통하면 그 어느 방법보다 직관적으로 전달될 수 있으므로 가장 효과적으로 말씀을 접할 수 있다. 특히, 종교음악은 그 어떤 음악보다 정제되어 있고 성스러워 성령 충만한 은혜를 받을 수 있다.

메시아 – 기름 부은 자 vs 고난의 종

메시아란 "기름 부음을 받은 자, 신이 선택한 지배자"로서 고대 동방에서는 왕이나 사제가 즉위할 때 머리에 기름을 바르는 의식이 행해졌으며 고대 이스라엘 왕조 시대에도 이 관습을 받아들였다. 이는 신에게 특별히 선택 받아 민중의 지도자 및 지배자로 임명되는 것을 뜻한다. 그러나 다윗과 솔로몬 이후 신망 있는 진정한 왕의 출현을 볼 수 없었던 민중 사이에서는 특히 외적의 위협을 받는 가운데 차차 다윗 왕의 이미지와 결합된 이상적 왕의 출현을 고대하게 되었다.

> "이새의 줄기에서 한 싹이 나며 그 뿌리에서 한 가지가 나서 결실할 것이요"
>
> (사 11:1).

이른바 메시아에 대한 소망이었다. 메시아는 다윗의 자손에서 출현하는 왕으로서의 메시아 상도 받아들이고는 있으나, 사상적으로 중요한 것은 고난의 종으로서의 메시아 상과 예수님 생애의 결합이다. 예수님이 그리스도(메시아)인 것은 그가 왕의 권력으로 이 세상에 왔으나 왕으로 다스리지 않고 스스로 종으로서 고난의 길을 걸으며 십자가 처형의 죽음에까지 이름으로써 인간의 죄를 대속하고 있다는 점이다.

이사야를 통한 메시아의 예언

이사야는 유다가 바벨론에게 멸망 당하기 전인 가장 암담한 시기에 하나님께서 보내 준 선지자로 '여호와는 구원이다' 라는 의미로 이사야서는 총66장으로 이루어져 구조적으로 성경 전체와 매우 흡사하다. 성경의 구약이 39권의 책으로 되어 있듯이 이사야서도 39장까지는 오실 메시아에 대한 약속을 그렸고, 이후 40장부터 66장까지는 포로로 끌려간 후 위로와 소망의 메시지를 강한 신념으로 전하고 있다.

> "한 아들을 우리에게 주신 바 되었는데 그 어깨에는 정사를 메었고 그 이름은 기묘자라, 모사라, 전능하신 하나님이시라, 영존하시는 아버지라, 평강의 왕이라 할 것임이라"(사 9:6).

앞으로 오실 메시아에 대한 품성과 사역을 암시하고 있다. 메시아는 절대 권위를 갖고 있으며, 현명한 계획과 탁월한 기술로 전쟁을 승리로 이끄는 자(기묘자, 모사), 대적할 수 없는 정복자(전능하신 하나님), 자비로운 통치와 신적 속성(영존하는 아버지), 영원 무궁한 평화의 통치자(평강의 왕)라 설명한다.

결국 하나님의 말씀을 거부한 유다가 멸망하고 이사야는 바벨론에 포로로 끌려가게 된다. 그러나 하나님은 이스라엘 백성을 포기하지 않고 위로와 소망의 메시지를 전한다. 헨델의 '메시아' 의 1부 '그리스도의 탄생' 첫 부분은 이러한 하나님의 위로와 영광스럽게 여호와를 예비하라며 시작된다.

"너희 하나님이 가라사대 너희는 위로하라 내 백성을 위로하라"(사 40:1).

이스라엘 백성들은 바벨론의 포로에서 해방되어 돌아오게 되지만 이는 정치적인 구원이지 이스라엘의 근본적인 죄의 문제가 해결된 것은 아니었다. 이스라엘의 죄를 궁극적으로 구원받기 위해서는 이스라엘 백성들의 죄를 대신 짊어질 '고난의 종' 에 대해 예언으로 '메시아' 2부 '그리스도의 고난과 죽음' 의 제21~24곡, 제29곡에서 오실 그리스도의 고난을 처절하게 묘사하고 있다.

"그가 찔림은 우리의 허물을 인함이요 그가 상함은 우리의 죄악을 인함이라
그가 징계를 받음으로 우리가 평화를 누리고 그가 채찍에 맞음으로 우리가 나
음을 입었도다"(사 53:5).

그리스도는 아버지 하나님의 큰 권세를 그대로 갖고 계신 존귀한 존재임에도 완전히 인간적인 모습으로 더구나 가장 낮고 비천하게 태어나시어 인류의 죄를 대신 짊어지는 '고난의 종' 으로 오셨다.

이사야는 마지막 장에서 메시아의 오심으로 회복될 이스라엘의 영원한 새 하늘과 새 땅을 암시하며 그리스도 안에서 신령한 예배를 드리는 하늘로 들려 올려질 교회, 즉 하나님의 교회를 소망하는 예언으로 끝내고 있다.

"나 여호와가 말하노라 나의 지을 새 하늘과 새 땅이 내 앞에 항상 있을 것 같
이 너희 자손과 너희 이름이 항상 있으리라"(사 66:22).

요한계시록과 '메시아'

'메시아' 의 2부의 마지막 곡인 '할렐루야' 합창과 3부의 51째곡인 합창 '어린

양이야말로 알맞도다' 는 요한계시록의 텍스트를 인용했다. 메시아의 2부는 그리스도의 고난과 죽음을 그리는 장인데 마지막 곡 '할렐루야' 합창에서는 이미 죽음의 권세를 이긴 그리스도께서 통치하는 큰 날이 임박했음을 알리며, 만왕의 왕(King of king), 만주의 주(Lord of lord)로서 '할렐루야' 즉 '여호와를 찬양하라'며 그의 부활을 예언하고 영광을 축하한다.

> "일곱째 천사가 나팔을 불매 하늘에 큰 음성들이 나서 가로되 세상 나라가 우리 주와 그 그리스도의 나라가 되어 그가 세세토록 왕 노릇 하시리로다 하니"(계 11:15).
>
> "또 내가 들으니 허다한 무리의 음성도 같고 많은 물 소리도 같고 큰 뇌성도 같아서 가로되 할렐루야 주 우리 하나님 곧 전능하신 이가 통치하시도다 (중략) 그 옷과 그 다리에 이름 쓴 것이 있으니 만왕의 왕이요 만주의 주라 하였더라"(계 19:6, 16).

유대인들에게 혼인은 하나님의 언약을 상징하는 것으로, 하나님의 아들인 예수 그리스도는 신랑이 되고 이스라엘 백성은 신부가 되는 것이다. 그리고 그리스도인들은 그 혼인의 의미를 어린 양과 교회에 적용한다. 그리스도와 교회가 혼인 잔치를 마친 후에 지상에 강림하신다. 백마를 탄 그리스도와 역시 백마를 타고 그리스도를 따르는 그 분의 군대가 대적을 멸하며 승승장구하는 모습을 묘사하며 부활을 강하게 암시하고 있다.

일곱번째 나팔은 종말이 임했음을 알리는 신호이다. 세번째 '화' 가 시작되려는 것이다. 그러나 하나님의 승리를 예견하는 하늘의 음성은 대적들과의 전투가 이미 끝난 것처럼 승리를 축하한다. 하나님은 당신의 권위에 대한 항거를 종식시키는 진정한 왕임을 입증한다.

"큰 음성으로 가로되 죽임을 당하신 어린 양이 능력과 부와 지혜와 힘과 존귀와 영광과 찬송을 받으시기에 합당하도다 하더라 내가 또 들으니 하늘 위에와 땅 위에와 땅 아래와 바다 위에와 또 그 가운데 모든 만물이 가로되 보좌에 앉으신 이와 어린 양에게 찬송과 존귀와 영광과 능력을 세세토록 돌릴찌어다 하니"(계 5:12~13).

구약의 12지파와 신약의 12제자를 상징하는 24장로들과 천사들은 그리스도의 죽음, 부활, 승천으로 새 언약을 완성하신 것에 대한 어린 양의 구속 사역을 소리 높여 찬양하고 있다. 어린 양의 품성에 존귀와 영광의 찬양과 모든 피조물들의 찬양이 절정에 이르며 "아멘" 하고 장로들이 엎드려 경배한다. 헨델은 '메시아'의 마지막을 이와 같은 장대한 장면으로 묘사하며 '아멘' 합창으로 대작을 마무리한다.

이사야와 같이 소망의 빛을 본 헨델

헨델은 이발사 겸 외과 의사인 아버지와 목사의 딸로서 신앙이 두터운 어머니 사이에 독일 중부 할레(Halle)에서 태어났다. 7세 때부터 아버지가 일하는 바이센펠스 궁정의 오르간을 연주하며 음악적 재능을 보인다. 그 후 아버지의 희망에 따라 할레 대학에서 법률을 공부하였으나 18세 때 함부르크의 오페라 극장에 일자리를 얻으며 이 때부터 음악가가 되기로 결심하였다. 20세 때 오페라 '알미라'를 작곡하여 성공을 거두고 이듬해 오페라의 고향인 이탈리아 로마, 피렌체, 베네치아에서 오페라 작곡가로도 성공을 거둔다.

1726년(41세) 영국으로 귀화한 후, 10년간은 오페라 작곡가로서 명성을 굳혔으나 영국의 시민 계급은 궁극적으로 귀족적인 이탈리아 오페라에 대해 반발을 보이기 시작했고 비평가들로부터도 식상한 오페라라는 소외를 당할 수밖에 없었다. 오페라로 실패를 거듭하던 헨델은 새로운 형식인 오라토리오로 선회한다.

헨델은 오라토리오를 음악극(music drama)이라고 부를 정도로 오라토리오에서도 오페라와 같은 극음악의 특징을 강조하고 있다. 또한 오라토리오 공연은 제작비가 적게 들고 독창보다 합창을 중요시하므로 가수의 캐스팅에 별다른 문제점이 없어서 당시의 헨델의 상황에서는 가장 적합한 선택이라 생각된다. 헨델의 오라토리오는 성경이나 종교와 관계된 내용보다도 영웅적인 인물 묘사나 역사적 사실을 다룬 내용들이 주류를 이루었다. 그러나 그것도 그가 누렸던 왕년의 명성을 되찾게 해주지는 않았다. 그리하여 헨델의 빚은 더욱 늘어났고 날이 갈수록 좌절감은 더해갔다. 이렇게 경제적 및 정신적인 불안으로 건강 상태가 몹시 나빠지고 있었다. 특히 런던의 번잡함과 비평가들로부터의 도피를 열망하고 있었다.

이러한 역경 속에서 헨델은 아일랜드 더블린의 자선 음악단체인 필하모니아 협회(Philharmonic Society)와 데본샤 공, 류테난트 경으로부터 의뢰를 받고 새로운 오라토리오의 작곡에 착수한다. 헨델은 언제나 이 자선단체에 협력해 왔고, 가장 어려운 시기조차 그는 자선 사업을 위해서는 아낌없이 호주머니를 털어주는 사람이었다. 더구나 작곡한 뒤 그 초연을 위해 아일랜드로 여행함으로써 건강을 회복할 수 있을지도 모른다는 희망에 부풀어 자신의 모든 역량을 집중하여 작곡에 전념하기로 마음을 굳혔다.

헨델은 친구인 제넨즈(Charles Jenens)로부터 성경에서 추린 대본을 하나 받게 된다. '메시아'의 대본인 것이다. 그 대본은 성서의 일부 내용을 주제로 한 것이 아닌 성경 전반에 걸친 여러 책에서 인용한 대본으로 성경 구절의 선택이나 배열이 매우 훌륭했다.

역사에 남는 위대한 음악은 대부분 작곡가가 극한 상황 내지는 혹독한 시련 중에 자신의 고뇌와 삶이 녹아 들어간 걸작을 탄생시킨 결과물이다. 헨델은 한 때 영국에서 최고의 명성을 누렸던 작곡가로서 그의 인기가 하락하는 것은 무엇보다 쓰라린 고통이었음에 틀림없다. 여기서 좌절할 것인지? 다시 재기 할 수 있을 것인지? 엄청난 갈등과 시련의 나날을 보내며 좌절에 빠져 있던 생애 가장 어려운 시기에 자기 인생의 구세주를 염원하고 있었다. 이 때 한 가닥 희망인 새로운 오라토리오의 작곡 의뢰를 받은 것이고, '메시아' 의 대본을 받아 들고 큰 소망의 빛을 본 것이다.

기도와 눈물로 써 내려간 축복의 24일

헨델의 오라토리오의 본질은 현실무대의 제약을 벗어난 가상적 무대에서 그리스도교적 신앙을 모체로 하는 보편적·윤리적인 관념을 전개하는 데 있다. 따라서 그는 종교적 감동을 주는 서정적 표현에 뛰어났고, 초기 오페라 작곡에서 축적한 선명한 이미지를 환기시켜 그것을 드라마틱하게 구사하는 능력이 탁월하였다. '메시아' 는 이러한 그의 작곡의 노하우 및 경험을 모두 동원하여 집대성하기에 가장 걸맞는 작품이었다. 헨델은 '메시아' 의 대본을 보는 순간 이미 번뜩이는 창작력을 주체할 수 없었고 말씀을 통하여 광명과 소망을 본 것이다. 헨델이 '메시아' 의 작곡에 쏟은 시간은 1부 7일, 2부 9일, 3부 8일간 총 24일 만에 완성하였다. 그것도 작곡을 하면서 복받쳐 오르는 감정과 쏟아지는 눈물로 인하여 몇 차례 중단된 것을 감안하면 엄청난 일이 아닐 수 없다.

순수하게 음악적인 접근을 통하여 '메시아' 를 들을 때도 가슴속에 솟구쳐 오르는 감격과 열광을 주체 할 수 없지만, 성경의 위대한 말씀을 접한 그리스도교인들의 경우에는 가히 충격이라 아니할 수 없다. '할렐루야' 나 '아멘' 합창은 도저히 인간이 만든 작품이라고 볼 수 없는 무한한 감동을 준다. 오죽하면 영국 왕이 이를 듣고 자리에서 일어났으랴. 헨델은 이 두 곡의 합창을 통하여 하나님 나라의 주권과 영광을 음악으로 표현할 수 있는 최고의 찬양으로 올리고 있다.

헨델은 '메시아' 의 대본에 흡족하여 1741년 8월 22일 작곡을 시작하여 24일 만에 완성하였다. 이러한 대작이 고작 24일 만에 작곡되었다는 사실이 도저히 믿어지지 않지만 바꾸어 생각하면 헨델이 얼마나 작곡에 몰입했는지를 엿볼 수 있다. 그는 24일 동안 거의 침식조차 잊은 미친 사람처럼 열광된 상태에서 이 곡을 거침없이 써 내려갔다. 곡 하나 하나를 완성할 때마다 환희의 눈물이 양 볼을 타고 흘렀다고 한다. 또한 인간의 능력을 초월한 성령의 힘에 인도되어 하나님의 영광을 나타낸 음악사상 최고 걸작의 문화 유산을 만든 것이 아닌가 생각한다.

'메시아' 는 헨델이 57세가 되던 해 1742년 4월 12일 아일랜드의 더블린에서 자신의 지휘로 초연되었다. 당시 입장권은 매진되고 혼잡을 피하기 위하여 청중들의 거추장스러운 복장을 제한하는 소동까지 일어났다. 공연이 끝나자 한 신문 (Falkners Journal)에서는 '장내를 메운 청중들에서 '메시아' 가 안겨준 황홀감은 뭐라 표현할래야 표현할 길이 없다' 고 최대의 찬사를 아끼지 않았다.

이듬해 3월 런던에서 초연 시 종교음악을 연주회장에서 연주하는 것을 반대하는 의견이 많아 더블린과 같은 성공을 거두지는 못했다. 다시 1745년 2회의 연주가 열렸고 1750년 조지 2세가 왕림한 런던 공연에서 '할렐루야' 합창을 듣던 왕이 감격하여 자리에서 일어났고 청중들도 모두 기립하여 그 관습이 오늘날까지 전해내려 오고 있다. 대성공을 이룬 '메시아' 공연은 이후 해마다 고아양육원을 위하여 자선 연주가 이루어져 지금도 크리스마스 시즌이면 세계 각지에서 '메시아' 가 공연되는 전통이 계승되고 있다.

종교음악으로서 영향력과 대중적인 친밀감

'메시아' 는 내용상으로는 종교음악임에는 틀림없지만 헨델의 오라토리오가 거의 다 그렇듯이 '메시아' 또한 교회를 위한 종교음악이라기보다는 대중들을 대상으로 극장에서 연주할 목적으로 작곡된 연주회용 작품이며, 바로 그렇기 때문에 지금도 기독교 신자나 비신자를 막론하고 전 세계 음악 애호가들로부터 가장 광범위한 사랑을 받고 있다.

특히, 오라토리오는 오페라와 달리 등장인물이 특정 캐릭터를 갖고 있지 않고 합창이 많이 나오면서 지루하게 느껴질 수도 있다. 그러나 '메시아' 1, 2, 3부 모두 전혀 다른 음악적 분위기를 전해주며, 전체적으로 합창이 주도하지만 사이사이 주옥같이 맑고 순수하게 울리는 아리아는 곡 전체를 영롱하게 빛내고 있다. '메시아'의 압권은 당연 합창으로 전 42곡 중 19곡의 합창이 '메시아'의 골격을 이룬다. 합창의 전개 기법도 대위법을 기반으로 서로 대화하는 방식을 적용하는가 하면 갑작스런 속도의 변화로 극적인 효과를 더해 주고 있는 것이다. 솔직히 바흐의 수난곡에서는 청중들이 지루함을 느낀다. 그러나 '메시아'가 연주되는 2시간 30분간은 항상 너무나 짧은 시간임을 아쉬워하는 경우가 많다. 대부분의 종교음악은 범접하기 쉽지 않다. 그러나 '메시아'는 내용적으로 종교음악이지만 헨델의 음악 세계의 특징이 잘 나타나 누구나 즐길 수 있는 대중적인 성격을 지님으로써 전 세계 만인들의 사랑을 받고 있는 것이다.

동시대에 함께 활동하던 바흐와 헨델의 가장 큰 차이는 바흐는 교회와 궁정의 폐쇄된 울타리 안에서 한정된 계층만을 위한 음악을 만든 반면, 헨델은 독일, 이탈리아, 영국 등을 돌아다니며 국제적 감각으로 대중들과 함께 호흡했다. 바흐는 사후에 더 많이 연구되고 대중들에게 알려진 반면 헨델은 현실의 모진 풍상을 겪으면서 최대의 찬사를 받음과 동시에 많은 비평을 함께 받으며 경쟁적 구도에서 성장할 수 밖에 없었던 현실적인 작곡가의 삶을 살았다.

하이든은 두 차례의 영국 여행에서 알게 된 헨델의 오라토리오 특히 '메시아'의 공연에서 깊은 감동을 받고 눈물에 젖어 "헨델이야말로 우리들 중 참다운 거장이다. 저 편에 신의 영광이 나타났도다"라 말하고 그의 최고의 작품으로 평가되고 있는 '천지창조' 및 '사계' 와 같은 오라토리오를 작곡하게 된 견인차가 되었다. 또한 베토벤은 헨델에 대하여 "헨델은 모든 작곡가들 가운데 가장 위대하오. 그리고 나는 아직도 그로부터 배울 것이 있소"라 말하며 그의 종교음악을 집중적으로 연구하여 '감람산 위의 그리스도' 나 위대한 '장엄미사' 를 작곡하는 데 영향을 받았다.

멘델스존의 명작 '엘리야' 의 탄생 배경에도 헨델의 영향을 부인할 수는 없다. 멘델스존이 헨델, 하이든 이후 이렇다 할 대작이 없는 오라토리오 형식을 다시 부활해낸 것이다. 이렇듯 헨델은 당 시대 최고로 존경받는 작곡가였다. 헨델은 '메시아' 를 비롯한 32곡의 오라토리오를 남기면서 후대의 작곡가들에게 오라토리오란 음악 형식에 대하여 큰 영향을 주었다. 오페라에 비해 자칫 지루하기 쉬운 오라토리오란 음악 형식에 헨델 이후로도 주옥같은 명곡이 많이 탄생되어 사랑을 받고 계속 이어져 내려올 수 있도록 확고한 위상을 세워놓는데 지대한 영향력을 끼쳤다. 로망 롤랑은 헨델의 음악에 대하여 말한다.

"대중에게 전혀 타협하지 않는 최상의 아름다운 형식을 지니면서, 만인이 이해하기 쉬운 언어로 만민이 누릴 수 있는 감정을 표현했다."

헨델의 음악적 특징은 선이 굵으며, 명쾌한 화성, 솔직한 표현으로 이해가 쉽고, 국제적인 감각으로 많은 청중과 대화하며 각 국민 양식을 병렬 · 조화시켜 독일적인 진지함과 장대함, 이탈리아적인 화려함, 프랑스적인 우아함과 산뜻함을 모두 갖춘 인간적인 음악으로 대중에 호소하고 있다. 다양한 음악적 경험을 바탕으로 바로크를 뛰어넘어 고전주의의 음악 세계를 암시하며 화려했던 대중적 인기 속에 고독하고 영광스러운 만년과 투쟁하며 1759년(75세) 별세하여 영국 최고의 영예인 웨스트민스터 대성당에 잠들게 된다. 그는 틀림없이 '할렐루야' 합창을 노래하며 영원한 안식에 들어 갔으리라 .

곡별 성경대조표

[제1부]

번호	성경본문	형 식	내 용
1		관현악	관현악서곡(신포니아)
2	사 40:1~3	아콤파냐토(T)	너희는 내 백성을 위로하라
3	사 40:4	아리아(T)	모든 골짜기는 높아지고 산마다 낮아지며
4	사 40:5	합창	이리하여 여호와의 영광이 나타나고
5	학 2:6~7 말 3:1	아콤파냐토(B)	만군의 여호와가 이렇게 말씀하시다
6	말 3:2	아리아(B)	그러나 그 날이 올 때에는 누구 찬양하리오
7	말 3:3	합창	그가 레위의 자손을 청결케 하고
8	사 7:14 마 1:23	서창(A)	보라 처녀가 잉태하여 아기를 낳으리라
9	사 40:9 사 60:1	아리아(A)	오 기쁜 소식을 시온에 전하는 자여
10	사 60:2~3	아콤파냐토(B)	보라, 어둠은 땅을 덮고
11	사 9:2	아리아(B)	어둠 속을 걷는 백성은
12	사 9:6	합창	한 아기가 우리를 위해 태어나셨네
13		관현악	전원교향곡
14	눅 2:8	서창(S)	그 지경에 목자들이 밖에서
	눅 2:9	아콤파냐토(S)	주의 사자가 곁에 서고
	눅 2:10~11	서창(S)	천사가 이르되 무서워 말라
	눅 2:13	아콤파냐토(S)	홀연히 허다한 천군이 그 천사와 함께 있어
15	눅 2:14	합창	지극히 높은 곳에서는 하나님께 영광
16	슥 9:9~10	아리아(S)	시온의 딸이여 크게 기뻐하라
17	사 35:5~6	서창(A)	그 때에 소경의 눈이 밝을 것이며
18	사 40:11 마 11:28~29	2중창(S, A)	주님은 목자와도 같이 저들의 무리를 기르시사
19	마 11:30	합창	주의 멍에는 쉽고 주의 짐은 가볍네

[제2부]

번호	성경본문	형 식	내 용
20	요 1:29	합창	보라, 세상 죄를 지고 가는 하나님의 어린 양을
21	사 53:3 사 50:6	아리아(A)	그는 멸시와 천대를 받으셨네
22	사 53:4~5	합창	참으로 그는 우리들의 괴로움을 짊어지고
23	사 53:5	합창	그 매맞은 상처에 의해서 우리들은 나아졌도다
24	사 53:6	합창	우리들 모두 양처럼 길을 잃어
25	시 22:7	아콤파냐토(T)	주를 보는 자 비웃으며
26	시 22:8	합창	그는 주님에게 의지하도다
27	시 69:20	서창(T)	비방이 내 마음을 무너뜨리네
28	애 1:12	아리오소(T)	이 슬픔에 비할 슬픔이 또 세상에 있으랴
29	사 53:8	아콤파냐토(T)	그가 생명있는 자의 땅에서 떠나가심은
30	시 16:10	아리아(T)	그러면 그대 나의 영혼을 음부에 버리지 않으리
31	시 24:7~10	합창	문이어 그대들의 머리를 들어라
32	히 1:5	서창(T)	하나님 어느 때 천사에게 말씀하시되
33	히 1:6	합창	하나님의 모든 천사들이 그에게 경배하네
34	시 68:18	아리아(T)	그대 높은 곳에 올라 사로잡힌 바 되었으니
35	시 68:11	합창	주께서 말씀하신다
36	롬 10:15	아리아(S)	아름답도다
37	롬 10:18	합창	그 목소리는 온 땅에 울려 퍼지고
38	시 2:1~2	아리아(B)	어찌하여 모든 국민은 떠들썩거리고
39	시 2:3	합창	우리가 그 결박을 끊어버리고
40	시 2:4	서창(T)	하늘에 계신 이가 웃으심이여, 주께서 저희를 비웃으시리로다
41	시 2:9	아리아(T)	그대 쇠 지팡이로 그들을 무너뜨리고
42	계 19:6, 11:15, 19:16	합창	할렐루야

번호	성경본문	형 식	내 용
43	욥 19:25~26 고전 15:20	아리아(S)	구주는 살아계시고
44	고전 15:21~22	합창	한 사람을 통해서 죽음이 찾아 왔듯이
45	고전 15:51~52	아콤파냐토(B)	보라 내가 너희에게 신비를 말하리라
46	고전15:52~53	아리아(B)	나팔은 울리고 죽음에서 일어나 영원하리라
47	고전 15:54	서창(A)	죽음은 승리로 인해 사라지고
48	고전 15:55~56	2중창(A,T)	죽음이여 그대의 고통은 어디에 있는가
49	고전 15:57	합창	그러나 하나님께 감사할찌어다
50	롬 8:31, 33~34	아리아(S)	하나님이 만약 우리 편이라면 누가 우리들에게 대적하리오
51	계5:12~13	합창	어린 양이야말로 알맞도다
52		합창	아멘

 곡의 구성

전 3부 52곡으로 1부는 '예언과 탄생' (19곡), 제2부는 '수난과 속죄' (23곡), 제3부는 '부활과 영생' (10곡)으로 구성되며 총 19곡의 합창곡으로 구성되어 있다. 4명의 독창자(소프라노, 알토, 테너, 베이스)와 혼성4부 합창단과 오케스트라의 반주로 전곡은 약 2시간 30분간 연주된다.

[제1부] 예언과 탄생

오실 그리스도에 대한 예언과 탄생으로 이사야, 학개, 말라기, 마태복음, 누가복음, 스가랴에서 인용하였다. 전체적으로 조용하고 밝고도 온화한 분위기로 시작하지만 이사야의 메시아에 대한 강건한 예언이 거듭되며 곧이어 현실로 닥치게 될 그리스도의 탄생에 이르기까지 점차 흥분과 감동을 고조시킨다.

이사야 40장을 기본으로 2~4곡까지 평화의 왕으로 오실 메시아를 예언한다.

5~7곡은 심판의 주로 오실 메시아를 암시하며, 8~9곡은 임마누엘로 오실 메시아, 10~12곡은 큰 빛으로 오실 메시아를 그리고 있다. 특히, 9곡 "기쁜 소식을 시온에 전하는 자여"에 이어 10곡 합창에서 환희에 들뜬 모습을 나타냈고 12곡 합창 "한 아기가 우리를 위해 태어나셨네"에서는 축복이 가득한 가운데 메시아이신 아기 예수의 탄생 사건을 고조시킨다. 13곡은 시칠리풍의 전원교향곡을 시작으로 그리스도의 탄생을 맞는 첫번째 크리스마스를 찬양한다. 16곡 "시온의 딸이여 크게 기뻐하라"는 Rejoice, Rejoice 라며 그리스도의 탄생을 흥겹게 기뻐하며 1부 마지막 곡인 19곡까지 오신 메시아를 기쁨으로 맞이하며 그에게 나오라고 권유하며 시온의 왕을 찬양하고 있다.

제1곡 서곡(신포니아)

프랑스 서곡 형식으로 두 부분으로 구성되어 있다. 첫 부분은 장중한 리듬을 가진 그라베로 장대한 곡의 시작을 알리며, 다음 부분은 빠른 푸가로 곡의 생동감을 불어 넣어준다.

〈평화의 왕으로 오실 메시아에〉

제2곡 아콤파냐토(테너) ─ 너희는 내 백성을 위로하라

"너희 하나님이 가라사대 너희는 위로하라. 내 백성을 위로하라.

너희는 정다이 예루살렘에 말하며 외쳐 고하라.

그 복역의 때가 끝났고 그 죄악의 사함을 입었느니라.

그 모든 죄로 인하여 여호와의 손에서 배나 받았느니라 할지니라.

외치는 자의 소리여 가로되 너희는 광야에서 여호와의 길을 예비하라.

사막에서 우리 하나님의 대로를 평탄케 하라"(사 40:1~3).

제3곡 아리아(테너) ─ 모든 골짜기는 높아지고 산마다 낮아지며

현악기 반주로 조용히 노래한다.

"골짜기마다 돋우어지며 산마다, 작은 산마다 낮아지며

고르지 않은 곳에 평탄케 되며 험한 곳이 평지가 될 것이오"(사 40:4).

제4곡 합창 — 이리하여 여호와의 영광이 나타나고

"이리하여 여호와의 영광이 나타나고 주의 입이 말씀하셨느니라"(사 40:5).

〈심판의 주로 오실 메시아〉

제5곡 아콤파냐토(베이스) — 만군의 여호와 이렇게 말씀하시다

"나 만군의 여호와가 말하노라. 조금 있으면 내가 하늘과 땅과 바다와 육지를 진동

시킬 것이요 또한 만군을 진동시키리라"(학 2:6~7).

"만군의 여호와가 이르노라. 보라 내가 내 사자를 보내리니,

그가 내 앞에서 길을 예비할 것이요,

또 너희의 구하는 바 주가 홀연히 그전에 임하리니

곧 너희의 사모하는 바 언약의 사자가 임할 것이라"(말 3:1).

제6곡 아리아(베이스) — 그러나 그 날이 올 때에는 누구 찬양하리오

"그의 임하는 날을 누가 능히 당하며 그의 나타나는 때에 누가 능히 서리요

그는 금을 연단하는 자의 불과 같으니라"(말 3:2).

제7곡 합창 — 그가 레위의 자손을 청결케하고

합창이 푸가 풍으로 전개된다.

"그가 레위의 자손을 깨끗게 하되 금,은 같이 그들을 연단하리니

그들이 의로운 예물을 주 앞에 드릴 것이라"(말 3:3).

〈임마누엘로 오실 메시아〉

제8곡 서창(알토) — 보라 처녀가 잉태하여 아기를 낳으리라

 음악으로 변주된 성경

"보라, 처녀가 잉태하여 아들을 낳을 것이요.

그 이름을 임마누엘이라 하리라"(사 7:14, 마 1:23).

제9곡 아리아(알토) — 오 기쁜 소식을 시온에 전하는 자여

현악기의 기쁨에 넘치는 선율에 따라 아름다운 알토의 아리아가 불려진다.

"아름다운 소식을 시온에 전하는 자여, 너는 높은 산에 오르라.

아름다운 소식을 예루살렘에 전하는 자여, 너는 힘써 소리를 높이라.

두려워 말고 소리를 높여 유다의 성읍들에 이르기를

너희 하나님을 보라 하라"(사 40:9, 60:1).

〈큰 빛으로 오실 메시아〉

제10곡 아콤파냐토(베이스) — 보라, 어둠은 땅을 덮고

무거운 분위기의 반주에 이끌리어 부드럽게 노래한다.

"보라! 어둠이 땅을 덮으며 암흑이 만민을 가리워도

주께서 너 위에 임하여 그의 영광이 나타나리라.

열방은 네 빛으로 오며 열방은 광명으로 오리라"(사 60:2~3).

제11곡 아리아(베이스) — 어둠 속을 걷는 백성은

"흑암에 행하던 백성이 다 큰 빛을 보았으며

또 죽음의 그늘진 땅에 거하던 자에게 큰 빛이 비추이도다"(사 9:2).

제12곡 합창 — 한 아기가 우리를 위해 태어나셨네

1부 중 가장 유명한 합창으로 명쾌한 리듬을 바탕으로 독일 정통의 대위법

을 구사하여 풍부한 변화를 느낄 수 있다.

"이는 한 아기가 우리에게 낳고 한 아들을 우리에게 주신 바 되었는데

그 어깨에는 정사를 메었고 그 이름은 기묘자라, 모사라,

전능하신 하나님이라 영존하시는 아버지라,

평강의 왕이라 할 것이니라"(사 9:6).

〈첫번째 크리스마스〉

제13곡 전원교향곡(라르게토 에 메조 피아노)

1부의 전반부를 끝내고 후반부 도입에 관현악으로 이루어지는 서곡이다. 이탈리아 시실리풍의 평온한 목가로서 평범하고 낮게 다가오신 그리스도를 상징하는 고요함으로 대곡의 긴장감을 이완하는 효과를 지니고 있다.

제14곡 서창과 아콤파냐토(소프라노) — 그 지경에 목자들이 밖에서

서　　창: "그 지경에 목자들이 밖에 밤에 자기 양떼를 지키더니"(눅 2:8).

아콤파냐토: "주의 사자가 곁에 서고 주의 영광이 저희를 두루 비추매
　　　　　　크게 무서워하는지라"(눅 2:9).

서　　창: "천사가 이르되 무서워 말라. 보라, 내가 온 백성에게 미칠 큰 기쁨의 좋은 소
　　　　식을 너희에게 전하노라. 오늘날 다윗의 동네에 너희를 위하여 구주가 나셨
　　　　으니 곧 그리스도 주시니라"(눅 2:10~11).

아콤파냐토: "홀연히 허다한 천군이 그 천사와 함께 있어 하나님을 찬송하여 가로되"
　　　　　　(눅 2:13).

제15곡 합창 — 지극히 높은 곳에서는 하나님께 영광

"지극히 높은 곳에서는 하나님께 영광이요,
땅에서는 기뻐하심을 입은 사람들 중에 평화로다"(눅 2:14).

〈오신 메시아를 기쁨으로 맞이하며 그에게 나오라는 권유〉

제16곡 아리아(소프라노) — 시온의 딸이여 크게 기뻐하라

현악기의 경쾌한 반주에 맞추어 예수님의 탄생을 기쁘게 노래한다.

"시온의 딸아, 크게 기뻐하라. 예루살렘의 딸아, 즐거이 부를지어다.

보라, 네 왕이 네게 임하나니 그는 공의로우며 구원을 베푸시고

이방 사람들에게 화평을 전할 것이다"(슥 9:9~10).

제17곡 서창(알토) — 그 때 소경의 눈이 밝을 것이며

"그 때에 소경의 눈이 밝을 것이며 귀머거리의 귀가 열릴 것이며 그 때에 저는 자는 사슴같이 뛸 것이며 벙어리의 혀는 노래하리라"(사 35:5~6).

제18곡 아리아(알토, 소프라노) — 주님은 목자와도 같이 저들의 무리를 기르사

목가적이며 평온한 분위기로 먼저 알토 독창으로 시작하여 소프라노로 이어지는 2 중창이다.

"그는 목자같이 양 무리를 먹이시며 어린 양을 그 팔로 모아

품에 안으시며 젖먹이는 암컷들을 온순이 인도하시리로다"(사 40:11).

"수고하고 무거운 짐진 자들아, 다 그에게 오라.

그가 너희를 쉬게 하리라.

그는 마음이 온유하고 겸손하니 그의 멍에를 메고 배우라.

그러면 너희 마음이 쉼을 얻으리라"(마 11:28~29).

제19곡 합창 — 주의 멍에는 쉽고 주의 짐은 가볍네

1부의 마지막 합창으로 이탈리아 협주곡의 영향을 보이는 화성을 중시하는 합창 작법의 새로운 시도를 보인다.

"그의 멍에는 쉽고 그의 짐은 가벼우니라"(마 11:30).

[제2부] 수난과 속죄

그리스도의 '수난과 속죄'로 요한복음, 이사야, 시편, 예레미야, 히브리서, 로마서, 요한계시록에서 인용하였다.

그리스도의 고난을 암시하듯 20곡 합창 "보라 세상 죄를 지고 가는 하나님의 어린 양을"로 시작하며 20~24곡까지 하나님의 종의 고난과 영광이 비통함과 극

적인 긴장감이 더욱 고조되고 있다. 25~29곡까지는 하나님께 고난에서의 구원을 간구하고 있으며, 30~31곡은 영광의 왕, 32~33곡은 그리스도의 신성과 인성, 34~35곡은 하나님의 승리의 행진, 36~37곡은 복음의 전파, 38~40곡은 하나님의 통치를 대행하는 사명을 표현하고 있다.

연속적으로 이어지는 합창을 통하여 모든 백성들이 그리스도의 고난을 함께 아파하고 공감하고 있음을 극대화한다. 전곡 23곡 중 절반에 가까운 10곡의 합창곡이 등장하는 것도 제2부의 특징이다. 2부는 3부에서의 복음의 선포와 최후의 승리를 암시하며 극적인 효과를 최대화하기 위하여 마지막 곡인 "할렐루야" 합창으로 하나님을 찬송하며 감동을 최고조에 이르게 한다.

〈하나님의 종의 수난과 속죄〉

제20곡 합창 — 보라, 세상 죄를 지고 가는 하나님의 어린 양을

2부의 주제인 수난의 고통을 암시하는 비통한 느낌을 주는 합창으로 시작한다.

"보라, 세상 죄를 지고 가는 하나님의 어린 양을"(요 1:29).

제21곡 아리아(알토) — 그는 멸시와 천대를 받으셨네

헨델이 울면서 작곡했다는 가장 감동적인 알토 아리아다.

"그는 멸시를 받아서 사람에게 싫어 버린 바 되었으며

간고를 많이 겪었으며 질고를 아는 자라

마치 사람들에게 얼굴을 가리우고 보지 않음을 받는 자 같아서

멸시를 당하여도 우리도 그를 귀히 여기지 아니하였도다"(사 53:3).

"그를 때리는 자들에게 그 등을 맡기며 그의 수염을 뽑는 자들에게

그의 뺨을 맡기며 수욕과 침 뱉음을 피하려고

그의 얼굴을 가리우지 아니하였느니라"(사 50:6).

음악으로 변주된 성경

제22곡 합창 ― 참으로 그는 우리들의 괴로움을 짊어지고

　　호모포닉한 합창이다.

　　"그는 실로 우리의 질고를 지고 우리의 슬픔을 당하였고

　　또한 우리를 위해 상하셨도다. 그가 찔림은 우리의 허물로 인함이요,

　　그가 상함은 우리의 죄악으로 인함이며

　　그가 징계를 받음으로 우리가 평화를 누리도다"(사 53:4~5).

제23곡 합창 ― 그 매맞은 상처에 의해서 우리들은 나아졌도다

　　이어지는 합창은 고풍스런 2중 합창 기법으로 앞의 합창과 대조를 보인다.

　　"그가 채찍에 맞음으로 우리가 나음을 입었도다"(사 53:5).

제24곡 합창 ― 우리들 모두 양처럼 길을 잃어

　　연속 이어지는 3개의 합창으로 그리스도의 고난을 모두 슬퍼하고 있다는 극

　　적인 효과를 더해 주고 있다. 유명한 합창으로 후반부에서 느리게 변한다.

　　"우리는 다 양 같아서 그릇 행하여 각기 제 길로 갔거늘

　　여호와께서는 우리 무리의 죄악을 그에게 담당시키셨도다"(사 53:6).

〈고난에서의 구원을 간구〉

제25곡 아콤파냐토(테너) ― 주를 보는 자 비웃으며

　　"주를 보는 자 비웃으며 입술을 삐죽이며 머리를 흔들며 말하네"(시 22:7).

제26곡 합창 ― 그는 주님에게 의지하도다

　　"저가 주 하나님을 의지하시니 주님의 뜻이면 그 생명 구하리"(시 22:8).

제27곡 서창(테너) ― 비방이 내 마음을 무너뜨리네

　　절망적인 무거운 기분으로 이야기한다.

　　"훼방이 주의 마음을 상하여 근심이 충만하니

　　긍휼히 여길 자를 바라나 없고

안위할 자를 바라나 찾지 못하였다"(시 69:20).

제28곡 아리오소(테너) — 이 슬픔에 비할 슬픔이 또 세상에 있으랴

"무릇 지나가는 자여, 너희에게는 관계가 없는가,

내게 임한 근심 같은 근심이 있는가 볼지어다"(애 1:12).

제29곡 : 아콤파냐토(테너) — 그가 생명 있는 자의 땅에서 떠나가심은

"그가 산 자의 땅에서 끊어짐은

마땅히 형벌 받을 내 백성의 허물로 인함이라"(사 53:8).

〈영광의 왕〉

제30곡 아리아(테너) — 그러면 그대 나의 영혼을 음부에 버리지 않으리

"주 여호와는 그의 영혼을 음부에 버리지 아니하시며

주의 거룩한 자를 썩지 않게 하실 것이다"(시 16:10).

제31곡 합창 — 문이여 그대들의 머리를 들어라

소프라노가 두 성부로 나뉘어 5성부의 합창으로 곡은 여성 3부에 의해 호
모포닉하게 시작되어 남성 2부가 "영광의 왕은 누구인가"로 물으면 여성
부가 "높으신 여호와"라 화답하는 교창이며, 2중 대위법으로 구성된 헨델
의 대표적인 합창 기법을 보여준다.

"문들아, 너희 머리를 들지어다. 영원한 문들아, 들지어다.

영광의 왕이 들어 가시리로다. 영광의 왕이 뉘시뇨.

강하고 능한 여호와시며 전쟁에 능한 여호와시로다.

문들아 너희 머리를 들지어다. 영광의 왕이 들어가시리로다.

영광의 왕이 뉘시뇨.

만군의 여호와께서 곧 영생의 왕이시로다"(시 24:7~10).

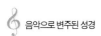

<그리스도의 신성과 인성>

제32곡 서창(테너) ─ 하나님 어느 때 천사에게 말씀하시되

"하나님이 어느 때 천사에게 말씀하시되

너는 내 아들이라, 오늘날 너를 낳았도다"(히 1:5).

제33곡 합창 ─ 하나님의 모든 천사들이 그에게 경배하네

"모든 천사 주를 경배하리라"(히 1:6).

<하나님의 승리의 행진>

제34곡 아리아(테너) ─ 그대 높은 곳에 올라 사로잡힌 바 되었으니

바이올린의 장식적인 가락에 맞춘 아름다운 아리아가 이어진다.

"주 높이 오르사 사로잡은 자를 끌고 선물을 인간에게 주시도다.

또 패역자 중에 받음은 하나님이 저희와 함께 거하심이로다"(시 68:18).

제35곡 합창 ─ 주께서 말씀하신다

교창풍의 합창으로 먼저 남성부가 부르고 4성부가 화답한다.

"주 말씀을 주셨네. 소식을 전하는 사자들은 큰 무리들이라"(시 68:11).

<복음의 전파>

제36곡 아리아(소프라노) ─ 아름답도다

목가적이고 서정성이 풍부한 아름다운 곡이다.

"오, 평화의 복음을 전하는 자의 그 발걸음 아름답도다.

또 좋은 소식 가지고 오라"(롬 10:15).

제37곡 합창 ─ 그 목소리는 온 땅에 울려 퍼지고

"저희 소리가 모든 땅에 퍼져 나왔고

그 말씀 땅 끝까지 전파되었네"(롬 10:18).

〈하나님의 통치를 대행하는 사명〉

제38곡 아리아(베이스) — 어찌하여 모든 국민은 떠들썩거리고

메시아 중 뛰어난 독창곡의 하나로 섬세하고 급속한 음형의 반주로 가락
은 기복을 이루며 긴박하게 진행된다.

"어찌하여 열방이 분노하며 민족들이 허사를 경영하는고

세상의 군왕들이 나서며 관원들이 서로 피하여

여호와와 그 기름 받은 자를 대적하는고"(시 2:1~2).

제39곡 합창 — 우리가 그 결박을 끊어버리고

스타카토 코러스로 알려져 있는 합창으로 전주 없이 테너가 1주제를 부르
고 이를 모방하여 전 성부가 뒤따른다.

"우리가 그 결박을 끊어버리고 그 멍에를 끊어버리자"(시 2:3).

제40곡 서창(테너) — 하늘에 계신 이가 웃으심이여

"하늘에 계신 이가 웃으심이여, 주께서 저희를 비웃으시리로다"(시 2:4).

제41곡 아리아(테너) — 그대 쇠 지팡이로 그들을 무너뜨리고

"그가 철장으로 저희를 깨뜨림이여, 질그릇 같이 부수리라"(시 2:9).

〈하나님에 대한 찬송〉

제42곡 합창 — 할렐루야

짧은 전주에 이어 힘차게 "할렐루야"로 시작하여 4성부가 유니즌으로
"전능하신 주 우리들의 하나님은 다스리시도다"라고 장중하게 노래한다.
이 두 개의 동기가 교대로 화답하며 진행하다 마침내 결합하여 합창의 극
적 효과를 높이며 힘차게 신을 찬미하는 2부의 마지막을 장식한다.

"할렐루야, 주 하나님 곧 전능하신 이가 통치하시도다. 세상 나라가 우리 주와
그리스도의 나라가 되어 그가 세세토록 왕 노릇 하시리라.

음악으로 변주된 성경

만왕의 왕, 만주의 주

할렐루야'(계 11:15, 계 19:16, 계 19:6).

[제3부] 부활과 영생

그리스도의 '부활과 영원한 생명'으로 욥기, 고린도전서, 로마서, 요한계시록에서 인용하였다.

3부는 부활과 영생의 승리에 대한 확신에 차 전체적으로 밝고 빛나게 충만되어 금관악기를 사용하여 화려함을 더해 주고 있다. 43곡~48곡까지는 고린도전서 15장 후반부를 중심으로 그리스도의 부활의 확신을 그리고 있는데 첫 곡 "구주는 살아계시고"라는 유명한 아리아로 굳게 신앙고백을 이루면서 이를 시작으로 승리의 나팔과 함께 그리스도의 부활을 알린다.

49곡~52곡까지 성령 안에서의 영원한 생명을 노래하며 그리스도가 메시아임을 찬양하면 감동적인 "아멘"의 코러스로 영생의 감사와 찬미를 노래한다.

메시아는 각 부의 내용이 독립적이나 1, 2부는 결국 그리스도의 부활과 영생이라는 이 3부를 준비하기 위한 스토리의 전개로 내용적으로나 음악적으로 전곡이 유기적으로 엮어감을 느낄 수 있다. 그렇기 때문에 단조가 지배적인 바흐의 수난곡과는 달리 '메시아'는 가장 비통한 제21번의 알토 아리아 "그는 멸시당하여 버림받고"에서도 부활과 영생의 소망을 예견하는 듯이 장조로 처리하며 전반적으로 밝고, 화려하며 역동적인 색채로 일관하고 있다.

〈부활의 확신〉
제43곡 아리아(소프라노) ― 구주는 살아계시고

가장 유명한 아리아로 부활과 영원한 생명을 암시하는 3부의 고요한 기분을 나타내는 아리아로 욥기와 고린도전서를 인용한 2부로 나뉜다.

"나는 안다, 나의 구주가 살아 계심을 후일에 그가 땅 위에 서실 것이며

나의 이 가죽, 이것이 썩은 후에 내가 육체 밖에서 하나님을 뵈리라.

나는 안다, 주님이 살아 계심을"(욥 19:25~26).

　"이제 그리스도께서 죽은 자 가운데서 다시 살아

잠자는 자들의 첫 열매가 되셨도다" (고전 15:20).

제44곡 합창 — 한 사람을 통해서 죽음이 찾아 왔듯이

　장중하게 시작하여 힘차게 반전되는 합창이다.

"죽음이 사람으로 말미암았으니

죽은 자의 부활도 사람으로 말미암는도다.

아담 안에서 모든 사람이 죽은 것 같이

그리스도 안에서 모든 사람이 삶을 얻으리라" (고전 15:21~22).

제45곡 아콤파냐토(베이스) — 보라 내가 너희에게 신비를 말하리라

"보라, 내 한 비밀 말하노라. 우리 다 잠잘 것 아니요,

　마지막 나팔 부는 순간에 홀연히 큰 변화 일어나리라" (고전 15:51~52).

제46곡 아리아(베이스) — 나팔은 울리고 죽음에서 일어나 영원하리라

　최후의 심판을 암시하는 트럼펫 조주에 이끌린다.

"나팔 울리면 죽은 자 다시 살리라. 썩지 않고 다시 살아나며

우리 모두 변화하리라. 썩을 것이 썩지 아니하며

죽을 것이 죽지 않으리라" (고전 15:52~53).

제47곡 서창(알토) — 죽음은 승리로 인해 사라지고

"죽음이 승리에 삼킨 바 되리라는 그 말씀이 응하리라" (고전 15:54).

제48곡 2중창(알토, 테너) — 죽음이여 그대의 고통은 어디에 있는가

"죽음이여, 네 고통 어디 있느냐,

오, 무덤이여, 네 승리는 어디 있느냐.

 음악으로 변주된 성경

죽음의 고통은 죄요, 죄의 권능은 율법이로다"(고전 15:55~56).

제49곡 합창 — 그러나 하나님께 감사할찌어다

2중창에 이어지는 합창으로 힘찬 호모포닉으로 울린다.

"주께 감사드리세. 우리 주 예수 통하여 승리를 주신 주님께 감사드리세"

(고전 15:57).

〈성령 안에서의 생명〉

제50곡 아리아(소프라노) — 하나님이 만약 우리 편이라면 누가 우리에게 대적하리오

영생의 확신에 찬 아리아를 부른다.

"하나님이 우리를 위하시면 누가 능히 우리를 대적하리오.

누가 능히 택하신 자를 송사하리요. 주가 의롭다 하나 누가 정죄하리요.

주님 죽으시고 또 다시 살아나셔서 하나님 우편에 계신 자요,

우리 위해 비는 자요, 우리 위해 간구하리로다"(롬 8:31, 33~34).

제51곡 합창 — 어린 양이야말로 알맞도다

3부로 이루어진 대합창으로 총주 반주와 함께 당당하게 불려진다. 곡은
느리게 전환되어 "바라건대 보좌에 앉으신 이와 어린 양에게 찬미와 존경
과 영광과 권력이…"가 테너와 베이스의 유니즌으로 불려진다.

"죽임을 당하신 어린 양, 피 흘리사 우리를 구원하신 어린 양이

능력의 부와 지혜와 힘과 존귀와 영광과 찬송을 받으시기에 합당하도다.

보좌에 앉으신 이와 어린 양에게 찬송과 존귀와 영광과 능력을 세세토록돌릴지

어다"(계 5:12~13).

제52곡 합창 — 아멘

이어지는 합창으로 메시아의 마지막 곡 '아멘 코러스' 이다.

'아멘' 이란 가사만으로 부르는 장대하고 변화무쌍한 곡으로 베이스, 테

너, 알토, 소프라노 차례로 대위법적으로 주제가 이어지며 리듬과 화성의 명쾌한 구분, 대조적인 주제의 결합 등 합창 푸가의 전형을 볼 수 있다. 고조되어 치솟던 곡이 갑자기 아다지오로 변하여 4성부가 모두 '아멘'을 부르며 대곡을 마무리한다.

이제 후로는 만세에 나를 복이 있다 일컬으리로다(눅 1:48)

프라 안젤리코(ANGELICO Fra, 1400~55) : 〈예수탄생의 예고〉, 1430~32, 프라도 미술관, 마드리드

보티첼리(BOTTICELLI Sandro, 1445~1510) : 〈수태고지〉, 1489~90, 우피치 미술관, 피렌체

마그니피카트
Magnificat BWV 243 : Johann Sebastian Bach
–마리아의 찬가

예수님 탄생을 축하하는 네 개의 찬양

누가는 헬라계 유태인 의사로서 자신이 목격한 사실을 근거로 로마와 헬라 전역에 퍼져있는 이방 그리스도인들에게 예수님의 일생을 전하고 있다. 4복음서 중 예수님의 탄생 이야기가 가장 자세히 기술된 것은 누가복음이다. 특히, 예수님의 족보가 기록된 두 복음서에서 마태는 아브라함과 다윗의 자손으로서 왕으로 오신 예수님을 강조한 반면, 누가는 제사장의 계보를 따라 아담과 하나님까지 올라가는 이스라엘 왕이 아닌 온 인류를 구원하기 위해 온 메시아로서의 예수님을 주장하고 있다. 그리고 세례 요한과 예수님의 출생 예고 및 탄생을 설명한 유일한 복음서이다. 누가는 예수님의 탄생을 축복하며 네 개의 유명한 찬송을 기록하고 있다.

- 첫째, 마리아의 찬미(Magnificat)

  천사로부터 예수님의 잉태 소식을 들은 마리아는 엘리자벳을 찾아가 축복받고 그에 대한 화답으로 1장 46~55절과 같이 노래 부른다.

  아래 참소 (눅 1:46~55)

- 둘째, 복이 있으라(Benedictus)

  요한을 잉태한 엘리자벳의 아버지 사가랴의 예언과 찬송으로 1장 67~80절의 하나님의 언약인 메시아의 구원과 그 메시아의 길을 예비할 요한과 메시아가 인도하실 복된 길을 찬양한다.

"… 어두움과 죽음의 그늘에 앉은 자에게 비취고 우리 발을 평강의 길로 인도하시리로다 하니라"(눅 1:67~80).

● 셋째, 높은 곳에 계신 주께 영광(Gloria in Excelsis)

목자들이 아기예수님을 방문하여 경배할 때 2장 13~14절 천군 천사들이 찬양하고 있다.

"… 지극히 높은 곳에서는 하나님께 영광이요 땅에서는 기뻐하심을 입은 사람들 중에 평화로다 하니라"(눅 2:13~14).

● 넷째, 이제는 주의 종이 평화로이 가게 하소서(Nunc Dimittis)

시므온은 그리스도를 보기 전에는 죽지 않으리라는 성령의 지시를 받은 선지자로서 할례를 받기 위해 성전에 나온 아기예수를 보고 그리스도임을 확신하며 이방인의 빛이요, 이스라엘의 영광인 그리스도를 찬양하고 있다.

"… 내 눈이 주의 구원을 보았사오니 이는 만민 앞에 예비하신 것이요 이방을 비추는 빛이요 주의 백성 이스라엘의 영광이니이다 하니"(눅 2:28~32).

누가가 기록한 마리아, 천사, 사가랴, 시므온의 네 사람의 찬양은 미사나 마그니피카트와 같은 종교음악의 중요한 주제로서 아름다운 곡이 붙여져 찬송되고 있다. 이 중 마그니피카트는 다성음악에서 중요한 가사로 선택되었고 17세기 초까지 다성부 마그니피카트 음악은 거의 그레고리오 성가를 편곡한 것들이었다. 마그니피카트는 가톨릭 교회의 전례에 따라 저녁기도 때 불려졌으며, 루터는 자신이 그 가사를 손수 독일어로 번역하여 교회 예배에도 채택한다. 바로크 시대에 몬테베르디, 쉿츠, 바흐에 의해 독창과 합창의 콘체르토와 같은 형식으로 확립된다.

성모 마리아의 찬양

구약의 선지자 이사야가 예언한다.

"그러므로 주께서 친히 징조로 너희에게 주실 것이라 보라 처녀가 잉태하여
아들을 낳을 것이요 그 이름을 임마누엘이라 하리라"(사 7:14).

천사 가브리엘은 동정녀 마리아에게 하나님의 아들 임마누엘(우리와 함께하시는
하나님)을 성령으로 잉태하리라고 알려준다. 이는 이사야의 예언이 그대로 실현
되는 것이다. 하나님께서는 거룩하고 신앙심이 강한 처녀 마리아의 몸을 통해 그
의 아들 예수 그리스도를 보내신 것이다.

"천사가 일러 가로되 마리아여 무서워 말라 네가 하나님께 은혜를 얻었느니라
보라 네가 수태하여 아들을 낳으리니 그 이름을 예수라 하라"(눅 1:30~31).

천사의 말을 들은 마리아는 이 놀라운 사실에 당황했으나 하나님께서 정해 놓
으신 일임을 깨닫고 '피아트(Fiat: 그대로 이루어지이다)' 라 응답하며 받아들인
다. 이 잉태는 한 여인의 순종과 성령에 의해 아름답게 만들어진 것이다. 이는 하
나님께서 '빛이 있으라(Fiat Lux)' 며 시작하신 천지창조보다 어떤 면에서 더 큰
사건이고 인류 역사의 재창조라 할 수 있다.

며칠 후 성모 마리아는 길을 떠나 유다 산골 마을 헤브론의 엘리사벳을 방문
하게 되는데, 엘리사벳은 이미 아들인 세례 요한을 잉태한지 6개월째 된 때였다.

"가로되 나는 선지자 이사야의 말과 같이 주의 길을 곧게 하라고 광야에서 외
치는 자의 소리로라 하니라 (중략) 곧 내 뒤에 오시는 그이라 나는 그의 신들메
풀기도 감당치 못하겠노라 하더라"(요 1:23, 27).

일찍이 이사야 선지자가 그리스도의 오실 길을 준비하라고 외친 바대로 왕의 길을 닦는 선구자의 역할을 담당하며 '그리스도가 오셨다' 고 외치며 왕의 행차를 이끌게 되는 요한과 예수님은 비록 아직 어머니의 태 속에 있는 상태지만 의미 있는 해후를 하게 된 것이다. 선구자 세례 요한의 어머니인 엘리자벳은 성령을 가득히 받아 왕의 어머니가 될 마리아에게 축복의 말을 전한다.

"큰 소리로 불러 가로되 여자 중에 네가 복이 있으며 네 태중의 아이도 복이 있도다 내 주의 모친이 내게 나아오니 이 어찌된 일인고"(눅 1:42~43).

엘리자벳의 인사말을 들은 성모 마리아는 그 화답으로 하나님께서 자신에게 행하신 일에 대한 네 가지의 감사와 찬양인 누가복음 1장 46절에서 55절에 기록되어 있는 '마리아의 찬미' 를 부른다. 이 절의 내용은 구약 여러 곳에 기초하고 있는 동시에 신약의 사도 바울의 서신과도 연결되어 있어 구약에서 약속된 하나님의 구원 사역이 신약에서 이루어진 것에 대한 강한 암시를 보여주고 있다.

● 비천한 자신을 향한 은혜에 대한 감사

"마리아가 가로되 내 영혼이 주를 찬양하며 내 마음이 하나님 내 구주를 기뻐하였음은 그 계집종의 비천함을 돌아 보셨음이라 보라 이제 후로는 만세에 나를 복이 있다 일컬으리로다"(눅 1:46~48).

● 하나님의 거룩하심과 긍휼하심에 대한 감사

"능하신 이가 큰 일을 내게 행하셨으니 그 이름이 거룩하시며 긍휼하심이 두려워하는 자에게 대대로 이르는도다"(눅 1:49~50).

● 하나님의 공평하신 정의와 심판에 대한 감사

"그의 팔로 힘을 보이사 마음의 생각이 교만한 자들을 흩으셨고 권세 있는 자를 그 위에서 내리치셨으며 비천한 자를 높이셨고 주리는 자를 좋은 것으로 배불리셨으며 부자를 공수로 보내셨도다"(눅 1:51~53).

● 메시아의 언약이 성취됨에 대한 감사

"그 종 이스라엘을 도우사 긍휼히 여기시고 기억하시되 우리 조상에게 말씀하신

것과 같이 아브라함과 및 그 자손에게 영원히 하시리로다 하니라"(눅 1:54~ 55).

마리아는 무엇보다 먼저 비천한 신분인 자신에 대한 하나님의 은혜에 감사드
린다. 그리고 비참한 자신에게 이렇게 큰 사랑을 부어주시는 하나님의 긍휼에 감
사한다. 또한 마리아는 지금 자신을 통해 오고 계신 메시아가 이제 세상에 사람
의 모습으로 태어나 자비와 정의가 충만한 자로 긍휼하심으로 우리를 도우시고,
정의로 심판하실 그리스도로 알고 그의 사역을 노래한다. 마지막으로 마리아의
잉태는 하나님께서 선택하신 이스라엘 백성에 대한 언약 즉, 메시아의 언약이 성
취됨을 선포한다. 마그니피카트는 비록 나약하고 비천한 몸이지만 실로 하나님
의 능력을 믿고 하나님께 순종하며 헌신한 고귀한 여인 마리아에 대한 환희의 찬
가이다.

 곡의 구성

바흐(Johann Sebastian Bach, 1685.3.21~1750.7.28)는 1723년 성 토마스 교회
로 옮겨와서 맞게 되는 첫 크리스마스를 위해 '마리아의 찬가'인 내림 E장조의
'마그니피카트'를 작곡하였다. 그리고 7년 후 D장조로 조를 바꾸며 대대적으로
개작한 것이 오늘날까지 전해지고 있다. 전체 12곡으로 이루어져 있으며, 합창과
독창 그리고 중창이 교대로 나오도록 구성되어 있다. 대규모는 아니지만 기쁨과
환희가 넘치는 기분을 느낄 수 있다.

제1곡 합창

관현악의 화려한 전주로 시작되어 트럼펫이 힘차게 가세하며, 바흐의 전형적인 대위법으로 진행하는 합창이다.

"내 영혼이 주님을 찬양하며(Magnificat anima mea Dominum)."

제2곡 아리아(소프라노 II)

현과 바소 콘티누오 반주에 이끌려 경건하게 기도하는 조용하고 아름다운 곡이다.

"내 구세주 하나님을 생각하는 기쁨에 이 마음 설렙니다."

제3곡 아리아(소프라노 I)

바소 콘티누오와 오보에 다모레의 반주로 차분하게 노래한다.

"이는 당신의 여종의 미천함을 돌아보셨기 때문이라.

이후로는 니를 복되다 하리니."

제4곡 합창

5성부로 이루어진 대합창이다.

"세세에 일컬으리."

제5곡 아리아(베이스)

"이는 능력 있으신 이가 내게 큰 일을 행하셨기 때문이라.

이 이름은 거룩하시며."

제6곡 2중창(알토, 테너)

플루트와 약음 현, 바소 콘티누오의 감미로운 전주에 이어지는 2중창

"그 자비로우심은 대대로 그를 두려워하는 이들에게 있으리."

제7곡 합창

당당하게 시작하는 합창으로 후반부 속도를 늦추어 아다지오로 노래한다.

"당신의 팔에 힘을 쓰셨으리라. 그 마음의 생각이

교만한 자들을 흩어버리셨네."

제8곡 아리아(테너)

"권력자들을 그 자리에서 내치셨고 비천한 자들을 높이셨네."

제9곡 아리아(알토)

플루트와 바소 콘티누오의 전주에 이끌려 노래 부르고 후주로 마무리된다.

"주린 자들을 좋은 것으로 배 불리셨고 부자들을 빈 손으로 보내셨네."

제10곡 3중창(소프라노 I, 소프라노 II, 알토)

카논풍의 여성 3중창에 오보에의 아름다운 반주가 덧붙여진다.

"당신의 자비로우심을 되새기어 당신의 종 이스라엘을 도우시리니."

제11곡 합창

웅장하고 장엄하게 불려지는 5성부의 대합창곡 푸가풍으로 전개되어 숭
고하게 마무리 짓는다.

"우리 조상들에게 말씀하신 바대로 아브라함과 그 자손들 세세까지라."

제12곡 합창

화성이 풍부하고 늠름하게 시작하여 대위법으로 각 성부가 모방하며 노
래한다. 관현악의 눈부신 총주에 트럼펫이 가세되어 고조되고 아멘으로
마지막을 장식한다.

"처음과 이제, 언제나 그러하였듯이
세세에 이르도록 성부와 성자와 성령께 영광
아멘."

보라 처녀가 잉태하여 아들을 낳을 것이요
그 이름을 임마누엘이라 하리라(사 7:14)

보티첼리(BOTTICELLI Sandro, 1445~1510) : 〈그리스도의 탄생〉, 1476~77, 산타 마리아 노벨라 성당, 피렌체

크리스마스 오라토리오
Weinachts Oratorium BWV 248 : Johann Sebastian Bach
-음표들의 축하가 전해준 성탄

자녀로 맞는 크리스마스

크리스마스는 기독교인이든 아니든 이 세상의 모든 사람들의 마음을 설레게 하는 날이다. 특히 서양에서는 우리의 명절과 같이 멀리 떨어져 있던 가족들이 소중한 선물을 준비하고 대이동을 하며 만나서 사랑을 나누는 날이다. 크리스마스 캐롤이 들뜬 기분을 더해주며 이 땅에 오신 예수 그리스도를 맞이한다. 어렸을 때는 크리스마스 카드를 만들고 색종이로 트리를 만들고 양말을 걸어 놓고 산타클로스 할아버지의 선물을 기다리던 밤이었고, 학생 시절엔 친구들과 밤거리를 거닐며 몰려나온 사람들을 구경하던 밤이었다. 크리스마스는 '그리스도(Christ)' 와 '미사(Mass)' 가 합쳐진 말로 예수 그리스도의 탄생을 축하하는 미사를 드리는 날이다. 대학 시절 성당 다니는 친구를 따라 처음으로 크리스마스 자정 미사에 참석했을 때, 나는 참으로 신선한 경험을 했다. 설레임 속에 음악으로만 듣던 미사가 아닌 실제 미사의 현장에 선 것이다. 그러나 미사를 마치고 나온 내 기분은 마치 모르는 사람 생일 잔치에 끌려갔다 온 아웃사이더로서의 쓸쓸함이었다.

그 때 나는 교회는 다니지 않았지만 매년 12월만 되면 헨델의 '메시아' 와 바흐의 '크리스마스 오라토리오' 음반에 저절로 손이 가게 되었다. 이런 음악을 들으면서 기독교인은 아니지만 예수님의 탄생을 축하하는 나만의 크리스마스를 즐기는 방법으로 몇 년을 보내며 진정한 기독교인으로서 크리스마스를 맞고 싶은 생각이 간절했다. 이후 교회에 다니게 되면서 비로소 이방인이 아닌 자녀의 입장으로 맞게 된 크리스마스는 우리의 죄를 대신하여 십자가의 죽음으로 구원을 완성하신 구세주요, 인간의 모습으로 이 땅에 오신 아름다운 청년 예수의 탄생을 축하하는 거룩한 밤이 된 것이다. 이 의미 깊은 크리스마스를 축복하는 음악인 '크리스마스 오라토리오' 와 함께 이해인 수녀님의 「성탄 밤의 기도」를 묵상한다.

성탄 밤의 기도

낮게 더 낮게 작게 더 작게
아기가 되신 하느님 빛의 예수여
모든 이가 당신을 빛이라 부르는 오늘 밤은
이 지상에서 가장 아름다운 밤

빛으로 오시는 탑신을 맞이하여
우리도 한 점 빛이 되는 빛나는 성탄 밤입니다.

죽음보다 강한 지극한 사랑 때문에
우리와 똑같은 인간의 모습을 지니시고
'세상' 이라는 구유, 우리 '마음' 이라는 구유 위에
아기로 누워 계신 작은 예수여,

진정 당신이 오시지 않으셨다면
우리에겐 아무런 희망도 없습니다, 기쁨도 없습니다.
평화도 없습니다, 구원도 없습니다.

당신의 오심으로 우리는

희망과 기쁨 속에 다시 살게 되었습니다.

평화와 구원의 의미를 깊이 헤아리게 되었습니다.

티없이 맑고 천진한 당신이 누우시기엔

너무도 어둡고 혼탁한 세상이오나 어서 오십시오.

진리보다는 불의가 커다란 언덕으로 솟고

선보다는 악이 승리하는 이 시대의

산 같은 어둠을 허물어 내기 위하여 어서 오십시오.

죄 없는 당신이 누우시기엔

너무도 죄 많은 우리 마음이오나 어서 오십시오.

자유의 주인이길 원하면서도

율법과 이기심의 노예로 떨어진 어둠,

빛이신 당신을 온전한 사랑과 믿음으로 받아들이지 못한

나태한 마음의 어둠을 몰아내기 위하여 어서 오십시오.

우리는 오늘 하늘의 천사들처럼

참을 수 없는 기쁨을 노래로 찬미합니다.

밤길을 달려 온 목동들처럼

놀라움과 설레임으로 당신께 인사합니다.

 음악으로 변주된 성경

당신을 낳은 성모 마리아와 함께
당신을 따르는 겸손과 사랑의 길을 선택합니다.
성가정의 길잡이신 성 요셉과 함께
충성스런 믿음과 인내의 길을 선택합니다.

낮게 더 낮게 아기가 되신 하느님
침묵의 빛 속에 말씀으로 누워 계신 빛의 예수여,

'당신을 사랑합니다'
이것이 우리가 당신께 드리는
처음과 끝의 가장 소박하고 진실한 기도이게 하소서.

비록 가진 것 없어도 당신을 사랑하는 마음만으로
행복한 부자인 우리 자신을 축복하소서.

나사렛 성가정을 본받아 평화의 빛 속으로
많은 이를 불러 모으려는 우리 한국 성교회를

우리가 당신을 업고 뛰어가서
당신의 깊은 사랑을 보여 주어야 할
수많은 이웃들을 기억하는 이 거룩한 밤

당신을 빛이라 부름으로
우리도 당신과 더불어 한 점 빛이 되는

이 고요한 기도의 밤

빛의 예수여,
당신께 받은 빛이
꺼짐 없이 우리 안에 타오르게 하소서.
매일의 삶 속에서
당신의 성탄이 이루어지게 하소서, 아멘.

— 이해인 「시간의 얼굴」中에서 —

예언의 성취

　　로마 제국의 아우구스투스 황제는 넓은 영토를 다스리는 수단으로 인구조사
의 필요성을 느끼고 로마의 지배를 받고 있는 모든 시민들은 각자 자기 고향에서
호적을 등록해야 한다는 칙령을 내린다. 따라서 요셉과 마리아도 조그만 나사렛
에서 베들레헴으로 길을 떠난다. 요셉은 고향인 베들레헴에서 이 집 저 집 머물
곳을 찾았으나 머물 곳이 없었다. 그래서 양치기 목동들이 폭풍우가 몰아칠 때
대피하던 언덕바지 동굴 속 마굿간에 거처를 마련하였다.

　　구약의 이사야 선지자들로부터 전해 듣던 그토록 기다리던 임마누엘 — 하나
님이 우리와 함께 계시다 — 즉 가장 고귀하신 그리스도 예수님은 가장 천하고 낮
은 곳인 마굿간에서 탄생하신다.

　　예수님은 태어난지 8일 만에 할례를 받고, 정식으로 예수라는 이름을 받는다.
창세기에 의하면 할례는 하나님께서 아브라함과 그 후손에게 맺으신 언약의 상
징이다. 태어났다는 사실만으로 자동적으로 하나님의 택함 받은 백성이 되는 것

음악으로 변주된 성경

이 아니고 할례를 통해 이스라엘 백성에 속하고, 침례(신앙고백)를 통해서 하나님 자녀에 속한다는 의미다.

"할례할 팔 일이 되매 그 이름을 예수라 하니 곧 수태하기 전에 천사의 일컬은 바러라"(눅 2:21).

아기 예수님이 할례 받기 위해 성전에 왔을 때, 두 선지자 시므온과 안나가 예수님을 만나게 된다. 시므온은 아기 예수님을 보자 메시아임을 알아차리고 마리아에게 복된 여인이라 말한다. 이는 선지자 미가의 예언 ─ 베들레헴 땅에서 이스라엘 백성을 다스릴 자가 탄생하리라 ─ 이 이루어진 것이다.

"베들레헴 에브라다야 너는 유다 족속 중에 작을지라도 이스라엘을 다스릴 자가 네게서 내게로 나올 것이라 그의 근본은 상고에, 태초에너라"(미 5:2).

히나님은 이방인들에게는 자연과 철학을 통하여 말씀하셨고 이스라엘 백성에게는 선지자들을 통하여 예언하셨다. 당시 이방인들 사이에도 메시아에 대한 기대가 널리 퍼져 있었다. 이방인인 동방박사들은 땅 끝에서 그리스도를 뵈러 왔다. 헤롯 왕에게 왕의 탄생지에 대해 묻는 동안 사라졌던 별이 다시 나타나서 마침내 아기가 태어난 곳 위에서 멈췄다.

"유대인의 왕으로 나신 이가 어디 계시뇨 우리가 동방에서 그의 별을 보고 그에게 경배하러 왔노라 하니"(마 2:2).

이방인인 동방박사들이 베들레헴의 마굿간을 찾아내어 예수님께 경배드린다. 이는 아기 예수님이 하나님의 아들임을 세상에 처음 나타내어 보이신 사건으로 동방교회에서는 이를 기념하여 크리스마스로부터 12일째(1월 6일)를 공현절로 지키고 있다. 이 때 동방박사들은 그리스도의 왕권을 상징하는 황금과 그리스도의 신성을 상징하는 유향과 죽음을 맞게 되어 있는 그리스도의 인성을 상징하는 몰약 세 가지 예물을 갖고 와서 경배드린다.

음악을 통한 성탄 축하

바흐는 1734년의 성탄절을 기념하기 위한 '크리스마스 오라토리오(BWV 248)'를 1735년의 부활절과 승천절을 위한 '부활절 오라토리오(BWV 249)'와 '승천절 오라토리오(BWV 11)' 모두 3개의 오라토리오를 작곡했다. 그 중 '크리스마스 오라토리오'는 전반적으로 밝고 기쁨에 가득 차 있는 느낌을 주는 작품인 동시에 서정적인 경향도 강하다. 경쾌한 멜로디는 듣는 사람들로 하여금 명쾌하고 즐거운 기분으로 축제의 분위기를 느끼게 한다. 심지어는 서창까지도 넘쳐 흐르는 선율로 많은 사랑을 받고 있다.

그러나 이 작품은 일반적인 오라토리오에 비해 극적인 요소와 음악적 형식에서 몇 가지 차이점을 보이고 있다.

첫째, 곡을 구성하는 일관된 줄거리와 등장인물이 없다.

누가복음 제2장 1절부터 21절까지와 마태복음 제2장 1절부터 12절까지의 그리스도 탄생부터 동방박사들의 경배까지의 이야기를 담고 있으나 일관된 스토리의 흐름이 아닌 사건 중심적 옴니버스 형식의 전개이며 등장인물도 고정되어 있지 않다.

둘째, 그리스도의 탄생부터 중요 사건을 중심으로 6개의 단편적인 이야기를 묶어 하나의 오라토리오로 만들어 놓았으나, 오히려 각 곡은 독립된 여섯 곡의 칸타타와 흡사한 구성을 보이고 있다.

셋째, 초연 당시부터 6부로 구성된 전곡을 연속해서 연주하지 않고, 크리스마스와 이어지는 2일간 그리고 신년 첫날, 첫 주일에 걸쳐 6일간 나누어 연주하도록

되어 있어 더욱 칸타타와 같은 느낌을 받을 수 있다.

넷째, 당시 바흐가 작곡한 칸타타(세속 칸타타 포함)와 프로테스탄트 작곡가들의 코랄 선율을 비교적 많이 인용하고 있다는 점이다.

이에 대해 바흐 연구가인 말콤 보이드(Malcolm Boyd)는 "당시 바흐는 귀족이나 부호의 요청에 따라 단 한 번의 연주를 위해 많은 세속칸타타를 작곡하게 된다. 바흐는 이러한 세속 칸타타들을 교회음악으로 바꾸게 되면 교회력에 따라 적어도 1년에 한 번은 지속적으로 연주될 것이 아닌가라는 생각에서 세속적 작품을 신성화(神聖化)하면서 일시적 목적으로 만들어진 작품에 영속성을 부여하고 있다. 이는 음악을 통한 하나님의 찬양을 창작의 궁극적 귀결점으로 여겼던 바흐에게 있어서 모든 작품의 최후 단계는 종교적 모습을 갖추어 예배 의식에 사용하자는 의도였다."라 설명하고 있다.

바흐는 이렇게 이전에 사용했던 작품을 많이 인용했지만 다양한 형식의 여러 악곡에서 뽑아낸 부분들의 적절한 조합을 통해 새로운 곡으로 변형해 나가는 절묘한 재활용의 솜씨를 발휘하여 질적으로 더욱 향상된 완성도 높은 음악을 만들어 낸 것이다.

곡의 초연은 1734년 크리스마스에 제1부는 이른 아침 성 니콜라이 교회에서 그리고 오후에는 성 토마스 교회에서 연주되었다. 제2부는 전날과 반대로 토마스 교회에서 먼저 연주되었다. 그 해의 크리스마스 셋째 날은 보통 일요일과 다름없었으므로 제3부와 제5부는 성 니콜라이 교회에서만 연주되었다. 제4부와 제6부는 축일을 위한 것이므로 아침에는 성 토마스교회에서 오후에는 성 니콜라이 교회에서 연주되었다.

06

 곡의 구성

[제1부] 크리스마스 제1일(눅 2:1, 3~7)

　　모두 9곡으로 되어 있다. 크리스마스 오라토리오 전곡 가운데 가장 유명한 부분이며, 크리스마스답게 밝고 힘찬 음악으로 시작된다. 내용은 요셉과 마리아가 베들레헴에 도착해서 예수를 낳는 데까지의 이야기이다. 여기서는 그리스도, 즉 메시아의 탄생에 대한 축복으로 가득 차 있다.

제1곡 합창

　　"환호하라, 즐거워하고 이날을 찬미하라."

제2곡 서창(복음사가)

　　"이 때에 가이사 아구스도가 영을 내려 천하로 다 호적하라 하였으니

　　요셉도 다윗의 집 족속인고로 갈릴리 나사렛 동네에서 유대를 향하여

　　베들레헴이라는 다윗의 동네로 그 정혼한 마리아와 함께 호적하러 올라

　　가니 마리아가 이미 잉태되었더라"(눅 2:1~5).

제3, 4곡 서창과 아리아(알토)

　　"준비하라, 시온. 상냥한 마음에 보다 아름다운 것, 보다 사랑스러운 것

　　그대가 있는 곳에 보이리라."

제5곡 합창

　　마태수난곡의 코랄을 인용한 어두운 느낌을 준다.

　　"어떻게 우리는 그대를 영접하고, 어떻게 그대를 만나리오."

제6곡 서창(복음사가)

　　"맏아들을 낳아 강보로 싸서 구유에 뉘었더니

　　이는 사관에 있을 곳이 없음이라"(눅 2:7).

제7곡 코랄(소프라노)과 서창(베이스)

　　마르틴 루터가 작사하고, 요한 발터에 의해 작곡된 코랄 '예수 그리스도를

찬양하라' 의 멜로디에 의한 맑고 아름다운 곡이다.

"예수 그리스도를 찬양하라."

제8곡 아리아(베이스)

트럼펫의 활기찬 전주에 이끌리어 시작되며 밝고, 힘차게 노래한다.

"위대한 주 강한 왕 가장 사랑스런 구세주여 전 세계를 갖는 자

그의 빛과 장식을 만드는 자는 딱딱한 구유에 잠자지 말도다."

제9곡 코랄

트럼펫과 팀파니를 울려 그리스도의 탄생을 축하하는 분위기의 코랄이다.

"지극히 높은 곳에서는 하나님께 영광 땅에서는 기뻐하심을 입은 사람들에게 평화

로다 나의 사랑스런 어린 그리스도."

[제2부] 크리스마스 제2일(눅 2:8~14)

전곡을 통해서 가장 많은 14곡으로 구성되어 있고, 연주시간도 가장 길다. 시칠리아풍의 신포니아로 시작되는 선원적인 분위기의 곡이다. 내용은 양치는 목자들 앞에 천사가 나타나 예수의 탄생을 알리는 장면이다. 음악적으로는 충분히 양치는 목자들의 장면에 어울리게 되어 있다. 여기서는 오보에의 합주가 소리 패턴을 결정지으며 천사들의 합창조차도 목가적 장면을 연출해 낸다. 천사가 목자들에게 메시아 탄생을 알리는 장면만으로 제 2부를 구성하게 되며, 작곡 특성, 악기 편성, 조 선택 등에 있어 목가적인 색채를 분명히 하고 있다.

제10곡 신포니아

시칠리아풍의 한가롭고 목가적인 서곡이다.

제11곡 서창(복음사가)

"그 지경에 목자들이 밖에서 밤에 자기 양떼를 지키더니 주의 사자가 곁에 서고 주의 영광이 저희를 두루 비치며 크게 무서워하는지라"(눅 2:8~9).

제12곡 코랄

요한 쇼프가 작곡한 코랄 "용기를 내라, 나의 약한 마음"의 멜로디를 인용한 곡이다.

"오 아름다운 아침의 햇빛이여 빛나라. 그리고 하늘을 밝게 하라.

양치기들이여 두려워 말라."

제13곡 서창(복음사가, 천사(소프라노))

"천사가 이르되 무서워 말라.

내가 온 백성에게 미칠 큰 기쁨의 소식을 너희에게 전하노라"(눅 2:10).

제14곡 서창(베이스)

"하나님이 아브라함에게 약속한 것을 지금 목자에게 보이도다."

제15곡 아리아(테너)

플루트의 맑은 전주와 계속되는 조주 위에 아름답게 노래한다.

"즐거워하는 목자들이여 급히 와서 이 귀여운 아기를 보라."

제16곡 복음사가

'너희가 가서 강보에 쌓여 구유에 누운 아기를 보리니

이것이 너희에게 표적이니라 하니라"(눅 2:12).

제17곡 코랄

1부: 9곡의 코랄을 변형된 형태로 부른다.

2부: "보라, 저 어두운 마굿간에 처녀의 아들이 누워 있음을"

제18곡 서창(베이스)

"이리하여 목자는 가서 귀한 아기가 딱딱한 마구간에 누워 있는 것을 보고 상냥한

곡조로 여러 사람과 합창하여 자장가를 부르도다."

제19곡 아리아(알토)

"잘자라, 나의 귀여운 아기, 평안히 기슴에 힘을 내어 즐거움 받으리."

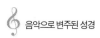

제20곡 복음사가

"홀연히 허다한 천군이 그 천사와 함께 있어

하나님을 찬송하여 가로되"(눅 2:13).

제21곡 합창

천사들이 하나님을 찬양하며 빠르게 이어지는 푸가풍의 합창이다.

"지극히 높은 곳에서는 하나님께 영광

땅에서는 기뻐하심을 입은 사람들에게 평화로다"(눅 2:14).

제22곡 서창(베이스)

"그것으로 좋으니 우리도 함께 기뻐하라."

제23곡 코랄

천사와 목자들의 찬양으로 중간에 2부 첫 곡 신포니아의 목가적인 주제가

흘러나온다.

"우리들 그대의 무리에 들어가 온 힘을 다하여

찬미하고 존경하여 부르리"

06

[제3부] 크리스마스 제3일(눅 2:15~20)

24곡부터 35곡까지 12곡으로 팀파니와 트럼펫으로 표현되는 목자들의 세속적 기쁨이 하나님의 아들에 대한 찬양으로 바뀐다. 그러한 심정적 변화가 장면을 직접적으로 연결해 주는 역할을 한다. 목자들은 사람을 대표하는 상징으로 보여진다.

제24곡 합창(양치기)

관현악의 힘찬 전주에 의한 테너, 소프라노, 알토 순으로 가담하여 4성부를 이루는 합창이다.

"하늘의 지배자여 노래 소리 들어라 서투른 노래도 기뻐하시라

마음이 기뻐하는 찬미를 들으라."

제25곡 서창(복음사가)

"천사들이 하늘로 올라가니 목자가 서로 말하되"(눅 2:15).

제26곡 합창(양치기)

"이제 베들레헴까지 가서 주께서 알리신 바 이루어진 일을 보자."(눅 2:15).

제27곡 서창(베이스)

"그는 백성을 위로하도다 보라 목자들이여 이것을 그가 이루도다."

제28곡 코랄

1부 7곡의 코랄의 선율에 가사를 바꿔 사용하고 있다.

"예수 그리스도를 찬양하라 이를 그는 우리에게 모든 것을

이루게 하도다."

제29곡 2중창(소프라노, 베이스)

오보에 전주에 이끌리어 하나님의 은혜와 사랑을 아름답고 포근하게 노

래한다.

"주여, 그대의 동정과 자비는 우리들을 자유롭게 하도다.

그대의 따뜻한 은혜와 사랑 그대의 놀라운 일은."

제30곡 서창(복음사가)

"빨리 가서 마리아와 요셉과 구유에 누인 아기를 찾아서 보고,

천사가 자기에게 이 아기에 대한 것을 고하니,

듣는 자가 다 목자의 말하는 일을 기이히 여기되

마리아는 이 모든 말을 마음에 지키어 생각하니라"(눅 2:16~20).

제31곡 아리아(알토)

바이올린 독주에 의한 전주에 이어 포근하고 행복에 찬 노래에 계속되는

바이올린의 조주가 아름답게 곡 전반을 통해 계속된다.

"나의 가슴이여 이 행복한 기적을 그대의 신앙 속에 굳게 간직하리라."

제32곡 서창(알토)

"그렇도다 내 가슴은 그것을 보전하니."

제33곡 코랄

에벨링의 코랄 "왜 우리는 슬퍼야 하리"의 멜로디에 의한 코랄이다.

"나 특히, 그대를 지키리 그대를 위해 살으리 그대에게 가리."

제34곡 서창(복음사가)

"목자가 자기들에게 이르던 바와 같이 듣고 본 모든 것을 인하여"(눅 2:20).

제35곡 코랄

16세기 말의 코랄 "우리들 그리스도 교도"의 멜로디에 의한 그리스도의 탄생을 축복하는 합창으로 이어진다. 이후 3부 첫 곡이 재현되며 마무리한다.

"기뻐하라 지금 너희들에게 구주는 신으로서 사람으로 태어났다.

하늘의 지배자여 노래 소리를 들어라. 서투른 노래도 기뻐하시라.

마음이 기뻐하는 찬미를 들으라."

[제4부] 새해 첫 날(눅 2:21)

4부는 새해 첫날 연주되었다. 이 날을 '할례축절'이라고 하는데 그 이유는 예수님이 태어난 지 8일 후에 할례를 받고, 정식으로 예수라는 이름을 받았기 때문이다. 모두 7곡으로 구성되어 있다. 부드러운 호른은 예수에 대한 경의를 나타내고 있으며, 38곡과 40곡은 바흐 자신에 의해 작사되었다. 바흐는 제1부의 7곡과 이 두 곡들을 '아리오소(Arioso)'라 표기하므로 독창 연주임을 설명하고 있다.

제36곡 합창

힘찬 관현악의 전주에 이어 감사하는 마음으로 즐겁게 불려지는 대합창.

"감사와 찬미를 갖고 지극히 높은 이의 자비의 자리 앞에 내리다

하나님의 아들은 이세상의 구세주 구주가 되라."

제37곡 서창(복음사가)

"할례 할 8일이 되며, 그 이름을 예수라 하니

곧 수태하기 전에 천사의 일컬은 바더라"(눅 2:21).

제38곡 서창(베이스)과 아리오소(베이스, 소프라노)

베이스 서창으로 시작되어 아름답기 그지없는 소프라노의 아리오소가
이어진다.

"임마누엘. 오 좋은 말씀. 나의 예수는 나의 목자.

예수 그대 나의 사랑하는 생명. 오라, 나 그대를 즐거움으로 감싸리."

제39곡 아리아(소프라노와 메아리(제2소프라노))

오보에 전주에 의해 소프라노가 독창으로 물음에 대한 답을 제2소프라노
가 메아리와 같이 대답하며 또한 오보에도 서로 화답하며 독특한 효과를
보이는 유명한 아리아이다.

'나의 구주 그대 이름을 저 가장 준엄한 공포의 가장 작은 종자에라도

흘려 버릴 것인가? 아니다.

나는 죽음을 두려워할 것인가? 아니다.

그대의 달콤한 말은 있도다. 나는 기뻐할 것인가? 그렇다."

제40곡 서창(베이스)과 아리오소(베이스, 소프라노)

베이스 서창 뒤로 소프라노의 아름다운 아리오소가 울려 피진다.

"예수 나의 기쁨 예수 나의 희망"

제41곡 아리아(테너)

2개의 바이올린의 아름다운 전주에 이어지는 화려한 장식음을 지닌 아리
아다. 마치 바흐의 2개의 바이올린을 위한 협주곡을 연상케 하듯 곡 중

계속 이어지는 2개의 바이올린의 경합이 인상적이다.

"나는 오직 그대를 위하여만 살리라. 나에게 힘과 용기를 주소서.

나를 강하게 하라. 그대의 은총을 존경하고 감사하여 높이듯이."

제42곡 코랄

요한 쇼프가 작곡한 코랄 "도우소서, 주 예수, 성공시키소서"의 멜로디를
인용한 코랄이다.

06

"예수는 나의 처음을 준비하소서. 언제나 내 곁에 계시옵소서."

[제5부] 새해 첫 일요일(마 2:1~6)

제5부와 제6부는 동방박사 이야기를 다룬 것으로 제5부는 그 전반부에 해당
된다. 모두 11곡으로 구성되어 있는데, 동방박사 세 사람이 헤롯 왕을 찾아와 새
로 태어난 유대의 왕이 어디 있느냐고 묻자 헤롯 왕이 두려워한다는 내용이다.

오보에 다모레(Oboe d'amore: 관의 아랫부분이 불룩하여 오보에 보다 낮고
부드러운 음색을 지닌 목관악기)는 제43곡에서 합창의 대화 파트로 등장하고, 현
악기는 인간의 번잡한 즐거움을 표시한다. 제51곡의 3중창은 당시의 가장 대중적
인 대화 중의 하나인 시온의 딸과 신자(소프라노와 테너)와의 대화이다.

제43곡 합창

관현악의 힘찬 전주에 의해 바흐 특유의 푸가풍의 모방대위법을 채용하
여 긴박하고 당당하게 진행되는 잘 알려진 대합창곡이다.

"그대 하나님께 영광있으라. 그대에게 찬미와 감사를 드리어라(반복)."

제44곡 서창(복음사가)

"헤롯 왕 때에 예수께서 유대 베들레헴에서 나시매

동방으로부터 박사들이 예루살렘에 이르러"(마 2:1).

제45곡 합창(동방박사)과 서창(소프라노)

동방박사들의 합창이 모방되어 대위법적으로 이어지는 가운데 소프라노
의 서창이 울려퍼진다.

"유대인의 왕으로 나신 이가 어디 계시뇨?

그것을 나의 가슴 속에서 구하라.

우리가 동방에서 그의 별을 보고 그에게 경배하러 왔노라"(마 2:2).

제46곡 코랄

세투스 칼비시우스의 코랄 "그대에게 바라도다, 주여" 의 멜로디에 의한
코랄이다.

"그대의 광명은 모든 암흑을 없애고 어두운 밤을 빛으로 바꾸도다.

우리들을 그대의 길에 인도하여 그대의 얼굴과 밝은 광명을

우리들이 영원히 볼 수 있게 하소서."

제47곡 아리아(베이스)

오보에 전주와 조주 위에 아름답게 불려진다.

"나의 어두운 마음을 갖는 나의 가슴을 빛으로 빛나게 하소서.

그대의 말씀은 나의 모든 일에 밝은 등불이로다."

제48곡 서창(복음사가)

헤롯 왕과 온 예루살렘이 듣고 소동한지라(마 2:3).

제49곡 서창(알토)

"왜 괴로워 방황하는가? 우리 예수의 출현이야말로 기뻐할 일이 아닌가."

제50곡 서창(복음사가)

"또 유대 땅 베들레헴아 너는 유대 고을 중에 가장 작지 아니하도다.

네게서 한 다스리는 자가 나와서 내 백성 이스라엘의 목자가 되리라

하였음이라"(마 2:6).

제51곡 3중창(소프라노, 알토, 테너)

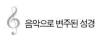

아름다운 바이올린 전주에 이어 소프라노, 테너의 대화 후에 알토가 가담한다. 모방대위법을 사용하여 대화의 효과를 더해 주고 있다.

소프라노: "아 그 때는 언제 오는가."

테　　너: "아 그들의 것이 될 위로는 언제 오는가."

알　　토: "조용히, 사실 이곳에 있도다."

제52곡 서창(소프라노)

"나의 사랑하는 자 이미 지배하도다."

제53곡 코랄

하인리히 알버트의 코랄 "하늘과 땅의 하나님"의 멜로디에 의한 코랄이다.

"확실히 그와 같은 마음의 집은 아름다운 왕국의 집에는 없어도"

[제6부] 크리스마스 후 12일 째(공현절(1월 6일), 마 2:7~12)

54곡~64곡으로 되어 있으며, 헤롯 왕은 동방박사들에게 예수님이 태어난 곳을 찾거든 자신에게 알려 달라 부탁한다. 동방박사들은 예수님을 찾아가 선물을 바치고 경배한다. 다음날 그들은 예수님의 탄생을 헤롯에게 알리려 했지만 꿈에 하나님의 계시를 받고 그들의 나라로 그냥 돌아가며, 그리스도를 승리자로 묘사한다.

제54곡 합창

트럼펫과 팀파니가 강렬하게 울리는 빛나는 전주로 시작되어 대위법으로 진행하는 전곡 중 가장 웅장한 합창이다.

"주여 오만한 적이 득세할 때 우리들 굳은 신앙에 의해 당신의 힘과 도움을 구하게 하소서. 우리들은 그대 한 사람만 의지하려니 그리하여 우리들 적의 날카로운 손톱에 상처받지 않고 나아갈 수 있으리."

제55곡 서창(복음사가)

"이에 헤롯이 가만히 박사들을 불러 별이 나타난 때를 자세히 묻고

베들레헴으로 보내며 이르되 가서 아기에 대해 자세히 알아보고

찾거든 내게 고하여 나도 가서 그에게 경배하게 하라"(마 2:7~8).

제56곡 서창(소프라노)

"그대 위선자."

제57곡 아리아(소프라노)

오보에 전주와 대위법에 의한 감동적인 조주 위에 아름답게 노래하며 매

력적인 후주도 인상적이다.

"다만 그 손짓은 힘없는 사람을 쓰러뜨리도다.

여기서 모든 힘은 비웃도다.

최고인 자 적의 오만한 마음을 그치도록 말씀하시면

죽은 자라도 다시 생각을 고치지 않을 수 없으리니."

제58곡 서창(복음사가)

"박사들이 왕의 말을 듣고 갈세 동방에서 보던 그 별이 문득 앞서

인도하여 가다가 아기 있는 곳 위에 머물러 섰는지라.

저희가 별을 보고 가장 크게 기뻐하고 기뻐하더라.

집에 들어가 아기와 그 모친 마리아의 함께 있는 것을 보고

엎드려 아기께 경배하고 보배합을 열어

황금과 유향과 몰약을 예물로 드리니라"(마 2:9~11).

제59곡 코랄

요셉 클루그의 코랄 "지금은 바로 그 때"의 멜로디를 인용한 코랄이다.

"나는 이곳에 말 구유 앞에 섰도다. 오 어린 예수 나의 생명 나는 왔도다.

그대가 나에게 주신 것을 갖고 와서 바치도다. 바르소서 그것은 나의 마음, 가슴,

힘이로다. 모든 것을 받으시고 마음에 드시기를."

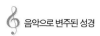

제60곡 서창(복음사가)

"꿈에 헤롯에게로 돌아가지 말라.

지시하심을 받아 다른 길로 고국에 돌아가니라"(마 2:12).

제61곡 서창(복음사가)

"가소서. 그는 우리를 사랑하고 내 마음은 그를 사랑하도다.

그대 예수 그대는 나의 벗 나 그대에게 바라노니 도와주소서."

제62곡 아리아(테너)

오보에 전주에 이끌리어 부르는 테너의 아리아이다.

"오만한 적아, 나를 위협할 수 있을지 몰라도 나에게 어떤 공포를 일으킬 수

있을 까? 나의 보석, 나를 지켜주는 이가 여기 내 곁에 계시네."

제63곡 서창

먼저 소프라노가 시작하여 테너로 이어지고 최후에 4성부로 불려진다.

소프라노: "지옥의 무서움은 아무 것도 아니다. 우리 예수의 손에 맡기면."

테   너: "세상과 죄는 우리에게 무슨 짓을 하랴. 우리 예수 손에 맡기면."

제64곡 코랄

환희에 넘치는 전주로 시작하여 1부 제5곡의 주제를 사용하여 노래하고

힘찬 후주로 전곡을 마무리한다.

"마음으로부터 나를 요구케 하라. 이제 그대들 그 적의 세력을 알아라.

죽음도 악마도 죄도 지옥도 아주 약해졌으니."

나는 알파와 오메가요 처음과 나중이요 시작과 끝이라(계 22:13)

성 베드로 성당의 돔, 바티칸, 로마

아기 예수를 바라보는 20개의 시선
Vingt Regards sur L'Enfant-Jesus : Olivier Messiaen

- 빛과 음의 스펙트럼이 만든 신학적 무지개

빛과 음의 향연

　책이나 영화 제목이 그럴듯하면 뭔가 다른 호기심이 발동되어 관심을 갖게 되듯이 음악도 마찬가지이다. 성악을 제외하고는 고전, 낭만주의 음악 대부분은 제목이 없는 절대음악이다. 여기에 후대 사람들이 제목을 붙여놓은 것이 마치 표제음악으로 여겨지고 있기는 하나, 표제음악은 낭만파 이후 근대, 현대 음악에 집중되어 있다. 이 중 그 표제의 특이함으로 인하여 나를 유혹한 작품이 바로 메시앙의 '아기 예수를 바라보는 20개의 시선' 이다. 거의 모든 종교음악이 성경을 텍스트로 한 성악이지만 이 곡은 특이하게도 피아노 곡이다. 나는 피아노 음악을 성악만큼 좋아라 하는지라 더욱 기대가 컸다. 그러나 이 곡을 처음 대하는 순간 지금까지 내가 들어 익히 알던 음악과는 전혀 다른 차원의 음악이란 걸 알았다. 드뷔시나 라벨만해도 그간 듣던 음악과는 좀 다르긴 했지만 그런대로 새롭고 신선한 매력이 있어서 거의 모든 곡을 섭렵했지만 메시앙의 음악을 처음 접할 때는 거의 충격적이었고, 이를 극복하기까지 오랜 시간이 지난 후, 아주 단순한 결론에 도달했다.

　음악은 들어서 그 자체로 즐거우면 되는 것이지, 더 이상 음악 외적으로 그 음악의 부수적인 정보를 얼마나 더 알고 모르고의 문제는 아니다. 그래서 가끔은 음악을 귀로 들어 즐겁고 그것이 가슴을 울려주던 초창기 시절로 돌아가 보는 것도 좋다. 음악 듣는 사람들도 난해하다는 메시앙의 음악에의 접근 방법은 의외로 간단하다. 그의 음악을 완벽하게 이해하기란 쉽지 않을 것이다. 차라리 음악을 전혀 모르는 사람 또는 어린이의 순수한 마음으로 들으면 오히려 이해가 더 쉬운 음악이 아닌가 싶다. 사실 메시앙 자신도 음악을 대하는 청자들에게 '이론적인 분석보다 청각의 처녀성'을 강조하며, 무한대의 상상을 덤으로 주고 있다.

메시앙의 음악은 종교적으로 가톨릭 신앙에 기저를 두고, 문화적으로 그리스의 행렬, 인도 힌두의 전통이 내재되어 있으며, 음악적으로 드뷔시의 선율, 쉰베르크의 음렬이론과 살아있는 새소리, 물, 심연 등과 같은 자연에 빛과 색채를 조화시킨 다양한 문화와 예술의 복합체이다. 메시앙이 자신의 음악에 대하여 "신학적인 무지개"라 표현하고 있음에 공감한다. 특히, 메시앙의 음악 중 '20개의 시선'을 듣고 있노라면 빛이 프리즘을 통과하여 파장의 길이에 따라 굴절 각의 차이에서 아름다운 무지개 빛 스펙트럼이 만들어지는 원리가 연상되곤 한다. 영감의 프리즘을 통과한 음의 스펙트럼이라고나 할까. 메시앙은 마굿간의 아기 예수를 바라보는 하나님, 성모 마리아, 천사들, 동방박사를 비롯한 20개의 시선을 가장 표현력이 풍부한 악기인 피아노로 무한한 음색과 들리지 않을 정도의 어림으로부터 하늘이 무너지는 듯 강한 음의 스펙트럼을 신비롭게 펼쳐놓고 있다. 러셀 셔먼이 그의 저서 『피아노 이야기』에서 "피아노를 아는 것은 우주를 아는 것이다. 피아노를 마스터하려면 우주를 마스터해야 한다. 피아노 소리의 스펙트럼은 모든 음악적 및 비음악적 소리를 걸러내는 프리즘 구실을 한다"라는 피아니스트다운 철학이 묻어나는 언급을 한 것은 메시앙의 이 곡에 더욱 유효하다.

유럽의 유명한 성당에 가면 누구나 화려한 제단화나 벽과 천정의 조각, 프레스코화에 감탄한다. 그러나 나는 햇빛에 비춰진 스테인드 글라스의 아름다운 그림과 오묘한 색에 눈이 더 머물게 된다. 이를 바라보고 있노라면 마치 '20개의 시선'이 들려오는 듯하며 빛과 음의 스펙트럼의 향연에 눈과 귀는 물론 마음의 문까지 열어 놓을 수 밖에 없다.

묵상과 영감의 어우러짐

메시앙(Messiaen, Oliver-Eugene-Proper-Charles, 1908.12.10~1992.4.28)은 1908년 프랑스 아비뇽에서 출생하여 파리음악원에서 공부하였으며 1936년(28세)에 살아있는 음악을 만들어 음악과 인간의 깊은 관계를 찾으려는 목적으로 작곡활동을 하는 '젊은 프랑스'를 결성하여 음악의 인간성 회복을 주장하며 신 고전주의와 대립된 모습을 보인다. 1942년 파리음악원 교수가 되어 『나의 음악어법』이라는 저서를 통해 현대 음악어법의 길잡이 역할을 하며 음악계에 큰 영향을 준다.

메시앙은 "나는 무엇보다도 먼저 가톨릭의 음악가입니다. 종교적인 것이든 그렇지 않은 것이든 간에 나의 작품은 모두가 신앙의 표현이요 그리스도의 신비를 찬양하고 있습니다. 나는 나의 신앙의 행위인 작곡에 있어서 신으로부터 떠나지 않는 온갖 제재(題材)의 음악을 작곡하고 싶습니다"라 고백하며 수많은 오르간 곡을 포함하여 종교를 주제로 한 곡을 많이 작곡했다. 메시앙의 신비스러운 울림은 중세음악과 새 소리와 같은 자연으로부터 영감을 받으며 교회에서 예배를 위한 음악이라기보다는 자신의 개인적인 신앙에 의한 말씀을 묵상하며 떠오른 영감을 음악으로 표현하는 방식이라고 볼 수 있다.

'아기 예수를 바라보는 20개의 시선'은 1944년 3월 23일부터 9월 8일까지 작곡한 것으로 표제의 신비성이 주는 바와 같이 각 시선을 상징하는 다채로운 곡상과 이를 표현하기 위한 다양한 연주 기교를 요하는 특이한 곡이다. 그 해『나의 음악어법』이라는 저서를 완성하며 이에 준하여 작곡한 메시앙 특유의 체계화된 기법이 최초로 나타나 있는 독특한 작품이다. 1945년 3월 26일 파리에서 샤를르 가보에와 그의 처 이본느 로리에에 의해 초연되었다.

메시앙은 이 곡의 서문에서 이렇게 설명하고 있다.

"외양간 속의 갓난 아기인 주와 그 위에 쏟아지는 많은 시선의 묵상, 그 시선들은 아버지이신 하나님의 말로 이루 다 표현할 수 없는 시선에서, 사랑의 교회의 몇 겹이나 겹친 시선에 이르기까지, 즐거움의 성령의 불가사의한 시선이며 성모의 이렇게도 상냥한 시선을 지나서, 그로부터 천사들의, 동방박사들의, 또 비물질적인 창조물이나 상징적인 창조물(시간, 높이, 침묵, 별, 십자가)의 시선을 거쳐 오는 것이다.

별과 십자가는 같은 주제에 의하고 있다. 그것은 전자는 예수님의 지상의 생애를 열고 후자는 그것을 닫기 때문이다.

'하나님의 주제'는 '아버지의 시선'과 '아들의 시선', '기뻐하는 성령의 시선', '그를 통하여 모든 것이 만들어졌다', '어린 아기 예수의 입맞춤' 속에 명료히 나타나 있다. 또 그것은 '성모의 첫 성체'(그녀 속에 예수가 존재한다) 속에도 있으며, 그리스도의 몸인 '사랑의 교회' 속에서 찬미된다. 나에게 영향을 준 새들, 종들, 나선, 종유석, 은하, 빛들의 노래, 그리고 돈 콜롬바 마르미옹의 성, 토마의 십자가의 성, 요한의 리쥐의 성, 테레지아의 서적 및 복음서와 기도문집에 대해서는 말해 두지 않겠다.

'화음의 주제'는 분산되고 혹은 무지개 모양으로 응집되어 곡에서 곡으로 순환한다. 또 리듬의 카논이나 다선법성 두 개의 의미로 확대된 비가역형의 리듬, 차차 속도를 늘리고 혹은 줄이는 음가, 비대칭적 증대, 음역의 변화 등에 주의하기 바란다. 피아노의 서법에는 대단한 탐구가 되어 있다. 역 아르페지오나 공명이나 갖가지 어려운 패시지 등이 그것이다. 돈 콜롬바 마르미옹(신비 속의 그리스도)은 또 그 뒤에 모리스 토니스카(12개의 시선)는 양치기들, 천사들, 성모, 하늘이신 아버지의 시선에 대해 말하고 있다.

나는 같은 이데아(idea)를 단지 조금만 틀린 방식으로 다루고, 거기에 16개의 새로운 시선을 덧붙였다. 여기서 나는 앞에 쓴 곡에 있어서 보다도 훨씬 많이 신비적인 사랑의 어법 — 다양하고 힘참과 동시에 상냥하며, 때로는 새롭고 다채로운 처방 에 의한 사랑의 어법을 구했던 것이다."

 ## 곡의 구성

　모두 표제가 붙은 곡으로 각 곡마다 어린 예수님을 보는 여러 가지 상황에서의 시선을 깊이 묵상하며 회화적인 영감을 글로 설명하고 또 음악으로 묘사하고 있다. 메시앙의 서문과 같이 전곡은 모두 네 개의 주된 주제 — 하나님의 주제, 신비적인 사랑의 주제, 별의 주제와 십자가의 주제, 그리고 화음의 주제—가 순환되고 있다.

　또한 20곡이나 되는 곡의 배열에 있어서도 곡의 종교적이며 수학적인 의미를 섬세하게 부여하고 있다. 제1곡의 '아버지의 시선'은 성부를, 제5곡 '아들의 시선'은 성자를, 제10곡 '기뻐하는 성령의 시선'은 성령을 상징하며 수열을 적용하고 있다. 여기에 제20곡 '보이지 않는 하나님의 현현'을 기본 골격으로 하고 그 사이에 중요한 성경의 숫자적 의미를 염두에 두고 제6곡 '그를 통하여 모든 것이 만들어졌다'는 창조를 의미하는 숫자 6을 상징하고 있으며, 십자가의 사건을 표현한 '십자가의 시선'을 제7곡에 둠으로 성경에서 말하는 완전수인 7과 매치시키고, 7의 두 배인 제14곡에 '천사들의 시선'을 놓아 예수님 사역의 완성에 영광을 돌리는 천사들이 노래하고 있다.

제1곡 아버지의 시선

　"신의 주제에 의한 완전한 프레이즈, 그리고 하나님은 말씀하셨다.

　나의 가장 사랑하는 아들 속에서 나는 나의 기쁨의 모든 것을 찾아낸다."

제2곡 별의 시선

　별의 십자가의 주제

"은총의 충격 별은 무심히 빛난다. 그 위에 십자가가 있다."

제3곡 변신

신성과 인간성의 공포의 교류

"우리들을 신의 것으로 하기 위해 하나님께서는 인간이 되신다."

제4곡 마리아의 시선

'순결의 주제' 가 상냥하고 소박하게 연주된다. 곡 중 새 소리가 들린다.

"순결한 여성. 마그니피카트(마리아의 찬미)의 여성

성모는 그녀의 어린 아기를 바라본다."

제5곡 아들의 시선

"신비, 밤의 광명 즐거움의 좌절, 침묵의 새들 인간성 속의 말씀의 위치

예수 그리스도에 있어서의 신성과 인성의 결혼."

제6곡 그를 통하여 모든 것이 만들어졌다

"거기서 말씀으로 모든 것은 이루어졌다.

일순 창조는 우리들에게 그 목소리 빛나서 비추는 그림자를 연다."

제7곡 십자가의 시선

별과 십자가의 주제

"십자가가 그에게 말한다. 그대는 내 팔 속에서 사제가 될 것이다."

제8곡 하늘의 시선

"높은 하늘의 영광 높은 하늘은 종달새의 노래처럼 외양간 위에 내려온다.

새들의 노래 꾀꼬리, 검은 개똥쥐바퀴, 빨간 방울새, 강방울새, 검은 방울새,

종달새."

제9곡 시간이 바라보는 시선

"시간은 그 속에 영원한 자가 태어나는 것을 본다."

제10곡 기뻐하는 성령의 시선

"영광적인 춤, 뿔피리의 도취적인 가락

성령의 격정 예수 그리스도의 영에 있어서의 행복한 신의 사랑의 기쁨

나는 언제나 신은 행복하다고 하는 이 사실에 놀랐다."

제11곡 성모의 첫 성체 배수

'밤 무릎 꿇고 앉아서 명상에 잠겨 있는 성모의 모습

빛나는 광륜이 그의 태를 덮는다.

눈을 감고 그녀는 자신의 속에 숨겨있는 과실을 우러러 존경한다."

제12곡 전능하신 말씀

"이 어린 아기야말로

그 말씀의 힘으로 모든 사물을 떠받치는 바의 말씀이다."

제13곡 크리스마스

"성탄의 종이 우리들과 함께

예수, 마리아, 요셉의 상냥한 이름을 부른다."

제14곡 천사들의 시선

"그대를 섬기는 자들은 불꽃으로 되어 있는 것이다.

그로부터 푸른색을 삼켜 버린 새들의 노래

그리고 천사들의 놀라움은 점점 커진다.

왜냐하면 하나님께서 일치시키신 것은

그들과는 아니었고 인자의 핏줄기였으므로."

제15곡 아기 예수님의 입맞춤

"성체배령(聖體拜領) 때마다 어린 아기 예수는 우리들과 함께

문 옆에서 잠잔다. 그리고 그는 마당 쪽으로 문 열고

빛남에 넘쳐 우리들을 끼어 안기 위해 달려 온다."

제16곡 예언자들, 양치기들과 박사들의 시선

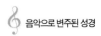 음악으로 변주된 성경

탐탐풍의 울림과 함께 이국적인 음악이 예언자를 나타내고, 오보에풍의 패시지가 양치기를, 당나귀 타고 다가오는 세 박사의 모습을 나타낸다.

제17곡 침묵의 시선

"외양간의 모든 침묵이 예수 그리스도의 신비인 음악과 색을 나타낸다."

제18곡 두려운 감동의 시선

"말씀은 하나의 인성을 짊어지셨다.

두려운 권위에 의해서 예수는 살을 택하셨다.

어떤 낡은 벽포(壁布)는 말을 탄 그리스도의 고삐 밑에서

싸우는 하나님의 말씀을 나타내고 있다.

거기에는 빛의 한 가운데서 그가 내리치고 있는

칼의 쇠 테 위에 두 개의 손이 보일 뿐이다."

제19곡 나는 잠들어 있으나, 나의 혼은 깨어나 있도다

"미소 짓고 있는 사람은 한 활의 천사는 아니다.

우리들을 그 일요일에 사랑하고

우리에게 용서를 주시는 분은 예수인 것이다."

제20곡 사랑의 교회의 시선

"은총의 덕분에 우리들은 신이 스스로를 사랑하듯이

신을 사랑하게 되었다.

밤의 다발이 지난 뒤 고뇌의 나선 뒤에

지금 여기에 종이, 영광이, 사랑의 입맞춤이 있다.

우리 팔의 모든 열정은 눈에 보이지 않는 것의 주위에 있다."

애굽에서 내 아들을 불렀다 함을 이루려 하심이라 (마 2:15)

조토(GIOTTO di Bondone, 1267~1337) : 〈예수의 생애〉 중 '이집트로의 피신', 스크로베니 성당, 파두아

그리스도의 어린 시절
L'Enfance du Christ op.25 : Louis Hector Berlioz

－문학적 상상력과 史實의 음악적 만남

선지자의 예언 성취

'그리스도의 어린 시절'은 마태복음 2장의 헤롯 왕의 유아 대학살과 예수님 가족의 이집트 피난을 소재로 하고 있다. 당시 유대 지역을 다스리던 이방인인 헤롯 왕은 왕좌에 대한 불안으로 아내와 두 아들을 죽여가며 이를 지키기에 급급하던 중 예수님의 탄생 소식을 듣게 된다. 악몽을 꾸며 아기 예수가 자신의 황금 왕관을 빼앗을 것에 대한 걱정과 두려움이 시작된다. 이는 그 당시 많은 사람과 예수님의 제자들조차 그의 왕 되심에 대한 오해에서 비롯된 것이다. 정치적 압제에서 해방시켜 줄 구세주, 빵의 문제를 해결해 주고 질병의 고통에서 놓여나게 해 줄 메시아를 기대하던 그들, 천국 신앙을 상실하고 현세 기복(祈福)에 매달린 오늘을 사는 우리도 종종 똑같은 딜레마에 빠짐을 본다. 헤롯 왕은 원인을 제거하기 위하여 아기 예수님을 죽이려 했던 것이다. 이를 피해 예수님의 가족은 애굽으로 피신하게 된다. 그러나 헤롯 왕의 명에 의하여 베들레헴에 살고 있는 두 살 아래 모든 사내 아이들은 죽음을 당하게 된다.

헤롯 왕이 죽자 주의 사자가 다시 요셉의 꿈에 나타나 이스라엘로 돌아가라 이르므로 예수님의 가족은 애굽에서의 도피생활을 마치고 갈릴리 지방의 나사렛이란 작은 마을로 돌아오게 된다. 이와 같은 재출애굽을 통하여 구약의 선지자의 예언을 성취하고 있으며, 이는 메시아로 오셔서 우리를 죄에서 구원하실 예수 그리스도와 앞으로 닥칠 예수님의 고난과 십자가의 죽음이 실현될 것을 암시하고 있다.

이방인으로서 이스라엘을 다스리던 헤롯 왕조는 예수님의 탄생부터 그의 목숨을 노리기 시작하여 결국 예수님을 십자가에 못박았고 이도 모자라 그를 따르던 사도들에게도 온갖 박해와 순교를 강요했다. 이렇게 100년간 여섯 명의 왕이 이어져 내려오던 헤롯 왕조의 권세는 헤롯 아그립바 2세를 끝으로 쇠하게 되지만, 예수님의 부활과 영생, 사도들에 의한 초대교회의 설립과 그리스도교가 이방으로 전파되어 부흥하는 하나님의 나라는 지금까지 아니 앞으로도 영원할 것이라 생각되니 역사의 참 주인이 누구인가는 이미 명백히 드러났다.

예수님의 어린 시절의 이야기에 대한 기록은 많지 않다. 열두 살 때 유월절에 예루살렘으로 성지 순례를 가게 되는데 그곳에서 3일간 행방불명 되었다가 랍비들 가운데서 찾게 된다. 이를 걱정하는 마리아에 대하여 다음과 같이 분명히 말씀하므로 자신의 존재를 확실히 나타내고 계신다.

"예수께서 가라사대 어찌하여 나를 찾으셨나이까 내가 내 아버지 집에 있어야 될 줄을 알지 못하셨나이까 하시니"(눅 2:49).

"아기가 자라며 강하여지고 지혜가 충족하며 하나님의 은혜가 그 위에 있더라"(눅 2:40).

이후 18년 동안 예수님은 나사렛에서 집 지붕을 고치고 농부의 수레를 수선해주며 목수일을 도우면서 하늘의 아버지에 대한 순종이요 지상의 부모에 대한 순종, 또한 사람들에 대한 순종과 섬김의 삶에 충실하며 하나님 아버지의 때를 기다리게 된다.

우리의 죄를 사하기 위한 제물로 택하여진 예수님은 그의 인성(人性)의 가치가 최고에 달하는 시점에 하늘에 계신 아버지께 가장 완벽한 화목제로 드리어지고자 했을 것이다. 결국 예수 그리스도의 어린 시절은 이를 예비하는 소중한 시간이었을 것이다.

유쾌한 예술적 일탈(逸脫)

'그리스도의 어린 시절'은 베를리오즈(Louis Hector Berlioz, 1803.12.11~
1869.3.8) 특유의 과장되고 지나치게 극적인 성향과 대조적으로 전체적으로 고상
하고 소박하며, 경건함을 느낄 수 있다. 특히 곡 전반에 흐르는 목가적이며 동방
풍이 물씬 풍기는 음악과 프랑스어 가사가 이루는 뉘앙스는 주로 라틴어와 독일
어 가사로 되어있는 대부분의 종교음악에서 느낄 수 없는 매력적이고 독특한 분
위기를 자아내고 있다.

이 곡은 1849년 테 데움의 완성 직후 착수하여 이듬해 2부에 해당하는 '성 가
족과 목동들의 이별'을 먼저 완성하여 가공의 인물인 17세기 파리의 어느 교회
성가대장의 작품으로 공연하여 호평을 받자, 1·3부를 추가하여 1854년 전곡을
완성하였고, 그 해 12월 10일 파리의 생 엘즈에서 자신의 지휘로 전곡을 초연하여
절찬을 받았다. 베를리오즈는 '성 3부극'이라 명명하였으나 지금은 극으로 공연
되지 않기에 '오라토리오'의 형식으로 연주되고 있다.

문학적인 재능이 뛰어난 베를리오즈는 픽션을 가미한 대본을 자신이 직접 만
들어 성 가족의 이집트 도피 생활을 그리고 있다. 목동들과 이별하고 이집트로의
도피 과정을 그리는데, 긴박한 상황을 뒤로하고 오히려 마리아가 미리암처럼 노
래를 부르며, 천사들의 인도로 애굽에 이르는 장면을 아름답게 표현하고 있다.
애굽의 사이스에 도착한 성 가족은 고생 끝에 이스마엘이란 이방인의 집에 머물
게 되어 그의 도움으로 평화로운 휴식의 시간을 갖는 것으로 마무리하고 있다.

아마도 베를리오즈는 이 곡을 통하여 앞으로 당할 예수님의 엄청난 고난의 시
간에 앞서 이 땅에서 가장 평화로운 가족애를 느낄 수 있는 안식의 시간을 마련해

주고 싶었는지도 모르겠다. 이는 문학적 상상력을 동원한 성 가족에 대한 예술적 배려가 아닐까?

 ## 곡의 구성

[1부] 헤롯 왕의 꿈

나레이션

예수님의 탄생과 사람들이 메시아를 기다리고 있었음과 그 때 유대의 왕에게 무서운 죄를 범하게 된다.

Scene 1 ― 밤의 행진

유대의 로마 군대장과 순찰대장 폴리도루스의 대화로 유대왕 헤롯이 악몽에 시달려 부들부들 떨며 모두를 모반자로 생각하고 있다고 비웃는다.

Scene 2 ― 헤롯의 아리아

"날마다 이 꿈, 또 나타나는 어린 아이

나를 왕좌로부터 내쫓으려는 이 어린 아기

오 왕의 비참함이여 나의 상처 입은 가슴에 잠시라도 평안을 주소서."

Scene 3 ― 헤롯과 폴리도루스

갑자기 폴리도루스가 들어오자 헤롯 왕은 엉겁결에 칼을 뽑아 방어자세를 취하는데, 폴리도루스는 정중하게 왕의 명령에 따라 유대의 예언자들이 모여있다고 얘기한다.

Scene 4 ― 헤롯 왕과 예언자들

예언자: "무엇을 바라는가"

헤롯왕: "밤마다 자신을 괴롭히는 꿈에서

한 어린 아이가 왕위를 빼앗으려 하고 있다."

예언자들에 의한 유대 신비 철학의 강마(降魔) 이야기로 악마를 물리치
는 의식을 거행한다.

예언자: "새로이 태어나는 어린 아기가 왕좌를 빼앗으려 하니

예루살렘, 나사렛, 베들레헴에서 태어난

갓난 아기는 모두 죽이도록 하라."

헤롯왕: "그렇다면 좋다. 칼로써 그들을 모두 죽이리라.

어미들이 미친듯이 외치며 울어도 피로 이루어지는 강이 생길 것이다."

예언자: "옳습니다. 망설이지 마십시오."

Secen 5 — 베들레헴의 말구유에서 마리아와 요셉의 이중창

"하나님의 아들에게 축복 있으라."

Scene 6 — 천사들의 합창

합창: "요셉과 마리아여 큰 재앙이 임하고 있다.

오늘밤 이 곳을 떠나 이집트의 사막으로 피하라."

마리아와 요셉: "서둘러 준비하자."

[2부] 이집트로의 도피

Scene 1 — 서곡

부제 '목동들이 베들레헴 마구간으로 모여든다'

Scene 2 — 성 가족과 목동들의 이별

Scene 3 — 성 가족의 휴식

나레이터: "나그네들은 경치가 아름다운 곳에 도착했다.

그곳은 숲이 우거지고 깨끗한 샘물이 흐르고 있었다."

천 사 들: "할렐루야, 할렐루야."

 음악으로 변주된 성경

[3부] 사이스에의 도착

　　나레이터는 성 가족의 사이스 도착을 알린다. 사이스는 유대 사람에게 적의가 가득한 거리다. 사이스 거리에는 오만방자한 눈매를 가진 무자비한 자들이 넘치고 있다.

Scene 1 — 사이스 거리에서 : 마리아와 요셉의 이중창

마 리 아: "이젠 별수 없이 죽고 마는가 보다."

요　　셉: "어느 집 문을 두드리며 문 좀 열어 주세요.

　　　　　유대 땅에서 여기까지 걸어서 왔습니다. 좀 쉬게 해 주십시오."

남성합창: "저리 가라 이 천한 히브리인들아."

요　　셉: "저 단풍나무 숲 속 외딴집이 한 채 있다."

마리아, 요셉: "어떻게 좀 구해주소서. 쉬게 해 주소서."

이스마엘의 아비: "어서 들어오십시오. 이 무슨 처참한 꼴일까."

Scene 2 — 이스마엘의 집안

아비가 성 가족의 이름과 직업을 묻고 이에 요셉이 답하고, 합창이 어린 아기의 앞날을 축복한다. 2개의 플루트와 하프를 위한 3중주가 젊은 이스마엘에 의해 연주된다.

이스마엘의 아비: "편히 주무십시오.

　　　　　　　　　이젠 걱정 할 필요 없습니다."

마리아, 요셉: "감사합니다 상냥한 아비여".

합창: "편히 쉬세요. 착한 아버지.

　　　사랑스런 어린 아이.

　　　상냥한 어머니."

Scene 3 — 에필로그

나레이터: "이와 같이 한 사람의 이교도에 의해

그리스도 예수는 살아나게 되었다.

우리에게 천국을 주시는 오직 하나의

지엄하시고 깨끗한 사랑으로 너희를 채우리."

천사들의 합창: "아멘. 아멘."

땀이 땅에 떨어지는 핏 방울 같이 되더라(눅 22:44)

엘 그레코(티 Greco, 1541~1614) : 〈겟세마네동산의 번민〉, 1600~05, 산타 마리아 교회, 안두야

감람산 위의 그리스도
Christus am Oelberg op.85 : Ludwig Van Beethoven

– 겟세마네 동산에 동행한 고통

주님의 지팡이로 지켜 준 하일리겐슈타트의 유서

베토벤(Ludwig van Beethoven, 1770.12.17~1827.3.26)은 독일 본에서 궁정악단의 테너 가수였던 아버지 밑에서 태어났다. 그의 음악적 재능을 발견한 술주정뱅이 아버지는 모차르트와 같은 신동으로 만들기 위하여 자고 있는 아들을 깨워 피아노를 가르친다. 10살 때 본 궁정의 오르가니스트 네페로부터 천재성을 인정받아 작곡의 기초를 배운다. 17세 때 모차르트 앞에서 즉흥 연주로 찬사를 받게 되며 1792년(22세) 베토벤의 천재성을 인정한 후원자 발트슈타인 백작은 "부단한 근면으로 모차르트의 정신을 하이든으로부터 받으시오"라는 당부와 후원으로 빈에서 유학 생활을 하게 된다.

1795년(25세)부터 피아노 소나타를 시작으로 작곡가로서 길을 걷게 된다. 그러나 그 때부터 청각에 이상이 생기기 시작하는 시기였다. 31세 때인 1801년에는 자신의 난청을 친구에게 공개한 서한에서 "나는 자연과 조물주로부터의 부당한 대우로 몹시 불행하게도 나의 가장 중요한 부분인 청각이 엉망이 되어버렸네"라고 밝히고 있다. 이듬해인 1802년 하일리겐슈티트에서 자신의 운명을 고백하는 비통한 마음으로 동생들에게 유서를 쓰게 된다.

나의 아우 카를과 요한 베토벤에게

"(전략) 나의 곁에 있는 사람이 내가 들을 수 없는 피리 소리를 들을 수 있는데 나에게는 들리지 않고, 사람들에겐 목동의 노래가 들리는데 내게는 들리지 않는 것은 무엇보다도 굴욕적이다. 이러한 일들이 나를 절망의 구덩이에 몰아넣고 있을 때 나는 자칫 목숨을 끊을 뻔하였다. 그러나 예술만이 나를 말렸다. 아! 나는 나에게 책임이 맡겨졌다고 느끼는 모든 일을 끝내기까지는 세상을 등지는 일이 불가능하다고 생각했다. 그래서 이런 비참한 생활을 — 아주 작은 변화만으로도 나를 최선의 상태에서 최악의 상태로 몰아 내버리는 참으로 비참한 생활을! — 견뎌온 것이다. 인내, 그렇게들 말한다. 나는 인내를 길 안내자로 선택하지 않으면 안 된다. 나는 그렇게 살아왔다. 나는 생명의 실을 끊는 무정한 운명의 신의 뜻을 맞기까지 참으려는 결심이 확고하기 바란다. 이러한 결심에 변화가 있을지도 모르고 없을지도 모른다. 나는 최악의 준비를 하고 있다. 28세의 젊음으로 나는 철학자가 되지 않을 수 없다. 이것은 쉬운 일이 아니다. 예술가로서는 어느 누구보다도 어렵다.

오! 신이여, 나의 불행을 살피소서. 당신은 나의 불행이 동포애와 착한 일을 하는 기질을 길 동무로 하고 있음을 알고 있습니다.

오! 사람들이여, 이 유서를 읽을 당신네들이 나에게 옳지 않았음을 생각하고, 이 불행한 자가 자연의 모든 방해를 받았음에도 불구하고 선택된 예술가 및 선택된 사람들의 줄에 끼기 위하여 전력을 다한 사람임을 발견하고 위로하여 주시기를. (중략) 나의 음악적 능력을 다 발휘할 기회가 오기 전에 죽음에 이르면 나는 기꺼이 죽음을 맞으리라. 운명은 어떠하든 오는 것이 이르리라. 다만 더 천천히 왔으면 싶기도 하다. 그렇더라도 나는 만족한다. 한없는 고통의 상태로부터 구함을 받기 때문이다. 죽음은 오고 싶을 때 오는 것이 좋다. 용감히 맞으리라. 잘 있거라 죽은 후에도 잊지 말아다오. 나는 너희들이 추억할 만한 가치가 있는 인물이다. 살아오는 동안 행복하게 하려고 몇 번이나 생각했으니까 언제까지나 행복하게 살아다오."

1802년 10월 6일 하일리겐슈타트에서

루드비히 반 베토벤

철학자 칸트가 "유서는 가장 불행한 기록이고 또 가장 효력 있는 기록이다"라고 말했듯이 이 유서는 베토벤이 가장 절망적인 순간에 자신의 심경과 강한 의지를 고백하고 있다. 음악가로서의 굴욕적이고 비참한 심정과 한편으로 누를 길 없는 음악에 대한 열정과 사명감을 진솔하게 토로하며 새로운 의지를 다지고 있음을 알 수 있다. 이토록 깊은 절망의 늪에 빠져 고뇌하던 베토벤은 하일리겐슈타트의 칼렌베르크 언덕의 포도밭과 그 아래로 흐르는 시냇물을 거닐며 아름다운 자연 환경속에서 깊이 기도하면서 하나님을 만난 것은 아닐까?

"내가 사망의 음침한 골짜기로 다닐찌라도 해를 두려워하지 않을 것은 주께서 나와 함께 하심이라 주의 지팡이와 막대기가 나를 안위하시나이다"(시 23:4).

성령의 도우심으로 사망의 음침한 골짜기에서 새 생명을 얻은 베토벤은 "죽음이 닥쳐 올 때까지 신이 부여한 사명에 따라 인류를 위해 창작하겠다"는 것이다. 즉, 신께서 자신에게 내려준 음악적 재능을 스스로 저버릴 수 없다는 결론에 도달하고 자신의 인생에서 큰 전환점이 되는 계기가 된 것이다.

로망 롤랑이 "영웅이란 오랜 세월 초인적인 분투와 노력으로 고난을 극복하고 인류에게 용기와 위안을 주는 사람이다. 그런 의미에서 베토벤이야말로 영웅의 대열에서 맨 앞에 설 수 있는 사람이다"라 말한 것과 같이 베토벤은 지난날의 자신을 장사 지내고 새로운 삶을 향해서 출발의 의지를 다진다.

첫째, 하나님으로부터 선택된 예술가로서 자신을 억누르던 청각 장애를 극복

음악으로 변주된 성경

하고 최선을 다하겠다.

둘째, 새로운 음악에의 도전 의지를 불태운다.

하이든, 모차르트의 영향력에서 탈피하여 완전한 자신의 음악을 표현하는 즉, 여러 형식에서 그 형식을 대표하는 주옥같은 명곡을 쏟아내는 중기의 작곡 생활이 시작된다.

구원 받은 인생의 새로운 음악의 축복

베토벤은 하일리겐슈타트의 유서에서 밝혔듯이 자신의 처지와, 아무 죄 없이 우리 죄를 대신하여 십자가에서 피 흘리고 죽게 됨을 아시면서도 담대하게 끌려가는 예수님의 고난에 동참하는 마음으로 또 한편으로 구원 받은 자신의 인생과 새로운 음악이라는 큰 은혜의 축복을 받게 되어 성악으로 된 첫 종교음악인 '감람산 위의 그리스도'를 구상하게 된다. 또한 이 곡은 자신의 음악의 정신적인 지주인 헨델과 하이든에 대한 깊은 애정을 바탕으로 늘 자신이 최종적으로 도달해야 할 목표라고 생각하고 있던 제9교향곡 '합창'과 최후의 종교음악인 '장엄미사(작품123번)'를 향하여 나아가는 시발점이자 원동력이라 생각한 것이다. 마침 시인인 프란츠 크사버 후버(Franz Xaver Huber)도 베토벤의 이와 같은 구상에 동의하여 큰 관심을 나타내고 대본을 쓰게 된다.

'감람산 위의 그리스도'의 주제는 제자들과 감람산으로 올라간 예수님이 겟세마네 동산으로 올라가 마지막으로 하나님께 기도 드릴 때 그를 배반한 가룟 유다의 인도를 받고 들이닥친 대제사장과 장로들이 보낸 병사들에게 체포되는 상황을 기술한 복음서의 단지 몇 절밖에 되지 않는 지극히 짧은 내용이다. 그러나 후버는 이 주제를 그리스도의 구속사를 바탕으로 한 詩的 감각을 발휘하여 예수, 천사(세라핌), 베드로 및 병사들과 군중들의 내면의 심리를 절묘하게 극적으로 표현한 대본을 완성하였다. 그 대본과 베토벤의 음악은 한결같이 그리스도의 사랑과 하나님의 위대한 승리를 위해서, 그리고 악마의 힘을 극복하기 위해서 예수의 고난과 희생이 수반되어야 한다는 철저한 신앙고백에 기반을 두고 있다. 이곡의 마지막 부분에서 예수님은 이렇게 말하고 천사는 '할렐루야 아멘' 으로 찬양한다.

예수 : 나의 고통 사라지고 너를 죄에서 구하리

　　　너는 사망의 권세 이겨 영원히 나와 함께 살리라

합창(천사) : 할렐루야 할렐루야 존귀하신 주 예수 할렐루야

　　　　　주께 영광 있으라 찬양하자

　　　　　전능하신 우리 주 하나님께

　　　　　다 소리 합하여 주 찬양 드리자

　　　　　주께 영광 돌리세 영원히 주 찬양

　　　　　할렐루야 아멘

　　대본을 받아 든 베토벤은 솟아오르는 음악적 영감으로 '감람산 위의 그리스도' 를 14일 만에 작곡했다고 고백하고 있다. 1803년 4월 5일 빈의 황실 극장에서 교향곡 1번, 2번과 피아노 협주곡 3번 그리고 오라토리오 '감람산 위의 그리스도' 가 연주될 예정이었다. 당시 빈 자이퉁(zeitung) 지(紙)는 베토벤의 신작 연주회 소식을 전하면서 동시 발표될 다른 곡들에 대해서는 언급하지 않고 오직 '감람산 위의 그리스도' 에만 관심을 보였다. 결과적으로 나머지 3곡은 관심을 끌지 못하였고 '감람산 위의 그리스도' 만이 큰 갈채를 받았다. 당시로서는 거의 획기적이라고 할 만큼 스케일이 큰 관현악의 울림과 대규모의 합창이 동원되고 변화무쌍한 강약과 빠르기로 긴장감을 더해 주는 혁신적인 스타일의 작품으로 평론가들의 특별한 관심을 보였다. 이 곡은 그 해에 네 번이나 재연되었고, 이듬해엔 다섯 번이나 연주되는 큰 관심을 보였다.

베토벤은 어릴 적부터 어려운 가정 환경이라는 현실적인 운명과 음악가에게 있어서 청각 장애라는 치명적인 신체적 운명에 대해 이를 극복하려는 저항 의식이 강했다. 즉, 운명에 대한 반항, 투쟁, 승리의 찬가를 울리는 불굴의 정신을 가졌다. 그리고 늘 자신과 작품에 대하여 반성하고 개선하는 자세로 일관하고 있다. 따라서 베토벤의 작품은 후기로 갈수록 점점 더 훌륭해지는 것을 볼 수 있다. 베토벤에 이르러 하이든과 모차르트를 이어 고전주의 음악이 최고의 수준으로 확고하게 완성되고 새로운 음악 조류인 낭만주의 음악의 문이 열리게 된다.

하일리겐슈타트는 베토벤에게 있어서의 겟세마네 동산이다. 하나님께서 예수님의 잔을 거두지 않으셨으나, 베토벤의 잔은 그대로 지나치게 하셨다. 즉, 동일한 절박한 상황에서 예수님은 하나님 뜻에 따라 자신을 희생하므로 우리를 구원하셨고, 베토벤은 하나님께서 내리신 재능과 새로운 사명에 따라 자신의 피와 살을 깎으며 다시금 창작의 불을 당기게 된 것이다. 결과적으로 부활하고 영생하신 예수님 같이 지금 우리들에게 길이 빛나는 최고의 음악 유산을 남겨 준 베토벤은 자신이 말한 대로 '추억할 만한 가치가 있는 인물'로 인류 역사가 지속되는 한, 인간의 영혼을 울리는 음악으로 부활할 것이다.

 곡의 구성

예수님은 자신의 운명을 예견하시고 예루살렘 근교에 있는 감람산의 겟세마네 동산으로 올라가 마지막으로 하나님께 기도드릴 때 그를 배반한 가룟 유다의 인도를 받고 들이닥친 대제사장과 장로들이 보낸 병사들에게 체포되는 상황에서 예수(테너), 천사 세라핌(소프라노), 사도 베드로(베이스) 및 병사들과 군중들의 심리를 극적으로 묘사한 관현악에 의한 서주가 달린 6곡의 독창과 혼성 4부 합창 그리고 관현악의 편성으로 이루어져 있다.

제1곡 ― 서주, 테너 아리아(예수의 기원)

제2곡 ― 소프라노 서창, 아리아(천사 세라핌과 천사들의 노래)

제3곡 ― 테너, 소프라노 서창, 아리아 & 듀엣 (예수와 세라핌의 노래)

제4곡 ― 테너 서창, 남성 3부합창(예수의 결심과 병사들의 노래)

제5곡 ― 테너 서창, 남성 합창(예수, 제자, 병사의 노래)

제6곡 ― 서창, 3중창 합창(베드로, 예수, 천사들의 합창)

제1곡 서주와 아리아(테너, 예수) ― 예수의 기도

　　　서주는 바순, 혼, 트럼본이 연주하는 구슬픈 아다지오로 비극의 시작을 암

　　　시하며 시작된다.

예 수: 여호와 내 아버지 내게 위로와 힘 주소서.

　　　내 슬픈 마음 위로해 주옵소서.

　　　당신 말씀 따라 어지러운 저 세상에 나 내려가리다.

　　　들리네 주의 천사 노래 소리 저 죄인 위해

　　　세상에 내려가 십자가 지라 하셨네.

　　　오 아버지 내 간구 들으소서 할 수만 있다면

　　　이 잔을 내게서 옮겨주소서.

　　　세상 죄 속하려 무거운 짐을 지라 하시오니

　　　나는 당신 아들 아니옵니까?

　　　아 보소서 이 두려움 이 불안함

　　　내 맘 사로잡아 날 슬프게 하니

　　　나의 아버지 오 보소서 긍휼히 여겨 주옵소서.

　　　나의 영혼 이 괴롬 감당하기 어려우니 돌아보소서.

　　　이 쓴 잔을 지나가게 하소서.

마음 떨리고 슬픔이 다가와 내 맘에 덮이니

나의 얼굴에 흐르는 땀이 피로 변해 흐릅니다.

아버지 간절히 비오니 기도 들어 주소서.

아버지 천지 만든 창조주여 오 니를 구해주소서.

슬픔에서 건져 주소서.

나의 영혼이 이 괴롬 감당할 수 없으니

돌보아 주소서 나를 구원하여 주소서.

제2곡 서창(소프라노), 아리아(천사 세라핌과 천사들의 노래)

천 사: 하나님 아들 세상에 오셨네 그 얼굴 슬픔 넘치네.

너의 죄를 지시려 세상에 내려오셨네.

오 귀하다 사람 위해 고난 받으시고 죽으신 구주

죽은 자 가운데서 영원히 다시 살리.

찬양하라 우리 구원하심 찬양하라 그 은혜

이 죄인 사랑하사 십자가 지고 우리 죄 위하여 피 흘리셨네.

이 소식 기쁘게 전하라 네 마음에 참 믿음 참 소망 참 사랑

그 사랑 안에 살면 우리 주가 참 소망 주시리라.

그러나 주 믿지 않고 보혈 흘리심을 모독한 자들에게

주 하나님 저주 있으리.

합창: 오 구주 찬양하라 한 소리 높여 기쁘게 찬양

오 감사해 우리 구원했네.

네 마음에 참 사랑함과 믿음 소망 가지라.

그러나 주 믿지 않고 보혈 흘리심을 모독한 자 정의의 심판 받으리라.

다 찬양 네 마음에 믿음과 소망 또 사랑 가지고 영원히 찬양해.

제3곡 서창(테너, 소프라노)과 2중창(예수와 세라핌의 노래)

예 수: 전하라 천사여 아버지 가엾은 아들 돌보시사 죽음 면케 하옵소서.

천 사: 여호와 말씀이 불쌍한 저들을 완전히 죄악에서 구원하라.

　　　오래 전부터 저들 기다렸도다 참 구원과 영원한 생명 내리기를.

2중창: 오 한없이 무거운 마음 그러나 오직 아버지 크신 뜻을 따르겠나이다.

　　　비록 내게 고난 다가와도 아담의 자손 원망치 않으리라.

천 사: 주의 말씀 거룩하시도다.

　　　자비한 주님 그 죽음 헛되지 않으리라.

　　　내 마음 떨리네 네 마음 깊은 곳에 밀려오는.

　　　말할 수 없는 이 슬픔이여 어찌하리.

2중창: 내 마음에 불안 공포 크다 해도 하나님의 손 지켜주시리.

　　　크고도 넓은 것이 나의 사랑 온 세계가 내 품에 있도다.

제4곡 아리아(테너)와 남성3부 합창 — 예수의 결심과 병사들의 노래

예 수: 오라 죽음이여 사람을 위해 십자가 지고 피 흘리리.

　　　오 저들의 차디찬 무덤에서 깊이 잠자던 불쌍한 자들

　　　오 기뻐하며 영생 얻으리라.

병 사: 우린 주님 보았네 감람산 언덕에서

　　　피할 수 있으나 주는 끝내 피하지 않고서

　　　심판만 기다리네. 하나님 심판 바라네.

제5곡 서창(테너)과 남성 합창(예수, 제자, 병사의 노래)

예 수: 오 나는 이제 아버지 곁을 떠나겠네.

　　　아버지 오 괴롭고 슬픈 이 시간 빨리 가게 하소서.

 음악으로 변주된 성경

하늘의 폭풍과 같이 빨리 지나게 돌보아 주소서.

그러나 내 뜻대로 마시고 아버지 뜻대로 하옵소서.

병 사: 놀라워 이 자가 말하기를

내가 유대인의 왕이라 하였도다. 곧 잡아 가두세.

제 자: 무슨 일이 일어났나 큰 소동이 일어났네.

저 거센 군사들이 주 사로잡았네. 아 그는 어찌될까 슬퍼라 아 슬퍼라.

제6곡 서창, 3중창 합창(베드로, 예수, 천사들의 합창)

3중창에 이어지는 마지막 곡인 천사들의 합창은 베토벤의 '할렐루야' 라고도 불리는 베토벤 특유의 힘차고 생명력 넘치는 곡이다.

베드로: 벌 하리라 당신 잡으려는 더러운 손. 오 내 구주 예수여 저들을 치리다.

예　수: 오 너의 칼 곧 집어넣어라. 내 아버지께 내가 구한다면

이제라도 저들을 치려고 천군을 내려 보내시어 내 결박을 풀어 주시리라.

베드로: 아파라 나의 마음 이 격정과 분노 나 침을 수 없네. 내 마음 불타 올라

이제 복수하리. 저들의 더러운 피를 깨끗이 씻어주리라.

예　수: 너 복수하지 말라 나 항상 네게 말했노라.

모든 사람 사랑하고 그 죄를 용서하라.

천　사: 들으라. 오 모든 사람이여.

주님의 말씀대로 내 이웃을 사랑함이 참 귀한 일이라.

들으라. 모든 사람 오 들어보라.

3중창: 오 모든 사람들아 이 말씀 간직하라.

너의 원수 사랑하라. 오직 그 길만이 하나님 뜻에 합당하도다.

너 복수하지 말라. 나 항상 말했노라.

네 이웃을 사랑하고 그 죄를 용서하라.

병 사: 아 저 죄인 사로잡자 이제 주저하지 말자.

　　　저 죄인 사로잡자 옷으로 제비 뽑자.

예 수: 나의 고통 사라지고 너를 죄에서 구하리.

　　　너는 사망의 권세 이겨 영원히 나와 함께 살리라.

천 사: 할렐루야 할렐루야 존귀하신 주 예수 할렐루야.

　　　주께 영광 있으라.

　　　찬양하자 전능하신 우리 주 하나님께 다 소리 합하여 주 찬양 드리자.

　　　주께 영광 돌리세 영원히 주 찬양.

　　　할렐루야 아멘.

제 육시로부터 온 땅에 어둠이 임하여 제 구시까지 계속되더라 (마 27:45)

부르크마이어(BURGKMAIR Hans, 1473~1531) : 〈십자가상 그리스도
성모 마리아, 성녀 마리아 막달레나, 사도요한〉 1519, 알테 피나코텍, 뮌헨

십자가 위의 일곱 말씀
Die Sieben letzten Worte unseres Erlosers Kreuze : F.J.Haydn

－완벽한 화음에 실린 절정의 순간

새로운 형식의 수난곡

　인자로 오신 예수님의 지상에서의 공생애 절정은 수난의 시간이므로 대부분의 수난곡들은 예수님께서 붙잡히는 장면부터 십자가의 죽음까지를 그리고 있다. 지난해 '패션 오브 크라이스트(The Passion of the Christ)' 라는 영화에서 이 부분을 극 사실주의 기법을 동원하여 처절하게 묘사하기도 했다. 하이든은 이 시간적 범위를 더욱 줄여, 십자가에 더 가까이 줌인(zoom in)하므로 예수님의 수난이 정점에 이르는 십자가상의 삶과 죽음이 엇갈리는 긴박한 상황에서 자신의 삶을 함축시켜 마지막으로 남기신 일곱 가지 말씀을 담은 드라마틱한 수난곡을 들려주고 있다.

　하이든은 1785년(53세) 카디스에서 사순절에 연주하기 위하여 십자가 위의 일곱 개 말씀에 관현악 곡을 붙여 달라는 의뢰를 받고 작곡에 착수한다. 워낙 낙천적이고 밝은 곡만을 써 왔던 하이든은 "10분간이나 계속되는 아다지오 7곡을 연속해서 들려준다는 것은 쉬운 일이 아니다"라 말하고 있지만 늘 종교음악에 대해 각별한 창작욕을 불태워 말씀을 묵상하며 영감을 재촉하였다. 마침 서주와 피날레 사이에 일곱 곡으로 구성된 바리톤 서창이 딸린 관현악용 소나타 모음곡 형식인 '십자가 위의 일곱 말씀' 의 초기 버전을 완성했다. 2년 후 자신의 주 특기인 현악4중주 형식으로 개작하여 발표하였고, 독주 클라비어 곡으로도 만들었다.

　104곡의 교향곡을 작곡하여 '교향곡의 아버지' 란 칭호를 얻은 것같이 74곡의 현악 4중주를 남겨 '현악 4중주의 아버지' 라고도 불려지는 하이든은 이 곡에 큰 애착을 갖고 있었던 바 현악 4중주로의 개작은 물론 '천지창조' 를 작곡 중이던 1797년(65세) 독창과 합창이 딸린 관현악으로 구성된 소규모 오라토리오로 개작하여 발표하기도 했다.

하이든 외에도 드보아, 뒤리풀레와 같은 작곡가들이 예수님의 삶이 모두 녹아들어있는 가장 함축된 언어인 '십자가상의 일곱 말씀' 에 곡을 붙이며 이 칠언(七言)은 수난곡의 중요 주제로 다루어지고 있다. 이 곡은 현악 4중주로 연주된 것이 가장 잘 알려져 형식상 특별함이 내게 큰 호기심과 기대를 불러일으켰다. 그 때까지 종교음악은 성악으로만 표현하는 것을 원칙으로 알고 있었는데 고전주의 시대임에도 기악이라는 파격을 감행한 것은 아주 신선하고, 더구나 현악 4중주라는 까다로운 형식을 택한 하이든의 시도는 더욱 놀라웠다.

음악의 형식 중 현악 4중주가 가장 완전에 가까운 형식이다. 동질의 음색을 가진 섬세한 현악기로 연주하기 때문에 오히려 작곡가나 연주자에게 한치의 실수도 용납하지 않는 것이 현악 4중주이기 때문이다. 아마도 하이든은 예수님의 삶의 마지막 순간을 묘사함에 의도적으로 가장 완벽한 음악 형식인 현악 4중주라는 탁월한 선택을 했을는지 모르겠다. 이 절정의 시간적 사건을 극도로 긴장감이 팽배한 음악 형식에 담음으로 듣는 사람들에게 전율마저 느끼게 하는 완벽한 구성의 일치를 보이고 있다.

무저항과 침묵으로 일관하시던 예수님께서 십자가에 달리시어 고통 가운데 사랑이 담긴 마지막 말씀을 남기실 때 현악 4중주의 완전한 화음이 예수님의 용서의 삶, 구원의 삶, 사랑의 삶, 고독의 삶, 고통의 삶, 성취의 삶, 승리의 삶을 내 마음 속 깊이 아로새겨 주고 있다. 최후의 말씀을 마치신 뒤 마침내 예수님의 죽음의 순간 땅이 진동하고 바위가 터지는 상황을 리얼하게 묘사한 '지진(In Terremoto)' 이란 부제가 붙은 마지막 곡은 강렬한 떨림을 전해주며 피날레를 장식하고 있다. 나는 고난주간이면 마태수난곡과 함께 이 곡을 들으며 예수님의 위대한 생애를 묵상하며 느슨해진 신앙을 재충전한다.

십자가의 사랑

그리스도의 사랑의 넓이는 그를 믿는 온 인류이다.

"하나님이 세상을 이처럼 사랑하사 독생자를 주셨으니 이는 저를 믿는 자마다 멸망치 않고 영생을 얻게 하려 하심이니라"(요 3:16).

그리스도의 사랑의 길이는 무궁함이다.

"나 여호와가 옛적에 이스라엘에게 나타나 이르기를 내가 무궁한 사랑으로 너를 사랑하는 고로 인자함으로 너를 인도하였도다 하였노라"(렘 31:3).

그리스도의 사랑의 깊이와 높이는 우리를 죽음에서 건져 하늘로 까지 올리신 사랑이다.

"허물로 죽은 우리를 그리스도와 함께 살리셨고 (너희가 은혜로 구원을 얻은 것이라) 또 함께 일으키사 그리스도 예수 안에서 함께 하늘에 앉히시니"(엡 2:5 ~6).

예수님의 삶이 함축되어 있는 일곱 말씀
(1) "아버지여 저희를 사하여 주옵소서"-용서의 삶(눅 23:34)
예수께서 베드로의 용서에 대한 질문에 대하여

"예수께서 가라사대 네게 이르노니 일곱번 뿐 아니라 일흔번씩 일곱번이라도 할찌니라"(마 18:22).

라고 이른 것과 같이 말씀하시며, 자신을 십자가에 매다는 저들의 죄에 대한 용서를 아버지 하나님께 구하고 있다. 용서는 하나님의 뜻이며 하나님의 명령이다. 그러므로 어떤 상황에서든지 용서하지 않는 것은 하나님의 명령에 불순종하는 것이다.

(2) "오늘 네가 나와 함께 낙원에 있으리라 하시니라"—구원의 삶(눅 23:43)

예수님은 하나님의 인류를 구원하기 위한 계획에 따라 이 땅에 보내지셨고 십자가에 죽음을 당하신 것이다. 십자가 위의 극한 상황에서 강도와 함께 죽음을 맞게 된다. 강도가 생각하는 구원의 때는 '당신의 나라가 임하실 때'라는 미래였으나, 예수님의 구원의 때는 바로 이 순간 현재이다.

> "가라사대 내가 은혜 베풀 때에 너를 듣고 구원의 날에 너를 도왔다 하셨으니 보라 지금은 은혜 받을 만한 때요 보라 지금은 구원의 날이로다"(고후 6:2).

(3) "여자여 보소서 아들이니이다. 보라 네 어머니라"—사랑의 삶(요 19:26)

예수님은 마리아에게 성령으로 잉태된 언약의 자식을 낳은 그의 어머니임을 확인하며 육신의 자식인 제자 요한에게 마리아를 어머니로 모시게 하므로, 요한은 열한 제자를 대표해서 마리아의 아들이 됨으로 상징적으로 볼 때 제자들 모두 마리아에게서 성령을 따라 낳은 아들이요 예수님의 형제임을 확인한다.

> "사랑은 하나님께 속한 것이니 사랑하는 자마다 하나님께로 나서 하나님을 알고 사랑하지 아니하는 자는 하나님을 알지 못하나니 이는 하나님은 사랑이심이라"(요일 4:7~8).

(4) "나의 하나님 나의 하나님, 어찌하여 나를 버리셨나이까"—고독의 삶(마 27:46)

예수님의 일생은 고독의 연속이었다. 생사고락을 함께한 제자들마저 고난의 시간에 다다르자 하나씩 떠나가게 된다. 더구나 마지막 순간인 십자가에서 아버지 하나님께 절규하지만 거절이라는 무응답뿐이다. 인자로 오신 예수님의 인성이 그대로 나타나는 죽음에 대한 공포, 절망의 감정과 의식을 경험하고 있는 자리에서 인간으로서 극복할 수 없는 한계 상황의 고독을 체험하신다.

> "보라 너희가 다 각각 제 곳으로 흩어지고 나를 혼자 둘 때가 오나니 벌써 왔도다"(요 16:32).

(5) "내가 목마르다"-고통의 삶(요 19:28)

예수님은 여섯 시간 동안 십자가에 매달려 피와 땀을 쏟으며 육신이 완전히 탈수 상태에서 인간적인 고통을 처절하게 경험하시며 하나님의 계획을 이루신다.

"영원한 생명을 잃어버린 인간은 죽음을 향해 가면서 생명에 대한 목마름으로 가득하여 생명수를 구한다. 예수님께서 느끼는 갈증은 단순한 육체적 목마름이 아니라 죽음 아래 놓인 인류가 느끼는 생명에 대한 갈증을 대신하는 외침이다. 예수님은 생명(진리)의 목마름을 구하는 인류에게 야곱의 우물 물이 아닌 영원한 생수를 예비하시며 역설적인 고통의 삶을 마무리하신다.

> "내가 주는 물을 먹는 자는 영원히 목마르지 아니하리니 나의 주는 물은 그 속에서 영생하도록 솟아나는 샘물이 되리라"(요 4:14).

(6) "다 이루었다" — 성취의 삶(요 19:30)

'다 이루었다'라는 말은 주인이 시킨 일을 종이 끝냈을 때, 제사장이 번제물을 점검하여 흠이 없음을 확인할 때, 모든 빚을 다 청산하여 깨끗이 해결했을 때, 예술가가 심혈을 기울인 작품에 더 이상 손볼 것이 없을 정도로 완성했을 때에 사용하는 말이다.

따라서 예수님의 '다 이루었다'는 말씀은 예수님의 출생부터 죽음, 부활에 이르기까지 구약의 예언을 다 이루므로 자신을 이 땅에 보내주신 하나님의 모든 계획을 완수하며 성취의 삶에 대한 승리의 선언인 외마디 말씀인 것이다.

> "이 복음은 하나님이 선지자들로 말미암아 그의 아들에 관하여 성경에 미리
> 약속하신 것이라 이 아들로 말하면 육신으로는 다윗의 혈통에서 나셨고 성결
> 의 영으로는 죽은 가운데서 부활하여 능력으로 하나님의 아들로 인정되셨으
> 니 곧 우리 주 예수 그리스도시니라"(롬 1:2~4).

(7) "아버지여 내 영혼을 아버지 손에 부탁하나이다"- 승리의 삶(눅 23:46)

예수님께서 세상에서 걸어오신 생애를 통하여 하신 말씀과 행동 하나 하나는 모두 생명의 하나님으로써 부활과 영생을 믿는 믿음의 길을 걸어가신 것이다. 인간의 구속 사역을 완수하신 예수님은 아버지께 절대 믿음으로 부활을 부탁한다. 부활은 창조주이신 하나님 아버지의 손길로 이뤄져야 할 창조의 작업에 속하기 때문이다.

> "찬송하리로다 우리 주 예수 그리스도의 아버지 하나님이 그 많으신 긍휼대로
> 예수 그리스도의 죽은 자 가운데서 부활하심으로 말미암아 우리를 거듭나게
> 하사 산 소망이 있게 하시며"(벧전 1:3).

곡의 구성

서주와 7개의 말씀에 따른 7개의 소나타 그리고 마지막을 종곡으로 끝맺는다.

1. 서주

장중하게 격렬한 동기로 시작하여 부드럽게 변하며 비극적인 이야기의 시작을 알린다.

2. SONATE I : 아버지, 자신들이 저지르는 죄를 모르는 저들을 용서하소서.

제1바이올린에 의해 스포르짠도와 피아노가 교차하며 으뜸가락이 도입되는

두 도막 형식을 이루고 있다.

* 스포르짠도(sforzando) : 특정 음이나 화음을 갑자기 세게, 강조하여 연주

3. SONATE II : 너희들은 오늘 나와 천국에서 함께 있을 것이다.

나머지 악기의 스타카토 반주에 따라 제1바이올린이 아름답게 주제를 연주

하며 시작한다. 이어 제2바이올린이 장조로 조바꿈 한 주제를 연주하고 비올

라와 첼로의 아름다운 피치카토가 울려퍼진다.

4. SONATE III : 여인이시여, 당신의 아들을 붙잡아 주소서.

전형적인 소나타 형식이며, 어머니에 대한 사랑을 담은 주제가 명상적인 감

정을 느끼게 한다.

5. SONATE IV : 내 아버지 하나님, 당신은 왜 나를 버리시나이까?

3부로 나누어진 격렬하고 비극적인 전개를 보인다.

6. SONATE V : 목이 마르다.

첼로의 피치카토 위에 제2바이올린과 비올라가 주제를 이끌며 아름답게 이

어가는 매력적인 곡이다.

7. SONATE VI : 이제 다 이루었노라.

힘차게 시작하는 도입에 이어 제1바이올린의 아름다운 주제가 이어진다.

8. SONATE VII : 아버지, 이제 저의 영혼을 당신의 손에 맡깁니다.

약음기를 사용하여 부드럽게 시작한다.

9. 종곡 : 지진

분위기가 반전되어 네 개의 악기가 유니즌으로 빠르게 오르내리며 압도적으

로 전곡을 마무리한다.

보라 세상 죄를 지고 가는 하나님의 어린 양이로다(요 1:29)

엘 그레코(El Greco, 1541~1614) : 〈십자가를 진 예수〉, 1600~05, 프라도 미술관, 마드리드

마태수난곡
Matthäus Passion BWV 244 : Johann Sebastian Bach
−바흐가 들려주는 비장한 고해성사

슬픔의 미학

부활절은 봄의 여신을 가리키는 고대 게르만어 '아우스트라'에 그 어원을 두고 영어로 'Easter', 독어로 'Ostern'라 부른다. 예수님 이전부터 어두운 겨울을 지내고 밝은 봄의 문턱에서 봄의 여신을 찬양하는 축제로 시작하여, 예수님의 부활을 마치 봄이 오는 것 같은 경이로움으로 여기며 크리스마스보다 더 큰 의미를 부여하며 지키고 있다. 대학시절 한창 종교음악에 관심을 갖고 들을 때이다. 부활절이 있는 주간의 금요일부터 부활절 휴가라는 것이 있어 3일간 마음껏 음악을 들을 수 있는 기회를 갖게 되었다. 특별히 평소에 듣지 못하는 FM방송의 오전 11시대의 수준 높은 클래식 프로그램을 들을 수 있었다.

그날은 부활절에 임박하여 말로만 들어왔던 바흐의 '마태수난곡' 중 몇 곡을 들려주는데, 나는 해설과 더불어 듣게 되었다. 세상에 이렇게 슬픈 음악이 다 있나 싶을 정도였다. 내가 슬픈 음악을 듣고 느끼는 감정은 두 가지다. 하나는 귀로 듣고 머리로 올라가 감정을 자극하여 눈물을 흘리게 하는 것이고, 다른 하나는 귀로 듣고 바로 가슴으로 전해지면서 가슴 속에서 맴맴 돌면서 애가 끊어지고 온 몸이 전율하는 슬픔을 느끼는 것이다. 물론 후자의 감정을 느끼게 하는 곡이 내겐 더 슬픈 곡이다. 그런데 이상한 것은 전자의 슬픈 곡은 다 듣고 나면 기운이 빠져 늘어지는데 후자의 슬픈 곡은 마음에 평안을 가져다 주는 묘한 특성을 갖고 있다.

그날 들은 '마태수난곡' 중 소프라노 아리아 '나의 하나님, 눈물로써 기도하소서"와 코랄 "오 피투성이가 된 그의 머리"를 들었을 때 후자와 같은 슬픈 감정을 느끼며 큰 평안을 얻게 되어 과연 '마태수난곡'의 진가가 이런 것이구나 생각했다. 그때까지 바흐의 종교음악은 주로 칸타타들만 들어 온 터였다. 그런데 '마태수난곡'은 총 78곡으로 3시간이 넘는 장대한 곡으로 전곡을 다 듣기란 결코 쉬운 일이 아니었다. 우선 가장 큰 난관은 당시엔 음반도 구하기 어려웠다는 점이다. 그날 이후 '마태수난곡'을 전곡 다 들어야겠다는 열망을 항상 갖고 있었는데 대학시절 마지막 겨울 방학 즈음해서 음반을 구하여 전곡을 집중하여 듣게 되었다. 과연 '마태수난곡'을 전곡으로 접하니 몇 곡만을 듣고는 느끼지 못하던 크나큰 감동이 밀려왔다. 후반부에 계속 반복되는 수난 주제의 코랄들은 고난의 절정에 이르러 가시 면류관을 쓰고 조롱 받으며 살점이 떨어져 나가는 채찍질에 피 흘리고 마침내 십자가에 못박히는 예수님의 고난을 처절하리만큼 비통한 음악으로 표현하고 있다. 당시 나는 교회에 다니지 않았지만 성경의 수난 장을 보면서 음악을 들으면 예수님의 고통이 그대로 전해져 옴을 느끼곤 했다. 바흐는 이 세상에서 가장 슬픈 스토리에 가슴을 질질하게 울리는 비통한 음악을 붙여 예수님 생애의 클라이맥스를 생생하게 묘사하고 있다.

'마태수난곡'에서는 항상 범접할 수 없는 바흐 특유의 정제된 에너지가 전편에 흐르고 있음을 느끼며 내가 어떤 힘든 상황에 처해 있더라도 슬픔을 치유해 주는 아름다운 곡이 되어 왔다.

수난곡의 한계를 뛰어 넘음

바흐(1685~1750)는 1685년, 중부 독일의 아이제나흐에서 거리의 악사인 아버지와 삼촌에게 바이올린과 오르간을 배운다. 7세 때 게오르크 교회 부속 김나지움에 입학하여 성가대원으로 활동한다. 이후 라틴어, 루터 정통파 신학과 파헬벨

양식을 배우며 작곡에 대한 기초를 닦는다. 1703년(18세)부터 바이마르 궁정 악단 바이올린 주자로 본격적인 활동을 시작한다. 아른슈타트와 뮐하우젠 교회의 오르간 주자겸 성가대를 지휘하며 작곡을 시작하는 아른슈타트 뮐하우젠 시대(1703~1708)이다. 1708년(23세)부터 바이마르 궁정의 오르간 주자로 오르간과 칸타타를 주로 작곡한 바이마르 시대(1708~1717)이다. 1717년(32세)부터 쾨텐 궁정 악단의 악장으로 많은 기악곡과 협주곡을 남긴 쾨텐 시대(1717~1723)이다. 마지막으로 1723년(38세) 5월말부터는 28년간 봉직할 라이프찌히의 성 토마스 교회의 합창장으로 취임함으로써 라이프찌히 시대(1723~1750)의 막을 연다. 성 토마스 교회에서 바흐의 가장 큰 임무는 교회의 모든 축일과 주일의 오전 예배를 위해 칸타타를 연주하는 것이다. 그런데 부활절 전의 40일간 즉 사순절 기간과 교회력의 시작인 대강절 제1주일부터 크리스마스까지의 기간으로 연중 2회는 장기간 칸타타 연주를 쉬게 된다. 또한 바흐는 부활절의 2일전인 성 금요일에는 니콜라이 교회와 토마스 교회의 오후 예배 때 오케스트라 반주가 있는 오라토리오풍의 수난곡을 연주해야 하는 직무를 갖고 있었다. 이에 바흐는 자신에게 주어진 환경 안에서 기존 칸타타보다 대규모의 수난곡을 계획할 수 있는 조건이 충족되었다.

- 첫째, 사순절이나 대강절 기간과 같은 좀 여유로운 시간을 이용하여 작곡이나 합창단의 연습을 충분히 할 수 있고,
- 둘째, 성 금요일에는 수난곡 이외의 음악이 일체 허락되지 않았으므로 주변 교회에 분산시켰던 연수자와 합창단원의 총동원이 가능했으며,
- 셋째, 칸타타가 연주되는 오전 예배와는 달리 오후 예배는 음악 연주 시간의 제약이 없었기 때문에 비교적 자유롭게 대곡을 연주할 수 있다는 점이다.

바흐는 이러한 좋은 조건을 이용하여 두 개의 걸출한 수난곡을 작곡했다.

1725년 '요한수난곡' 이 먼저 작곡되었고, 두번째 수난곡은 '요한수난곡' 보다 더 음악적으로 다양성을 갖고 자유로우며 서정성을 지닌 대곡을 작곡할 것을 내심 계획하고 있었다. 그래서 바흐의 최전성기인 1726년부터 약 3년간에 걸친 각고 끝에 그는 기악, 성악 등 모든 작곡의 경험을 총결집한 대작을 작곡하게 되었다.

'마태수난곡' 의 대곡의 면모는 그 규모에서 나타난다. 3부 총 78곡으로 구성되어 연주시간 자체만 세 시간을 초과한다. 그리고 2개의 완전한 편성을 갖춘 합창단 즉, 사도 역할의 제 1합창대와 군중 역할을 하는 제 2합창대로 나누어 맡겨진다. 이러한 강력한 합창을 뒷받침하는 오케스트라는 일반적인 칸타타의 반주를 위한 편성을 기준으로 한 2개의 오케스트라를 필요로 했다. 그리고 오르간과 낮은 현의 통주저음 그룹 역시 2대씩 사용되었다. 이것은 아마 바흐가 토마스 교회의 넓은 공간에서 대곡을 연주하기 위한 음향 효과까지 고려한 새로운 시도의 편성인 셈이다.

바흐는 하인리히 쉬츠의 독일 전통 수난곡 및 칸타타의 한계를 뛰어넘는 시도를 하게 된다. 쉬츠는 수난곡에서 처음과 마지막 합창을 제외하고 모두 성경 구절을 인용하였다. 그러나 바흐는 수난곡의 특성상 복음서의 말씀 중 수난장을 기본으로 하면서 코랄 가사, 자유 가사라는 3개의 요소를 혼합하여 구성하고 있다. 코랄이란 독일 프로테스탄트 교회에서 불려지던 민요적인 찬송가로 예배 중에 회중 모두 함께 노래하며 일반 민중의 경우라도 잘 알고 애창하는 노래다. 특히 바흐의 수난곡에서는 복음사가의 설명이나 등장인물의 서창 외에 코랄을 많이 삽입하여 분위기를 잘 맞춰주고 있다.

요한수난곡 vs 마태수난곡

우선 수난곡이란 내용부터가 극적인 요소를 가지고 있었기 때문에 로마 가톨릭 교회에서부터 수난 주간에 의전용으로 수난곡을 사용했다. 개신교의 부활절 예배를 위해서도 많은 작곡가들이 수난곡을 작곡했다. 바흐도 모두 5곡을 썼는데 지금 남아 있는 것은 '요한수난곡' 과 '마태수난곡' 이다. 주제는 모두 각 복음서의 그리스도의 고난부터 죽음에 이르기까지의 내용으로 동일하지만 복음서를 쓴 작가의 관점에서 세부적인 내용은 좀 차이가 있다. 복음서의 수난장을 기초로 하여 에반젤리스트라는 복음사가가 성경 내용을 설명하며 예수, 베드로, 유다, 빌라도, 대제사장 등 등장인물들이 서창으로 성경 내용을 이야기하며 독주 아리아와 합창이 그 상황에서의 감정을 노래하는 형식이다.

'요한수난곡' 과 '마태수난곡' 은 각 복음서 중 일부인 예수님의 고난과 죽음을 음악으로 표현한 것으로 전자는 요한복음 18~19장 즉, 예수님의 체포로 시작

요한수난곡				마태수난곡			
부	곡	내용	요한복음	부	곡	내용	마태복음
1	1~9	배신과 체포	18:1~14	1	1~5	수난의 예언 및 책략	26:1~5
	10~18	베드로의 부인	18:15~27		6~10	마리아의 옥합 향유	26:6~13
2	19~31	심문과 채찍질	18:28~40, 19:1		11~12	유다의 배신	26:14~16
	32~51	유죄판결과 십자가 처형	19:2~22		13~19	최후의 만찬	26:17~29
	52~57	십자가의 7언중 3언	19:23~30		20~23	감람산 위의 말씀	26:30~35
	58~68	예수의 죽음	31~42		24~32	겟세마네 기도	26:36~50
					33~35	예수의 체포	26:50~56
				2	36~44	가야바 산헤드린 공회 재판	26:57~68
					45~48	베드로의 부인	26:69~75
					49~53	유다의 죽음	27:1~14
					54~63	빌라도 법정	27:15~30
					64~70	골고다 언덕	27:31~44
					71~78	예수의 죽음	27:45~66

하여 베드로의 부인, 심문과 채찍질, 판결과 십자가 처형, 죽음까지 아주 긴박한 상황만을 응축하여 다뤘으며, 2부 68곡으로 구성되어 있으며, 후자는 마태복음 26~27장 즉, 수난의 예언 및 대제사장들의 책략으로 시작하여 마리아의 옥합 향유, 유다의 배신, 최후의 만찬, 감람산의 말씀, 겟세마네 기도, 법정 고문, 십자가의 처형, 죽음과 같이 분위기를 정확히 표현해야 할 만한 사건을 많이 포함하고 있기 때문에 다양한 장면의 묘사를 위해 2부 총 78곡으로 구성하고 있다.

복음서마다 예수님을 설명하는 관점에 차이가 있다. 요한복음은 영원전부터 하늘 나라에 계시던 하나님의 아들, 지상에 오신 예수님을 넘어서 천상에 계신 그 하나님의 아들임을 강조하며 시간의 개념을 뛰어 넘고 있으며, 마태복음은 구약과의 연결 고리로서 구약의 언약을 성취하시며 왕으로 오신 예수님, 산상수훈으로 모세의 율법을 완성하시고, 하늘과 땅의 권세를 보유하신 예수님에 강조점을 두고 있다. 이 두 수난곡의 전반에 흐르는 분위기는 각 복음서에서 다루는 예수님의 일생을 보는 관점과 거의 흡사하게 표현되고 있다. '요한수난곡'은 스케일이 크고, 내면적인 깊이와 경건한 신앙의 확신이 더욱 잘 묘사되어 있고, '마태수난곡'은 긴박하게 일어나는 사건을 중심으로 예수님의 말씀에 극적인 면을 강조하여 더 사실적인 표현을 하고 있으며, 코랄을 과감하게 삽입하므로 더 자유로워지고 서정성을 깊게 풍기며 예수님의 자애로운 인성을 묘사하고 있다. 곡의 마지막을 장식하는 경건한 합창은 고해성사하듯 "우리들은 눈물을 흘리며 무릎 꿇고 앉는다."로 마무리한다.

바흐가 의도한 수학적 조화

'마태수난곡'은 오라토리오적 성격을 강하게 부각하여 해설자 역할인 복음사가 즉, 에반겔리스트는 테너가, 예수의 역은 베이스, 예수 이외의 등장인물 베드로, 유다, 빌라도 등 역할에 맞는 성역의 독창으로 작곡한 것은 독일 수난곡의 전통을 따랐다. 그러나 코랄과 아리아 등에서는 훨씬 자유로워진 양상을 보인다. 가령 '요한수난곡' 에서 십자가 위의 예수님과 그 어머니의 2중창 같은 것은 당시로선 상상할 수 없는 가히 파격적인 발상이었다. '마태수난곡' 에서 예수님이 몰매를 맞으며 죽음에 직면하여 불려지는 제63곡도 코랄 '오, 피투성이가 된 그의 머리' 는 바로 앞의 서창으로 부르는 성경 구절을 더 리얼하게 효과적으로 부연 설명하고 있다. 또한 베드로의 부인 장면 후에 베드로의 죄를 자신의 죄로 생각하는 신앙심이 강한 성도의 아리아로 노래하므로 우리 모두 예수님 앞에서 베드로와 같은 죄인임을 회개하는 효과를 느끼게 한다.

> "아, 나의 하나님이여. 나의 눈물로 보아 불쌍히 여기소서!
>
> 당신 앞에서 애통하게 우는
>
> 나의 마음과 눈동자를 주여, 보시옵소서
>
> 불쌍히 여기소서!"

'마태수난곡' 의 마력은 듣는 이의 감정, 상상력, 감수성에 호소하는 어떤 힘 (energy) ― 믿는 사람의 경우 성령의 역사 ― 이 작용하여 가슴으로 느끼게 하는 신비스러움을 간직하고 있다. 그리고 성경의 텍스트에 대하여 코랄이나 아리아를 통해 눈에 보이는 듯한 해석과 상징적인 연상을 유도하며 극적 효과를 높이고 있다. 또한 바흐가 평균율 클라비어곡집이나 인벤션 등 기악곡의 작곡에서 항상 염두에 두었던 수학적인 조화를 '마태수난곡' 에서도 적용한다.

예수님이 제자들 가운데 하나가 배반할 것임을 말씀할 때 제자들의 "주여 그것이 내니이까(her, bin ich's, bin ich's)"라는 가사가 모두 11번 나온다. 이는 유다를 제외한 11명의 제자를 상징하는 것이다. '마태수난곡' 에서 예수님은 모두 22번 등장한다. 이는 시편 22편 즉 '고난의 시편' 과의 연관성을 의도적으로 표현한 것이라 볼 수 있다. 한편 22란 숫자는 성경에서 빛을 상징하고 있다. 빛으로 오신 예수님을 강조한 요한복음에서 '빛'이란 단어가 모두 22번 나오고, 요한계시록도 22장으로 구성되어 있다. 사도행전 22장은 다메섹 도상의 큰 빛이 사울에게 비춰지고 있음을 기록하고 있으며, 민수기 3장에서 백성들에게 빛을 비춰 주는 사역을 담당하는 제사장직을 수행하는 레위인 22,000명을 계수하고 있음이 결코 우연의 일치는 아닐 것이다. 이 곡의 마지막을 장식하는 서창과 합창은 고난을 마무리하고 평화와 안식을 기원하며 수난의 주제를 사용하여 장대하고 숭고하게 끝맺고 있는데 전반적으로 가라앉은 곡의 분위기 속에서도 예수님의 부활이라는 한 가닥의 소망의 빛을 강하게 암시하고 있다.

멘델스존이 다시 캐낸 보석

'마태수난곡'은 1729년 4월 15일 성 금요일 라이프찌히 성 토마스 교회에서 초연되었다. 당시 오후 예배로 1부가 끝나고 설교가 거행되고 곡을 마무리하는데 거의 5시간이라는 긴 시간동안 열렸다고 전해지고 있다. 이후 바흐가 세상을 떠난 뒤에도 매년 부활절전에 연주되었으나 어느 때부터인지 잊혀져 버리게 되었다. 그러다가 바흐의 연구에 열중했던 멘델스존에 의한 초연 100주년을 기념하여 1829년 3월 11일 베를린의 징 아카데미를 이끌고 부활 연주에서 대호평을 받았다. 멘델스존은 "초만원의 홀은 마치 교회와 같은 느낌을 주었다. 장엄하기 이를 데 없는 경건함이 청중을 지배했고, 깊은 감동의 기분으로 입에서 새어 나오는 두세마디가 들릴 뿐이었다"라고 기록하고 있다. 또 당시 상황에 대해 "사람들은 감격하여 바흐의 최고 예술에 황홀해졌으며, 어떤 사람들은 무의식 중에 울었다"고 전하고 있다. 멘델스존의 부활 연주 이후 '마태수난곡'은 바흐의 종교음악의 최고봉으로 또 모든 종교음악을 대표하는 귀중한 유산으로 매년 부활절 시즌에는 꼭 연주되며 사랑받고 있는 곡이다.

바흐는 바로크 시대의 모든 음악 영역을 병렬이나 혼합이 아닌 개성 속에 완전 융해시킨 바로크의 종합 완성자이다. 즉, 북독일의 정통 대위법과 이탈리아의 화려한 화성 및 라틴적 조형과 프랑스의 고귀한 서곡 양식을 종합한 시대의 종곡(終曲)을 이룬 것이다. 그의 음악은 항상 긴장감 높고, 변화 있는 화성, 강한 에너지를 간직한 동기와 선율로 구성되어 있으며 밀도 높은 폴리포니와 확대된 선율, 정확한 박절법을 여러 가지 음악 형식에 융합해 놓았다. 바흐는 위대한 '음악의 아버지' 라 칭함 받으며 인류 역사상 가장 고귀한 음악적 유산을 남기고 1750년 7월 28일 밤 8시 45분경 65세로 하나님의 부름을 받았다. 바흐가 죽고 난 뒤에 그의 가족들은 이리 저리 흩어졌으며, 수많은 악보도 분실되거나 손상되어 버린 채 그의 이름은 점점 세상 사람들의 귀에서 멀어져 갔다. 그러나 멘델스존을 비롯한 후세 사람들의 많은 연구에 힘입어 기억의 창고 속에 묻혀있던 바흐라는 보석은 먼지를 털고 다시 햇빛을 보게 되었다.

 곡별 성경대조표

[제1부]

번호	성경(마)	형 식	내 용
1		합창과 코랄	오라, 딸들아 와서 나를 슬픔에서 구하라
2	26:1~2	서창(복음사가,예수)	
3		코랄	오, 사랑의 예수시여. 당신이 무슨 죄를 지셨기에
4	26:3~4	서창(복음사가)	
5	26:5	합창	민요가 날까 하노니 명절에는 말자
6	26:6~8	서창(복음사가)	
7	26:8~9	합창	무슨 의사로 이것을 허비하느뇨

8	26:10~13	서창(복음사가, 예수)	
9		서창(알토)	당신의 제자가 어리석게도
10		아리아(알토)	후회는 죄의 마음을 쳐부수도다
11	26:14~16	서창(복음사가, 유다)	
12		아리아(소프라노)	피투성이가 되어라
13	26:17	서창(복음사가)	
14	26:17	합창	유월절 잡수실 것을 우리가 어디서 예비하기를 원하시나이까
15	26:18~22	서창(복음사가, 예수)와 합창	
16		코랄	지옥에서 손발을 묶이고 벌을 받아야하는 것은 바로 나입니다
17	26:23~29	서창(복음사가, 예수, 유다)	
18		서창(소프라노)	예수께서 떠나심에 내 마음 눈물로 메어오나
19		아리아(소프라노)	내 마음 당신께 드리옵니다
20	26:30~32	서창 (복음사가, 예수)	
21		코랄	나를 지키소서, 나의 수호자이시여
22	26:33~35	서창(복음사가, 베드로, 예수)	
23		코랄	나는 여기에 당신 곁에 있습니다
24	26:36~38	서창 (복음사가, 예수)	
25		서창(테너)와 코랄	어찌하여 주는 고통 받으시는가
26		아리아(테너)와 합창	나 예수 곁에 있습니다
27	26:39	서창(복음사가, 예수)	
28		서창(베이스)	
29		아리아(베이스)	즐거이 주를 따라 십자가를 짊어지고 잔을 들리다

11

29		아리아(베이스)	즐거이 주를 따라 십자가를 짊어지고 잔을 들리다
30	26:40~42	서창(복음사가, 예수)	
31		코랄	하나님의 뜻이 언제나 이루어지리이다
32	26:43~50	서창(복음사가, 예수, 유다)	
33		아리아(2중창:소프라노, 알토)와 합창	이리하여 예수는 붙들리시도다
34	26:50~56	서창(복음사가, 예수)	
35		코랄	오오, 사람들이여 그대들의 죄가 얼마나 큰가를 슬퍼하다

[제2부]

번호	성경(마)	형 식	내 용
36		아리아(알토)와 합창	아 이제 우리 주 끌려가셨네
37	26:57~59	서창(복음사가)	
38		코랄	세상은 나를 속여 거짓과 간계로 수없는 그물과 올무를 만들었나니
39	26:60~63	서창(복음사가, 증인들, 제사장)	
40		서창(테너)	예수는 침묵을 지키고, 우리들을 깨닫게 하도다
41		아리아(테너)	참으라 거짓증거 때문에 고통을 받고
42	26:63~66	서창(복음사가, 제사장, 예수, 군중)	
43	26:67~68	서창(복음사가, 군중)	
44		코랄	당신을 그토록 매질한 이는 누구입니까
45	26:69~73	서창(복음사가, 베드로, 두 사람의 하녀, 군중)과 합창	

46	26:74~75	서창(복음사가, 베드로)	
47		아리아(알토)	아, 나의 하나님이여 나의 눈물로 보아 불쌍히 여기소서
48		코랄	당신의 은총과 자비는 끊임없는 나의 죄보다 크 나이다
49	27:1~4	서창(복음사가, 유 다, 제사장, 장로들)	
50	27:5~6	서창(복음사가, 두 사람의 대제사장)	
51		아리아(베이스)	자, 나의 예수를 돌려다오
52	27:7~14	서창(복음사가, 예수, 빌라도)	
53		코랄	당신께서 나아가는 길과 당신의 마음의 고뇌를 그분의 뜻에 맡기소서
54	27:15~22	서창(복음사가, 빌 라도, 빌라도의 아 내, 군중들)	
55		코랄	이처럼 기이한 벌이 어찌 있을 수 있단 말인가
56	27:23	서창(복음사가, 빌 라도)	
57		서창(소프라노)	그가 이밖에 무엇을 하였는가
58		아리아(소프라노)	나의 구주는 죄를 지은 일이 없는데
59	27:23~26	서창(복음사가, 빌 라도, 군중)	
60		서창(알토)	하나님이시여, 불쌍히 여기소서
61		아리아(알토)	내 뺨에 흐르는 눈물이 아무 것도 할 수 없다면
62	27:27~30	서창(복음사가, 군 인들)	
63		코랄	오, 피투성이가 된 그의 머리
64	27:31-32	서창(복음사가)	
65		서창(베이스)	

11

66		아리아(베이스)	나는 말하고 싶다. 오라, 달콤한 십자가여
67	27:33~43	서창 (복음사가, 군중)	
68	27:44	서창(복음사가)	
69		서창(알토)	아아 골고다, 저주받은 골고다
70		아리아(알토)와 합창	보라, 예수가 팔을 뻗으셨도다
71	27:45~50	서창(복음사가, 예수, 군중)	
72		코랄	나 언젠가 세상을 떠나야만 할 때,
73	27:51~58	서창(복음사가, 군중)	
74		서창(베이스)	아 사랑하는 영혼이여 부탁하라
75		아리아(베이스)	나의 마음을 깨끗이 하여 예수를 내 마음에 받아들이자
76	27:59~66	서창(복음사가, 빌라도, 제사장)	
77		서창(베이스, 테너, 알토, 소프라노)과 합창	이제 주께서 안식에 드셨다
78		합창	우리들은 눈물에 젖어 무릎꿇고

 곡의 구성

[제1부]

제1곡 합창과 코랄

대곡의 시작을 알리는 긴 관현악의 서주를 따라 "오라 딸들아 와서 나를 슬픔에서 구하라"는 비극적인 분위기를 압도하는 아름다운 합창으로 시작한다. 후반부 "오 죄 없는 하나님의 어린양께서"라는 코랄로 이어진다.

합창: 오라, 딸들아 와서 나를 슬픔에서 구하라.

　　　보라! — 누구를? — 신랑을

　　　그를 보라! — 어떻게? — 마치 어린 양과 같이 보라! — 무엇을?

　　　보라! — 어디를? — 우리의 무거운 죄를 보라,

　　　사랑과 은총을 위해 스스로 십자가를 지신 그분을"

코랄: 오, 죄 없는 하나님의 어린 양께서 십자가에 못 박혀 죽임을 당하시도다.

　　　온갖 조롱과 핍박에도 언제나 참고 견디셨도다. 우리의 모든 죄를 대신하여 십자가

　　　지셨으니. 당신이 아니었다면 우린 절망뿐이었으리. 우리를 불쌍히 여기소서. 오, 예

　　　수여"

<수난의 예언>

제2곡 서창(복음사가, 예수)

　　　복음사가(마 26:1) 예수(마 26:2)

제3곡 코랄

　　　"오, 사랑의 예수시여. 당신이 무슨 죄를 지셨기에 그토록 엄한 판결을 받으셨나이

　　　까? 대체 무슨 죄를, 어떤 잘못을 범하셨단 말입니까?"

제4곡 서창(복음사가)

　　　복음사가(마 26:3~4)

제5곡 합창

　　　2부로 나누어져 격렬한 논쟁을 하는 합창이다. (마 26:5)

<마리아의 옥합 향유>

제6곡 서창(복음사가)

　　　(마 26:6~8)

제7곡 합창

　　(마 26:8~9)

제8곡 서창(복음사가, 예수)

　　복음사가(마 26:10), 예수(마 26:10~13)

제9곡 서창(알토)

　　2개의 플루우트 반주에 의한 눈물을 흘리며 주에게 향유를 뿌린 것을 용서

　　해 달라는 여인의 마음을 토로한다.

　　"사랑하는 구주여 당신의 제자가 어리석게도 이 신앙심 깊은 여인이 향유를 가지

　　고 당신의 몸을, 그 장례에 대비하려 한 것을 막는다 하더라도 부디 나에게 허락하

　　소서 나의 눈에서 넘쳐 흐르는 눈물이 한 방울 당신의 머리에 뿌리게 하소서."

제10곡 아리아(알토)

　　서창에 이어 "후회는 죄의 마음을 쳐부수도다"라 노래한다.

　　"참회와 회오가 죄의 마음을 두 가닥으로 찢어 나의 눈물 방울이 향기로운 향유가

　　되어 예수께 부으리로다. 오, 신실하신 예수여. 당신을 위해서"

〈유다의 배신〉

제11곡 서창(복음사가, 유다)

　　복음사가(마 26:14), 유다(마 26:15), 복음사가(마 26:15~16)

제12곡 아리아(소프라노)

　　"피투성이가 되어라. 사랑하는 주의 마음이여!

　　아, 당신이 키우시고 당신의 가슴의 젖을 먹고 자란 아이가 그 양육자를 죽이려고

　　하다니 그 아이가 뱀과 같이 사악한 자가 되도다."

〈최후의 만찬〉

 음악으로 변주된 성경

제13곡 서창(복음사가)

(마 26:17)

제14곡 합창

(마 26:17)

제15곡 서창(복음사가, 예수)과 합창

복음사가(마 26:18), 예수(마 26:18), 복음사가(마 26:19~21), 예수(마 26:21),

복음사가, 합창(마 26:22)

제16곡 코랄

고통에 쌓여있는 예수를 찬양하는 코랄

"그것은 나입니다. 지옥에서 손발을 묶이고 벌을 받아야하는 것은 바로 나입니다. 채찍질에도 멍에도 당신께서는 끝내 참아 견디신 그 모든 것이 나의 죄 많은 영혼이 짊어져야만 했던 것입니다."

제17곡 서창(복음사가, 예수, 유다)

복음사가, 예수, 유다(마 26:23~29)

제18곡 서창(소프라노)

오보에와 바이올린의 선율에 따라 이별의 슬픔과 주님의 피와 살을 나누어 받은 행복함과 주의 사랑을 노래하는 서창과 아리아가 이어진다.

"예수께서 떠나심에 내 마음 눈물로 메어오나. 주님의 약속으로 내 마음 또한 기뻐하나이다. 주님의 피와 몸, 그 고귀함을 내게 주셨으니 주께서 지상에서 베푸셨던 사랑 변함없으리라."

제19곡 아리아(소프라노)

"내 마음 당신께 드리옵니다. 나의 구세주여, 내 마음에 임하소서.

내 모든 것 당신께 바치오리니 당신께 비하면 세상 모든 것은 하찮은 것.

오, 나의 귀한 것은 당신뿐이오리다. 내 마음 당신께 드리옵니다."

〈감람산 위의 말씀〉

제20곡 서창(복음사가, 예수)

복음사가, 예수(마 26:30~32)

제21곡 코랄

"나를 지키소서 수호자시여. 성령은 나를 천상의 낙원으로 이끄셨나이다."

제22곡 서창(복음사가, 베드로, 예수)

복음사가, 베드로, 예수(마 26:33~35)

제23곡 코랄

21곡의 코랄을 반음 내리고 가사를 달리하여 반복한다.

"나는 여기 당신 곁에 있습니다. 당신 곁을 결코 떠나지 않으리이다."

〈겟세마네 기도〉

제24곡 서창(복음사가, 예수)

복음사가, 예수(마 26:36~38)

제25곡 서창(테너)과 코랄

"오오, 그 고통. 괴로움에 떨고 있는 당신의 마음"으로 예수님을 위로하는

서창과 "어찌하여 주는 고통 받으시는가"라는 합창이 대화한다.

코랄: "당신의 괴로움이 어이 된 일입니까? 그것은 나의 죄, 내 죄가 당신을 매질

했나이다. 예수여, 당신이 짊어지신 고통은 나의 죄 지음입니다."

제26곡 아리아(테너)와 합창

오보에의 느린 반주에 맞추어 주의 곁을 지키려는 제자들의 마음을 테너

와 코랄풍의 합창이 서로 대화식으로 이야기한다.

테너: 나 예수 곁에 있습니다. 예수의 영혼의 괴로움이 나의 죽음을 보상하고

예수의 슬픔은 나를 기쁨으로 채웁니다.

합창: 우리의 비통한 슬픔일세. 우리의 달콤한 기쁨일세.

제27곡 서창(복음사가, 예수)

복음사가, 예수(마 26:39)

제28곡 서창(베이스)

"그 잔은 세상의 온갖 죄악으로 그득하여 악취를 내뿜고 있다. 그래도 하나님의 뜻에 따르심이라"며 고뇌의 잔을 마시려는 예수님의 마음을 노래한다.

제29곡 아리아(베이스)

바이올린의 유니즌으로 연주하는 전주에 이끌리어 "즐거이 주를 따라 십자가를 짊어지고 잔을 들리다"라 노래한다.

"나는 나아가서 주님께서 마신 다음으로 십자가와 잔을 받으리라. 내가 마시는 것이므로 젖과 꿀이 흘러나오는 주님의 입이 한번 잔에 닿는 이래로 잔의 밑바닥까지 고난이 심한 치욕까지 달콤하게 되었으니 주님을 쫓아 즐거이 마시리."

제30곡 서창(복음사가, 예수)

복음사가, 예수(마 26:40~42)

제31곡 코랄

"하나님의 뜻이 언제나 이루어지리이다"라고 하나님의 은총을 찬양하고 믿는 자 의 평안한 마음을 노래한다.

제32곡 서창(복음사가, 예수, 유다)

복음사가, 예수(마 26:43~50)

〈예수의 체포〉

제33곡 아리아(2중창 : 소프라노와 알토)와 합창

예수의 체포를 알리는 듯 긴박한 느낌의 긴 전주에 이어 "이리하여 예수는 붙들리시도다"란 2중창에 이어 예수님의 체포를 찬성하는 부류와 반대하는 부류의 입장이 합창으로 표현된다.

제34곡 서창(복음사가, 예수)

복음사가, 예수(마 26:50~56)

제35곡 코랄

합창풍의 긴 코랄로

"오오, 사람들이여. 그대들의 죄가 얼마나 큰가를 슬퍼하라.

그 죄 때문에 그리스도께서는 아버지의 품을 떠나 이 땅에 오셨음이라.

우리들의 중재자 되시려 동정녀에게서 태어나셨도다.

죽은 자에게 생명주시고 모든 병든자 고치셨건만

이제는 희생의 때가 오고 말았구나.

우리의 죄 무거운 짐을 몸소 지시고 십자가에 매달리셨도다."

[제2부]

〈가야바의 산헤드린 공회 재판〉

제36곡 아리아(알토)와 합창

플루우트, 오보에, 바이올린의 유니즌으로 이끌리어 알토가 "아 이제 우리 주 끌려가셨네"에 이어 예수의 행방을 염려하는 군중들의 합창이 이어진다.

아리아: "아아! 나의 예수는 끌려가셨네! 예수를 다시 뵐 수 있을까?

아아! 호랑이 발톱에 걸린 나의 어린 양이여. 아, 나의 예수는 어디에?

나의 영혼이 걱정되어 묻는다면 어떻게 말하면 좋은 것일까?"

제37곡 서창(복음사가)

(마 26:57~59)

 음악으로 변주된 성경

제38곡 코랄

"세상은 나를 속여 거짓과 간계로 수없는 그물과 올무를 만들었나니.

주여, 이 환난 중에서 나를 지키사 악에서 구하옵소서."

제39곡 서창(복음사가, 증인들, 제사장)

복음사가, 대제사장(마 26:60~63)

제40곡 서창(테너)

비올라 다감바와 2개의 오보에 반주에 의하여 "예수는 침묵을 지키고, 우리들을 깨닫게 하도다"라 이야기한다.

제41곡 아리아(테너)

첼로의 전주로 "참으라 거짓 증거 때문에 고통을 받고"가 테너의 아리아로 이어진다.

"거짓의 혀가 나를 유혹한다 하더라도

자기의 죄에도 불구하고 모욕과 조소를 견디고 참는다면

하나님은 나의 마음의 억울함에 보답해 주실 것이다."

제42곡 서창(복음사가, 제사장, 예수, 군중)

(마 26:63~66)

제43곡 서창(복음사가, 군중)

(마 26:67~68)

제44곡 코랄

매 맞고 조롱 받는 예수를 안타깝게 슬퍼하는 "당신을 그토록 매질한 이는 누구입니까?"로 시작되는 비통한 코랄이다.

〈베드로의 부인〉

제45곡 서창(복음사가, 베드로, 두 사람의 하녀, 군중)과 합창

(마 26:69~73)

제46곡 서창(복음사가, 베드로)

(마 26:74~75)

제47곡 아리아(알토)

바이올린 독주로 시작하여 비통한 마음으로 부르는 알토 아리아다.

"아, 나의 하나님이여. 나의 눈물로 보아 불쌍히 여기소서!

당신 앞에서 애통하게 우는 나의 마음과 눈동자를 주여, 보시옵소서.

불쌍히 여기소서!"

제48곡 코랄

"당신의 은총과 자비는 끊임없는 나의 죄보다 크나이다"라며 하나님을
믿고 무릎 꿇는 자의 경건한 마음으로 부르는 노래이다.

〈유다의 죽음〉

제49곡 서창(복음사가, 유다, 제사장, 장로들)

(마 27:1~4)

제50곡 서창(복음사가, 두 사람의 대제사장)

(마 27:5~6)

제51곡 아리아(베이스)

"자, 나의 예수를 돌려다오! 자, 그 버려진 젊은이가 너희들의 발 아래 돈을 살인의
사례금을 던져 주고 있지 않은가!"

제52곡 서창(복음사가, 예수, 빌라도)

(마 27:7~14)

제53곡 코랄

"당신께서 나아가는 길과 당신의 마음의 고뇌를 그분의 뜻에 맡기소서."

〈빌라도의 법정〉

제54곡 서창(복음사가, 빌라도, 빌라도의 아내, 군중들)

(마 27:15~22)

제55곡 코랄

부당한 처벌에 대하여 분노하며 "이처럼 기이한 벌이 어찌 있을 수 있단 말인가!" 하며 탄식하는 기분의 코랄이다.

제56곡 서창(복음사가, 빌라도)

(마 27:23)

제57곡 서창(소프라노)

예수의 선행을 회상하며 "저분은 우리 모두에게 선한 일을 하셨습니다. 그가 이밖에 무엇을 하였는가"며 호소한다.

제58곡 아리아(소프라노)

플루우트와 오보에 2개의 트리오의 반주로 이루어지는 악으로 인해 죄 없이 벌 받는 예수를 위로하는 다 카포 아리아로 낡은 베네치아 오페라 양식에 생기를 불어 넣어 신·구 조화의 새로운 시도를 보여주는 맑고 청아한 아리아다.

"나의 구주는 죄를 지은 일이 없는데 다만 사랑 때문에 죽으려 하신다. 영원한 파멸과 심판의 벌로부터 나를 영원히 구원하시기 위함이네."

제59곡 서창(복음사가, 빌라도, 군중)

(마 27:23~26)

제60곡 서창(알토)

현악기의 반주로 포박되어 매를 맞으며 상처를 입은 애처로운 예수의 모습에 동정하며 "하나님이시여, 불쌍히 여기소서! 제발 매질을 멈춰 주시오!"

제61곡 아리아(알토)

11

바이올린을 주 선율로 현악기의 비장한 반주에 이어 제47곡 소프라노 아리아에서 사용한 슬픈 주제를 다시 알토로 노래한다.

'내 뺨에 흐르는 눈물이 아무 것도 할 수 없다면, 내 마음이라도 받아주소서! 하지만 저 상처에서 떨어지는 성혈을 위한 희생의 잔이 되게 하소서!'

제62곡 서창(복음사가, 군인들)

(마 27:27~30)

제63곡 코랄

수난의 주제를 사용한 가장 유명한 코랄이며 찬송가 145장 '오 거룩하신 주님' 으로 우리에게 친근한 선율로 매질과 가시면류관으로 피투성이가 된 처절한 예수님의 모습을 비통하게 묘사하고 있다.

"오, 피투성이가 된 그의 머리.

온갖 고통과 조롱에 싸여 가시관을 쓰셨도다.

오, 아름답던 머리 항상 무한한 영광과 영예로 빛나셨건만

지금은 갖은 멸시 다 받으시네.

오, 거룩하신 그대여! 당신의 고귀한 용모 앞에 모든 것은 움츠러들고

당신의 그 빛나는 눈동자에 모든 빛은 광채를 잃거늘,

어찌하여 당신께 침을 뱉으며,

어찌하여 당신을 그토록 창백하게 만들 수 있는가.

저 위대한 최후의 심판을 생각한다면

이 수치스런 짓은 얼마나 엄청난 일인가?"

〈골고다 언덕〉

제64곡 서창(복음사가)

(마 27:31~32)

음악으로 변주된 성경

제65곡 서창(베이스)

2개의 플루우트와 비올라 다 감바의 반주로

"우리의 살과 죄는 정녕 십자가에 매달려야만 하는 것.

십자가가 준엄할수록 우리 영혼에 더욱 좋은 것."

제66곡 아리아(베이스)

비올라 다 감바의 반주에 이끌린 베이스 아리아이다.

"나는 말하고 싶다. 오라, 달콤한 십자가여!

나의 예수여, 언제든지 십자가를 주소서! 나의 고통을 견딜 수 없을 때라도

주여, 나를 도우사 스스로 그 십자가를 지게 하소서."

제67곡 서창(복음사가, 군중)

(마 27:33~43)

제68곡 서창(복음사가)

(마 27:44)"

제69곡 서창(알토)

2대의 오보에 반주로 불려지는 아름다운 곡이다.

"아아 골고다, 저주받은 골고다!

영광의 주께서 이곳에서 갖은 모욕 받으시고 돌아가셔야만 하다니.

세상의 축복이시며 인류의 구원자이신 분이

인간들의 저주로 십자가에 매달리시다니.

하늘과 땅의 창조주가 대지와 공기를 빼앗기시고

죄 없는 사람이 유죄로써 죽지 아니하면 안되다니.

그것이 나의 영혼을 슬프게 하도다!

아아 골고다, 저주받은 골고다!'

제70곡 아리아(알토)와 합창

"보라, 예수가 팔을 뻗으셨도다. 우리를 안기 위해서.

오시오!

어디로(합창)?

예수의 팔 안으로. 구원을 찾으라. 자비를 받으라.

구하라!

어디에서(합창)?

예수의 팔 안에서 살고 그곳에서 죽으며. 너희 버림받은 어린 병아리들아.

머무르라!

어디에서(합창)?

예수의 팔 안에서."

〈예수의 죽음〉

제71곡 서창(복음사가, 예수, 군중)

(마 27:45~50)

제72곡 코랄

"나 언젠가 세상을 떠나야만 할 때, 주여, 내게서 떠나지 말아 주소서!" 수
난의 주제를 고대 교회 선법인 프리지안 선법을 사용하여 주님께 구원을
바라고 괴로움을 덜어 줄 것을 엄숙하게 간구하고 있다.

제73곡 서창(복음사가, 군중)

(마 27:51~58)

제74곡 서창(베이스)

"아, 사랑하는 영혼이여. 부탁하자,

가서 예수의 육신을 내어 달라고 오, 신성하고 거룩한 기념을!'

제75곡 아리아(베이스)

코랄의 주제를 사용한 오보에와 바이올린 전주에 이어 목가적인 아름다움을 지닌 베이스 아리아이다.

"나의 마음을 깨끗이 하여 예수를 내 마음에 받아들이자.

깨끗해진 내 가슴에 영원히 거하시어 그분 편안한 휴식 취하시도록.

더러운 세상이여 사라져라! 예수여 오라. 나의 마음 깨끗이…"

제76곡 서창(복음사가, 빌라도, 제사장)

(마 27:59~66)

제77곡 서창(베이스, 테너, 알토, 소프라노)과 합창

"이제 주께서 안식에 드셨다. 우리의 죄로 인한 그 고난이 이제 끝났도다.

나의 예수여 편히 잠드소서!'

제78곡 합창

수난의 주제를 사용하여 장대하고 숭고하게 끝맺는 합창이다.

"우리들은 눈물에 젖어 무릎 꿇고 무덤 속의 당신을 향하여

편히 잠드시라 당신을 부릅니다.

지칠 대로 지치신 몸! 편히 잠드소서!

당신의 무덤과 묘석은 번민하는 마음에 편안한 잠자리가 되시고

영혼의 휴식처가 되소서.

이리하여 이 눈은 더 없이 만족하여 우리도 눈을 감나이다.

우리들은 눈물에 젖어 무릎 꿇고 당신을 부르나이다."

내 입의 말과 마음의 묵상이 주의 앞에 열납되기를 원하나이다(시 19 :14)

카라바조(Caravaggio Micheoangelo, 1573~1610) : 〈성모님의 로사리오〉, 1607, 미술사박물관, 비엔나

묵주소나타
RosenKrang - Sonaten : Heinrich Ignaz Franz Biber
－신비의 문을 여는 관상기도

유년(幼年)의 추억

묵주의 기도

    — 이해인 —

산내음 나는
향나무 묵주 하나의
지극한 보배로움이여

평일에도 묵주를 쥐고
당신 앞에 오면
난(蘭)처럼 향기로운 마음이여

흩어졌던 생각이 한자리에 모이고
외출했던 사색도 돌아와 앉아
나의 기도는 둥글게
장미를 피움이여

"은총이 가득하신 마리아여"를
소박한 마음으로 외울 때마다

 음악으로 변주된 성경

예수를 낳은 마리아의 환희를
예수를 잃은 마리아의 고뇌를
그리고 부활의 예수를 얻은
마리아의 승리를 함께 함이여

성체등 깜빡이는 성당에서
촛불이 타오르는 방 안에서
산책을 하는 길가에서

묵주를 든 손은
언제나 겸허하고 따뜻한
믿는 이의 손

예수와 마리아가 결합하듯
나도 그들과 하나 되는 은총이여
가까운 이웃과 함께
모르는 이웃과도 하나 되고
산 이들과 함께
죽은 이도 하나 되는 신비여

베들레헴의 길을
갈바리아의 길을
엠마오의 길을 마리아와 함께
앉아서도 걸어가는
가장 아름다운 나의 기도
우리의 기도

오늘도 주머니에 넣고 만지작거리는

단단한 묵주 하나의

빛나는 보배로움이여

　　이 시를 읽으면 어렴풋이 어렸을 적 기억이 되살아난다. 나는 혜화동 성당과 이웃해 있는 혜화유치원에 다녔다. 당시 그 유치원의 선생님들은 모두 수녀님이었다. 1년 내내 내게 비춰진 선생님들의 강한 인상은 늘 검정 수녀복을 입고 묵주를 걸고 우리들을 가르치셨다는 점이다. 많은 활동을 필요로 하는 유치원 선생님의 복장으로 수녀복은 결코 효율적이라 할 수 없지만 우리 선생님들은 전혀 개의치 않았다. 특히, 율동시간에 선생님의 율동보다 목에 걸려있던 묵주의 움직임이 더 컸던 기억이 있다. 미술시간이나 공작시간에 바로 옆에서 직접 몸을 숙이며 도와주실 때는 묵주 끝의 십자가가 바로 내 눈 앞에서 달랑거림에 내 시선이 집중되곤 했다. 일주일에 한번 성당에서 미사 드리는 날이면 유치원 담장을 넘어 성당으로 들어갔는데 신비의 문으로 향하는 듯한 그 곳은 색다른 세상이 펼쳐지곤 했다. 그러나 나를 포함한 모든 아이들에게 미사 시간은 너무나 지루한 의례였다. 다만 미사 때마다 묵주를 손에 꼭 쥔 수녀 선생님들의 진지한 기도 모습은 잊혀지지 않는다.
　　유소년 시절에 바이올린을 배운 적이 있다. 한국의 엄마들은 피아노 같은 악기들을 자녀에게 기본적으로 가르치려는 열정이 있다. 나라고 예외는 아니었으니 그냥 배우게 된 거였다. 문제는 큰 소질이 없으면 계속하기는 힘들다는 거다. 내 기억에 바이올린은 극도로 예민한 악기여서 다른 악기에 비해 천부적인 재능이 더 요구되는 듯했다. 그래서인지 지금도 바이올린 연주자에 대한 내 애정은 각별하다. 비버의 묵주 소나타는 수녀님과 묵주와 바이올린이라는 내 유년의 추억을 아련히 더듬게 하는 음악이다.

묵주기도의 기원

묵주는 라틴어로 로사리움(Rosarium) 이라 하며 '장미밭' 이라는 의미를 갖고 있다. 그 어원은 로사(Rose) 즉 '장미꽃' 이다. 일반적으로 '묵주기도' 를 '로사리오(Rosario)기도' 라고 부르는데 이는 '장미 꽃다발' 혹은 '장미화환' 을 뜻한다. 이는 성모님에게 장미 꽃다발을 선물로 바친다는 의미라 볼 수 있다. 묵주기도의 기원은 초대교회로 거슬러 올라간다. 초대교회 신자들은 기도 대신 장미 꽃다발을 바치기도 했으며, 박해 받던 그리스도인들은 머리에 장미화관을 쓰고 원형경기장으로 끌려가 사자들의 밥이 되었다. 밤중에 이들 순교자들의 시신을 거두며 떨어진 장미꽃을 모아놓고 꽃송이마다 기도를 바쳤다. 또한 수도자들이 죽은 이들을 위해 작은 돌멩이나 곡식 낱알을 둥글게 엮어 하나씩 굴리며 기도의 횟수를 세며 시편을 외우던 관습이 묵주기도의 시작이다.

13세기 성 도미니꼬(1170~1221)는 당시 이단들이 교회를 위협하자 각 지방을 순회하며 신자들에게 묵주기도를 바칠 것을 호소하며 처음으로 성모 마리아의 환희에 대한 묵상을 '도미니코 묵주기도' 라고 부르며 체계화 한다. 1464년 도미니코 수도회 알란 드 라 로슈(Alan de la Roche) 수사는 예수 그리스도의 전 생애를 환희, 고통, 영광의 신비로 나누고 각 신비마다 5개의 사건을 기억하는 15단 형식의 기도로 자리잡게 하였다. 지금의 '묵주기도' 는 비오 5세가 1569년에 선포한 것이고, 2002년에는 교황 요한 바오로 2세가 묵주기도의 중요성을 다시금 강조하면서 그리스도의 공생활을 묵상하는 '빛의 신비' 를 덧붙여 오늘에 이르고 있다.

묵주기도의 내용

환희의 신비

1단 : 마리아께서 예수님을 잉태하심을 묵상합시다.

2단 : 마리아께서 엘리사벳을 찾아보심을 묵상합시다.

3단 : 마리아께서 예수님을 낳으심을 묵상합시다.

4단 : 마리아께서 예수님을 성전에 바치심을 묵상합시다.

5단 : 마리아께서 잃으셨던 예수님을 성전에서 찾으심을 묵상합시다.

고통의 신비

1단 : 예수님께서 우리를 위하여 피땀 흘리심을 묵상합시다.

2단 : 예수님께서 우리를 위하여 매 맞으심을 묵상합시다.

3단 : 예수님께서 우리를 위하여 가시관 쓰심을 묵상합시다.

4단 : 예수님께서 우리를 위하여 십자가 지심을 묵상합시다.

5단 : 예수님께서 우리를 위하여 십자가에 못 박혀 돌아가심을 묵상합시다.

영광의 신비

1단 : 예수님께서 부활하심을 묵상합시다.

2단 : 예수님께서 승천하심을 묵상합시다.

3단 : 예수님께서 성령을 보내심을 묵상합시다.

4단 : 예수님께서 마리아를 하늘에 불러 올리심을 묵상합시다.

5단 : 예수님께서 마리아께 천상 모후의 관을 씌우심을 묵상합시다.

빛의 신비

1단 : 예수님께서 세례 받으심을 묵상합시다.

2단 : 예수님께서 가나에서 첫 기적을 행하심을 묵상합시다.

3단 : 예수님께서 하나님 나라를 선포하심을 묵상합시다.

4단 : 예수님께서 거룩하게 변모하심을 묵상합시다.

5단 : 예수님께서 성체성사를 세우심을 묵상합시다.

묵주기도는 복음서의 요약이자 인류 구원의 신비, 그리스도의 신비, 교회의 신비, 그리고 마리아의 신비를 함축하고 있어 예수 그리스도와 성모 마리아를 함께 묵상하는 관상기도이다. 묵주기도는 예수님의 탄생(환희), 죽음(고통), 부활(영광)의 삼각 순환고리에 의한 그리스도의 구원사를 깊이 묵상하며 살아가는 그리스도인의 기도의 기본으로 권장되어져 왔다.

바이올린과 비버

음악 듣는 사람들의 대부분이 심금을 울려주는 바이올린 선율에 반해 처음 음악에 빠져드는 경우가 많은데, 내 경우, 바이올린을 끝까지 배우지 못한 아쉬움 때문에 더욱 그렇다. 이렇듯 옛부터 바이올린이란 악기는 서정성을 깊이 간직하고 차분한 가운데 우리의 마음을 적셔주는 섬세한 마력을 지니고 있어 독주 악기뿐 아니라 오케스트라에서도 곡 전체의 기본 골격을 담당하는 주요한 역할을 하고 있다.

바이올린 음악 및 연주에 있어 음악사에 길이 남을만한 음악가라면 당연 파가니니(N. Paganini, 1782~1840)를 첫째로 꼽을 것이다. 그러나 바흐보다도 한 세대나 앞서 활동하던 17세기 독일 바로크 시대의 최고의 바이올린 연주자이며 작곡자인 비버(Heinrich Ignaz Franz Biber, 1644.8.12~1704.5.3)를 기억하는 사람은 그리 많지 않다. 음악사에서는 종종 위대한 음악가나 작품이 후대의 연주가나 작곡자에 의해 재평가되는 예가 많다. 바흐의 명작인 '무반주 첼로조곡'은 수백 년이 지난 뒤에 명 첼리스트 파블로 카잘스에 의해, '마태수난곡'은 바흐 초연 후 100년 만에 멘델스존에 의해 알려지고 재평가되어 불후의 명곡 반열에 오르게 된 것처럼, 웬만한 음악 해설책에도 잘 나오지도 않는 음악가 비버도 최근 들어 그의 작품을 기가 막히게 해석하고 연주하는 연주 단체에 의해 재평가된 인물이 아닌가 생각한다.

비버는 1644년 보헤미아에서 출생하여 모차르트의 고향인 짤츠부르크에서 바이올린 연주자 및 작곡가로 활동했다. 당시 가장 뛰어난 바이올린 연주자로서 바로크 음악의 특징을 그대로 전수하면서, 기교적으로 고난도의 연주 기법을 사용하여 많은 기악곡을 작곡하여 현세의 연주자들로 하여금 도전의 목표가 되고 있다. 또한 성악 부분에서도 종교음악 및 세속음악에 많은 작품을 남기고 있다.

특히, 비버는 '묵주소나타'에서 묵주기도의 신비스럽고 극적인 사건들을 표현하기 위하여 당시로선 획기적인 시도를 보이고 있다.

첫째, 바이올린 현의 조율을 변경하여 연주하는 '스코르다투라(Scordatura)'라는 조현법을 사용하고 있다. 스코르다투라 기법은 르네상스 시대의 류트 연주법에서 비롯된 것으로 현악기의 현을 5도가 아닌 2, 3, 4도 간격으로 조율하여 정상적으로 조율된 바이올린으로는 표현할 수 없는 소리를 내기 위한 것이다. 현의 높이를 조정하고, 바이올린 연주 기교 중 가장 어렵다는 2중, 3중 겹줄치기(Double, Triple Stopping : 손가락으로 두 줄 또는 세 줄을 짚고, 활로 동시에 켜는 연주법)를 과감하게 구사하여 묘한 화음과 몽환적인 분위기의 불협화음과 같은 음향 효과로 이 곡의 종교적 경건함과 곡의 신비로움을 최대한으로 표현하고 있다.

둘째, 15곡의 소나타와 1곡의 파사칼리아로 이루어진 연작 형태로 '묵주기도'의 각 주제를 표현함에 다양한 악장 구성과 악기의 배열로 마치 사람 목소리를 듣는 것 같은 섬세한 표현으로 효과를 극대화 했다. 이는 후대의 바흐가 브란덴브르크 협주곡(전6곡)에서 각 곡마나 연주 악기를 딜리하여 효과를 본 깃과, 관현악조곡(전4곡)에서 다양한 순서로 무곡을 배열한 악장 구성으로 고전모음곡(조곡)의 표준을 보인 것보다 한 세대나 앞선 시도이다.

곡별 성경대조표

구분	순번	제목	악장의 구성	관련 성경구절	사용 악기
제1부 환희의 신비	소나타 1번	예수님의 잉태	Prelude Aria	눅 1:28~38	Vn, Viol, Org
	2번	엘리자벳을 방문	Sonata Allemande Presto	눅 1:39~46	Vn, Va, Lute
	3번	예수님의 탄생	Sonata Courante Adagio	눅 2:7~16	Vn, Org
	4번	예수님을 성전에 드림	샤콘느(Ciaconia)	눅 2:22~35	Vn, Harp, Vc
	5번	예수님을 성전에서 찾음	Prelude Allemande Gigue Saraband	눅 2:44~49	Vn, Harp, Lute, Bn
제2부 고통의 신비	6번	감람산 위의 예수님	Lamento	눅 22:41~54	Vn, Lute, Org, Viol
	7번	채찍질 당하는 예수님	Allemande Saraband	마 27:20~26	Vn, Harp
	8번	가시 면류관을 쓰신 예수님	Sonata Gigue	마 27:27~30	Vn, Va, Org
	9번	십자가를 지신 예수님	Sonata Courante Finale	눅 23:26~30	Vn, Viol, Harp, Lute
	10번	십자가에 못 박히신 예수님	Prelude Aria	눅 23:35~36	Vn, Vc, Harp, Org, Lute
제3부 영광의 신비	11번	예수님의 부활	Sonata Passacaglia Adagio	마 28:2~6	Vn, Org, Bn, Lute, Viol
	12번	예수님의 승천	Intrada Allemande 2중 Courante	행 1:9~11	Vn, Harp, Viol, Vc
	13번	성령강림	Sonata Gavotte Gigue Saraband	행 2:1~16	Vn, Org, Bn
	14번	하늘에 불러 올려진 마리아	Prelude Aria Gigue	눅 1:47~48	Vn, Harp, Lute

12

| 제3부
영광의
신비 | 15번 | 마리아의 대관식 | Sonata
Aria
Canzone
Saraband | 구약 외전
집회서 24 | Vn, Org,
Harp, Viol,
Lute,
Bn |
| | 16번 | 파사칼리아 | Adagio
Allegro
Adagio | | Vn solo |

* Vn : Violin, Viol : Violone, Va : Viola da gamba, Vc : Violoncello, Harp : Harpsichord, Bn : Bassoon

 ## 곡의 구성

　곡은 크게 기쁨의 신비, 고통의 신비, 영광의 신비 세 부분으로 나누어지고 각 부는 다섯곡의 소나타로 구성되며 영광의 신비의 마지막에 바이올린 독주곡인 파사칼리아로 마무리한다. 소나타 각 곡마다 제목을 갖고 있는 표제 음악으로 복음서를 기반으로 예수님의 15개의 이적을 신비스럽게 그리고 있으며, 각 곡에는 기도의 내용과 같은 동판화와 헌정사가 붙어져 있다.

　각 곡은 소나타(Sonata)란 이름으로 1-15번까지 번호가 붙어 있으며, 각 악장은 소나타나 프렐류드로 시작하여 여러 가지 무곡으로 구성되어 있다. 여기서 소나타란 악곡의 형식이 아니고 단지 당시(바로크 시대) 성악곡에 대립하는 기악곡을 총칭하는 의미로 볼 수 있다. 곡을 구성하는 고전 모음곡에 나타나는 무곡들로 주제의 분위기에 맞게 다양한 조합의 무곡으로 곡을 구성하고 있다.

● 알르망드(Allemande) : 상중하고 느린 2박사의 프랑스 무곡

● 쿠랑트(Courante) : 이탈리아에서 민속춤, 프랑스, 영국에서 유행한 3박자의 달리는 듯 빠른 무곡

● 사라반드(Saraband) : 서정성이 강한 3박자의 스페인 무곡

● 지그(Gigue) : 영국에서 시작, 프랑스, 이탈리아에서 유행한 3박자의 빠른 무곡

- 가보트(Gavotte) : 보통 빠르기의 4/4박자 프랑스 무곡

- 인트라다(Intrada) : 연주 개시, 개막 때 행진곡, 축제풍의 팡파르

- 샤콘느(Ciaconia) : 멕시코에서 스페인으로 건너 온 무곡, 이탈리아, 독일에서 기악으로 발전. 3박자의 장중한 리듬을 가진 변주곡의 일종

- 파사칼리아(Passacaglia) : 17~18세기 스페인, 이탈리아를 중심으로 유행한 무곡. 느린 3박자로 대개 단조의 바소 오스티나토(동일 음형 및 음높이의 프레이즈를 연속적으로 반복하여 최저성부를 고정시킴)에 의한 변주곡 형식

대위법이 적용된 악장은 소나타나 칸쪼나로 명시되어 있으며, 각 곡에는 곡의 가장 큰 특징인 바이올린의 스코르다투라 조현법에 대해 자세히 지시하고 있으며, 각 곡마다 사용되는 악기를 다르게 지정하므로 성경의 내용을 묘사함에 기악의 한계를 효과적으로 극복하고 있다.

- 소나타 1번 : 예수님의 잉태(Prelude-Aria) 수태고지 소나타로 천사의 강림과 은총이 가득한 동정녀의 응답이 들리는 듯하다. 피날레에 날아가는 천사의 생생한 암시가 들린다.

- 소나타 2번 : 엘리자벳을 방문(Sonata-Allemande-Presto) 도입부에서 언덕을 넘는 느린 여행이 있은 후 '자궁 속의 아이가 발길질 한다'

- 소나타 3번 : 예수님의 탄생(Sonata-Courante) 고요한 밤 불침번을 서는 양치기와 그들 앞에 나타난 천사가 묘사되고 양치기들의 경배로 마지막을 장식한다.

- 소나타 4번 : 예수님을 성전에 드림(Ciaconia)

- 소나타 5번 : 예수님을 성전에서 찾음(Prelude-Allemande-Gigue-Saraband) 첫 부분 '부름'의 주제와 다급한 프레스토는 어린 예수를 찾는 걱정 어린 부모의 모습이, 사라방드에서는 율법 학자들 사이에서 예수를 찾는 장면이 보인다.

- 소나타 6번 : 감람산 위의 예수님(Lamento) 첫 곡은 무릎 꿇은 예수, 프레스토는 떨림, 아다지오에서 천사의 등장, 이어지는 레치타티보에서 예수의 체포가 묘사된다.

- 소나타 7번 : 채찍질 당하는 예수님(Allemande-Saraband) 전체가 춤곡으로 이루어져 있으며, 첫 곡 알르망드의 트럼펫과 같은 주제로 병사들을 나타내고, 사라방드의 변주로는 채찍질을 그려내고 있다.

- 소나타 8번 : 가시 면류관을 쓰신 예수님(Sonata-Gigue) 느린 도입부는 앉아 있는 예수님이며, 프레스토는 구타를 묘사한다.

- 소나타 9번 : 십자가를 지신 예수님(Sonata-Courante-Finale) 긴 도입과 함께 무거운 십자가를 지고 힘겹게 골고다 언덕을 오르는 예수님을, 피날레는 그를 둘러싼 군중들의 학대로 주저앉는 모습을 나타낸다.

- 소나타 10번 : 십자가에 못 박히신 예수님(Prelude-Aria) 프렐류드는 십자가에 못박는 망치소리를 선명히 들려주며, 마지막 아리아의 변주는 지진을 묘사하고 있다.

- 소나타 11번 : 예수님의 부활(Sonata-Passacaglia-Adagio) 고대 파사칼리아 'surrexit Christus hodie' 선율에 기초를 둔 주제가 다양하게 변화한다. 이 주제의 연결성과는 별도로 무덤의 돌을 굴리는 초자연적인 힘과 이에 놀라 달아나는 병사들의 인성을 그린다.

- 소나타 12번 : 예수님의 승천(Intrada-Allemande-2중 Courante) 예수님의 승천을 상승 음계와 환호하는 팡파르로 묘사하고 있다.

- 소나타 13번 : 성령강림(Sonata-Gavotte-Gigue-Saraband) 첫 번째 주제가 세 번 들리는데 이는 성부의 3위인 성령의 환영이다. 이어지는 부분은 성령이 하강하면서 나오는 바람 소리와 같다.

- 소나타 14번 : 하늘에 불러 올려진 마리아(Prelude-Aria-Gigue) 성모 마리아의 승천이 토카타의 상승음을 따라 즐겁고 경쾌하게 천상의 기쁨을 노래한다.

- 소나타 15번 : 마리아의 대관식(Sonata-Aria-Canzone-Saraband) 아리아와 세 개의 변주로부터 귀에 익은 샤콘느의 선율이 화려한 기법으로 변주되며 성모 마리아의 대관이란 축제의 장관을 묘사하고 있다.

- 소나타 16번 : 파사칼리아(Adagio-Allegro-Adagio) 바이올린 독주로 된 장대한 파사칼리아로 마무리하고 있다.

말씀이 육신이 되어 우리 가운데 거하시매(요 1:14)

조토(GIOTTO di Bondone, 1267~1337) : 〈예수의 생애〉 중
'탄생', '예루살렘 입성', '십자가의 죽음', '부활승천', 1304~06, 스크로베니 성당, 파두아

칸타타
8 Kantaten : Johann Sebastian Bach
–예수님의 일생을 그린 장려한 서사시

칸타타의 매력

칸타타는 바흐 평생의 교회 생활이며 신앙고백이며 하나님과 만나는 하나의 궁극적인 수단이었다. 바이마르, 뮐하우젠, 라이프치히에 이르기까지 그의 음악 활동 전반에 걸친 오랜 기간 동안 칸타타를 작곡하고 실제 연주하며, 성경(주로 복음서와 서신서)과 설교라는 텍스트에 대한 완벽한 해석과 이해를 위하여 다양한 음악적 형식상의 변화를 시도하며 말씀을 음악으로 재해석한 셈이다. 따라서 바흐의 수난곡, 오라토리오, 미사 등 바다와 같은 대곡들은 모두 칸타타라는 시냇물(Bach는 '시내'를 뜻함)에 그 기초를 두고 있다.

바흐는 라이프치히의 성 토마스 교회에 재직시에는 매주 칸타타를 한 곡씩 작곡해야 했다. 주일 예배에 작곡한 곡을 올리려면 주초 3~4일 정도밖에 여유가 없었을 것이다. 그리고 나머지 이틀은 합창단와 오케스트라와 맞추며 연습을 해야 했으니 보통 일이 아니었을 터, 그런데 더욱 놀라운 것은 며칠 만에 한 곡씩 만들어진 칸타타들이 모두 곡마다 특이하며, 게다가 짜임새까지 겸비하고 있다는 사실이다. 아무리 바흐가 훌륭한 작곡가라 하더라도 이것은 사람의 능력으로 될 수 있는 것이 아님을 직감할 수 있다. 바흐는 작곡에 앞서 늘 말씀을 듣고 묵상하며 성령의 도우심을 받은 것임에 틀림없다. 바흐의 칸타타는 다른 대곡들보다 규모는 작지만 응집력과 심오한 깊이에서 나오는 성스러움은 정말 무릎 꿇고 기도하는 자세로 듣지 않으면 안 될 것 같다.

루터의 종교개혁의 주된 내용인 만인 제사장 사상의 부활과 함께 교회 음악에 있어서도 성직자나 성가대의 독점적인 지위를 거부하고 독일 프로테스탄트 교회를 중심으로 회중이 모두 참여하는 회중성가로 발전한다. 루터 자신도 옛날 민요와 가톨릭 교회 성가 가락에 교회 예배나 가정에서 성도들 누구나 쉽게 따라 부를 수 있는 성가인 코랄을 만들어 보급했다.

이러한 코랄을 중심으로 독창(아리아와 레치타티보)과 중창이 추가되고 코랄을 합창으로 확장하고 곡의 첫머리에 서곡을 붙여 칸타타라는 형식으로 발전하게 된다. 칸타타는 이탈리아어로 노래하다(cantare)에서 파생된 말로서 쉬츠와 바흐를 거치며 교회 예배에서 칸타타는 그날의 설교 말씀을 보충하고 강조하는 수단으로 예배의 중요한 요소를 차지하게 된다.

바흐의 칸타타는 대부분 성악은 물론 오케스트라의 중요성을 크게 강조하고 있으며 형태별로 보면 성경과 종교적 시에 바흐 자신이 직접 곡을 붙인 자유 칸타타(Free Cantatas), 합창이 없이 독창으로만(단, 마지막 곡은 합창으로 마침) 구성되는 독창 칸타타(Solo Cantatas), 그리고 코랄 선율을 사용해 독창과 합창을 포함해 특히 처음과 끝 곡을 합창으로 마무리하는 코랄 칸타타(Chorale Cantatas)로 나뉘어진다. 주로 라이프찌히 성 토마스 교회에서 교회력에 의한 축일과 매 주일 예배를 위해 준비한 것이 대부분이며, 부호들의 요청으로 결혼식이나 특별한 축일을 위한 세속칸타타 등 그 수는 총 300곡에 이르며 이 중 200곡 이상이 지금도 전해지고 있다.

슈바이처 박사가 매일 바흐의 평균율 클라비어 곡집을 연주하며 나날의 양식으로 삼고 하루 일과를 시작했듯, 내가 바흐의 칸타타의 매력에 빠져 한 동안은 매일 아침 운동을 마치고 바흐의 칸타타를 한 곡씩 들으면서 하루를 열었다. 이렇게 아름다움과 거룩함으로 똘똘 뭉쳐져 있는 곡에 감동할 수 있는 삶의 축복에 감사하며, 바흐의 칸타타를 모르고 사는 인생은 참으로 불행한 삶이라고 생각한

13

다. 종교음악에 관심을 갖고 듣기 시작하면서 바흐의 200개가 넘는 교회 칸타타의 세계에 빠져 보는 것을 내 평생의 큰 도전거리로 여기고 있다. 지금까지 고작 50곡 정도 들었으니 아직 만나지 못한 곡에 대한 기대감이 크다.

'칸타타' 오라토리오

바흐의 교회 칸타타 중 가장 잘 알려져 있고 많이 듣는 다시 말하면 가장 레코딩(음반)의 종류가 많은 곡을 8곡 추려 소개하려 하는데 그 곡들을 늘어 놓고 순서를 정하다 보니 우연히도 예수님의 생애와 복음의 승리가 그대로 엮어지고 있음에 나 자신도 너무 놀랍다.

8곡을 이야기의 순서대로 묶어 놓으니 그야말로 거대한(3시간 반짜리: 8곡의 총연주시간) 오라토리오가 만들어지는 대단한 발견을 한 것이다. 그리고 그 8곡을 묶어 일명 '칸타타 오라토리오'라 이름 지으니 다음과 같이 헨델의 '메시아'에 버금가는 대곡이 되는 듯하다.

[1부] 예수님의 탄생에 대한 축복

이야기의 시작은 대천사 가브리엘이 마리아가 처녀의 몸으로 예수님의 수태를 알리는 칸타타 1번 '샛별은 참으로 아름답게 빛나도다'로 시작한다. 다음은 '예수, 인간 소망의 기쁨'이라는 곡으로 잘 알려진 칸타타 147번 '마음과 입과 행동과 생명으로'이다. 마리아가 엘리사벳을 방문한 날인 성모 방문일을 기념하는 칸타타로 엘리사벳의 축복을 받은 마리아는 예수는 나의 기쁨, 내 마음의 위로 그때문에 마음도 몸도 예수로부터 떠나지 않으리라는 감사의 노래이다.

[2부] 예수님의 기사와 비유

음악으로 변주된 성경

예수님의 공생애가 시작되어 기사와 비유로 전능하심을 보이시며 사랑을 베푸신다. 칸타타 78번 '예수여 나의 영혼을'에서 열 명의 문둥병자를 고치신 예수님께 한 문둥병자가 절하며, '예수여 나의 영혼을. 주여 나 믿도다. 약한 나를 도와 실망에 빠지지 말게 하소서'라 영광 돌리며 찬양한다. 이어서 '눈뜨라고 부르는 소리 있어(칸타타 140번)'는 신랑을 맞는 열 처녀의 비유를 들어 이제 작별의 시간을 얼마 남기지 않은 제자들에게 깨어있으라고 말씀하신다.

[3부] 십자가의 죽음과 부활

칸타타 56번 '나 기꺼이 십자가 짊어지리'에서 예수님은 하나님의 뜻을 받아들여 우리의 죄를 대신하여 기꺼이 십자가를 짊어지시며, 그 괴로움 뒤에 올 하나님의 축복된 나라에 인도 될 것을 노래하는 일명 '십자가 칸타타'이다. 이어서 '부활절 칸타타'라는 칸타타 4번 '그리스도는 무덤에 계셨으나'에서는 비록 예수님은 우리들의 죄로 인해 죽으셨지만, 사망이 이김의 삼킨바 되어 사망을 영원히 멸하실 것이라는 죽음을 극복하고 승리한다.

[4부] 천국의 예수님

부활하신 예수님은 하늘 보좌에 오르셔서 천국의 소망으로 우리를 지켜주신다. 칸타타 21번 '내 마음에 근심이 많도다'는 모든 걱정을 주께 내어 놓아라, 그가 돌보시리라. 깊은 고통을 통해 영혼은 천국의 기쁨을 발견하게 될 것이다. 죽임 당하신 어린 양은 부와 지혜와 힘, 존귀와 영광 그리고 축복을 받으시기에 합당하심을 찬양하고 있다. 마지막으로 예수님은 우리와 직접 교통하시며 우리 손을 직접 잡아주시기를 원하신다. 만인 제사장의 의의를 더욱 공고히 하는 '종교개혁 칸타타'인 칸타타 80번 '하나님은 나의 성'에서 '하나님은 우리의 피난처시요 힘이시니 환난 중에 만날 큰 도움이시라'라는 시편 기자의 토로(吐露)와 같이 하나님은 나의 성. 하나님은 닥쳐오는 고통으로부터 우리들을 구하신다는 승리의 확신을 노래하며 끝맺는다.

8곡의 칸타타가 계속해서 흐르는 시간 동안 아름답고 성스러운 음악과 함께 들려지는 말씀과 그려지는 예수님의 생애와 복음의 승리가 가슴 가득 몰려오며 감동적인 시간의 연속이다. 물리적으로는 긴 시간이나 더 붙잡고 싶을 정도로 빨리 지나가고 있음에 놀랍다. 흥분의 시간을 마무리하는 의미에서 평화와 안식을 주는 칸타타 208번 일명 '사냥칸타타'의 '양들은 한가로이 풀을 뜯고'로 마무리한다. 나의 목자되신 하나님이 내 길을 인도하시고 바흐의 칸타타로 상(床)을 베푸시니 진실로 나의 잔이 넘침을 감사하며 시편 23편을 묵상한다.

"여호와는 나의 목자시니 내가 부족함이 없으리로다"

칸타타 1번 : 샛별은 참으로 아름답게 빛나도다
(Wie schön leuchtet der Morgenstern) BWV 1

천사 가브리엘이 마리아가 처녀의 몸으로 예수를 수태했음을 알리는 수태고지 축일에 부르는 칸타타로 누가복음 1:26~38을 기본으로 하고 있다. 마리아를 통하여 메시아로 오시는 하나님 아들의 다윗 왕국의 회복이라는 언약의 성취와 영원무궁한 새로운 나라를 이야기한다. 이는 구약의 선지자 이사야의 예언이 이루어지는 것이다. 이에 마리아는 사내를 알지 못하는 자신에게 어찌 이런 일이 생길 수 있는지 놀란다.

> "마리아가 천사에게 말하되 나는 사내를 알지 못하니 어찌 이 일이 있으리이까 천사가 대답하여 가로되 성령이 네게 임하시고 지극히 높으신 이의 능력이 너를 덮으시리니 이러므로 나실 바 거룩한 자는 하나님의 아들이라 일컬으리라"(눅 1:34~35).

마리아는 이같이 초인간적인 잉태에 대하여 하나님의 깊은 뜻 ― 메시아로 오시는 예수님의 대속의 죽음과 부활 ― 의 성령의 임하심에 대하여 다음과 같이 찬양한다.

> "나의 보배 예수는 알파로부터 오메가 되며
> 나의 기쁨 어느 정도일까
> 그러나 그 사람은 자신을 희생해서
> 우리를 하늘나라의 꽃밭으로 인도하시네
> 아멘 오라 기쁨의 왕관이신 그대여
> 나 진실로 동경하며 그대를 기다리겠노라."

1곡 신포니아

협주곡의 독주 역할을 하는 두 대의 바이올린이 날갯짓 하듯 사뿐거리며 움직이고 호른이 밤하늘에 쏟아지는 별빛같은 효과를 내며 곡이 시작되며 이어 합창이 불려진다.

"하나님으로부터 진리와 축복을 가져오는 새벽 별이 얼마나 아름다운지 위대한 땅 내 영혼의 주인이신 사랑스럽고 따스하고 밝고 영광스럽고 위대하고 정의롭고 축복이 풍성한 높고 아주 고귀하신"

2곡 서창

"오 당신은 진정 마리아와 신의 아들입니다.
택함 받은 모든 이의 왕이십니다."

3곡 아리아(소프라노)

"오 이제 충만하라. 신성한 천상의 너희 불꽃들아 당신을 향한 마음은
믿음 안에서 싸울 것이다. 지상에서 천국의 기쁨을 맛 볼 것이다."

4곡 서창(베이스)

"이 땅의 빛남 세속적인 밝음 나의 영혼을 고무시킬 수 없습니다.
하나님으로부터 나에게 기쁨의 징조가 떠오릅니다."

5곡 아리아(테너)

독주 바이올린(2대)과 테너, 현악합주의 즐거운 4중주가 펼쳐진다.

"우리의 목소리와 현들이 영원토록 당신께 메아리치도록 하소서.
모든 생명이 찬양을 선능하신 왕께 영광을 가져가기를 원합니다."

6곡 합창

"나는 진정으로 기쁩니다. 저의 보배(예수)는 알파요 오메가이시고 시작과 끝이신 하나님입니다. 그는 진실로 그의 큰 찬양을 받을 것입니다.
저에게서 그의 천국에서 이로 인해 저는 지금 손뼉을 칩니다. 아멘. 아멘."

 음악으로 변주된 성경

칸타타 147번 : 마음과 입과 행동과 생명으로

(Herz und Mund und Tat und leben) BWV 147

원래 성령강림절 제4일요일의 예배를 위해 작곡된 것인데, 1727년에 라이프 찌히에서 성모 방문일(7월 2일: 마리아가 엘리사벳을 방문한 날)을 위한 칸타타 로 개정하여 연주한 작품이다.

"이 때에 마리아가 일어나 빨리 산중에 가서 유대 한 동네에 이르러 사가랴의 집에 들어가 엘리사벳에게 문안하니 (중략) 내 주의 모친이 내게 나아오니 이 어찌된 일인고"(눅 1:39~43).

마리아의 방문을 받은 엘리자벳은 마리아의 태중에 있는 '주' 라 부르며 메시 아로서의 예수님의 지위를 알리고 있다. 그 때 엘리자벳도 성령의 도우심으로 세 례 요한을 잉태하고 있었으니 두 여인 모두 천사의 계시와 하나님의 새로운 구속 사역에 귀하게 쓰일 두 아들의 어머니로서 예수는 나의 기쁨, 내 마음의 위로 그 때문에 마음도 몸도 예수로부터 떠나지 않으리라는 감사의 노래다.

이어서 마리아는 이스라엘의 메시아는 지금 오고 계시며, 하나님은 자신을 세 상에 드러내시어 사람의 모습으로 나타나실 것이다. 그는 자비와 정의가 충만한 자로 태어나 권세 있는 자를 내치시고 비천한 이들을 들어 올리신다는 마그니피 카트(마리아의 찬미)를 부른다.

전 2부로 구성된 이 칸타타의 각부의 마지막 곡인 6곡과 10곡의 코랄 '예수는 인류의 소망과 기쁨 되시니(Jesu Bleibet Meine Freude)' 는 예수님으로 비롯된 새 로워진 영혼을 얻은 축복과 마음의 평화, 삶의 힘, 눈의 기쁨을 노래하고 있다. 이 곡은 바흐의 전 칸타타를 대표하는 코랄로 큰 사랑을 받고 있으며, 다양한 형식과 악기로 편곡되어 독립되어 연주되기도 한다.

13

[1부]

1곡 합창

"마음과 입과 행동과 삶은 그리스도를 증거해야 한다.

두려움과 거짓 없이 그가 하나님이며 구원자임을."

2곡 서창

"오 축복 받은 입이여 마리아는 마음 깊이 알게 하였습니다.

감사와 경배를 통해서 그녀는 홀로 가까이 붙잡았습니다."

3곡 아리아

"부끄러워하지 말지라 오 영혼아 너의 구원자를 시인하는 것을

그는 너의 이름을 불러주실 것이다."

4곡 서창(베이스)

"완고함은 전능하신 이를 보이지 않게 할 수 있다.

전능하신 이의 팔이 그들을 자리에서 내리칠 때까지

비록 그것으로 원형의 땅이 흔들릴지라도

이에 반해 불쌍한 자를 그는 구해주실 것이다."

5곡 아리아(소프라노)

"준비합니다. 예수님 이제 그 길을 나의 구원자여 택하소서.

그 믿는 영혼을 그리고 은총의 눈으로 저를 보소서."

6곡 코랄

"예수님을 가졌기에 저는 축복 받습니다.

오 제가 얼마나 굳건히 그를 붙잡는지 그는 제 영혼을 새롭게 하십니다.

제가 아프고 슬퍼할 때에 저는 저를 사랑하시는 예수님을 가졌습니다.

그리고 스스로를 저에게 맡기십니다.

아 그것이 제가 예수님을 떠나지 않는 이유입니다.

 음악으로 변주된 성경

저의 마음이 깨어지는 것 같은 때에도…"

[2부]

7곡 아리아(테너)

"도우소서 예수여 도우소서 제가 당신을 시인하도록. 축복과 두려움 속에서 기쁨과

슬픔 속에서 당신의 사랑으로 저의 마음에 영원토록 불타도록."

8곡 서창(알토)

"전능하신 하나님의 놀라운 팔의 일은 이 땅에 숨어있습니다. 세례 요한은 성령으로

충만했을 것입니다. 사랑의 끈이 그것을 끌어당깁니다."

9곡 아리아(베이스)

"예수님의 놀라우심에 대해 찬양합니다.

육신의 연약함과 세속적인 입을 성령의 불을 통하여 정복하실 겁니다."

10곡 코랄

"예수님은 저의 기쁨으로 님습니다.

제 마음의 평화이고 활력입니다.

예수님은 모든 슬픔을 막아줍니다.

그는 제 삶의 힘 제 눈의 기쁨이고 축복이십니다.

그러므로 저는 예수님을 놓지 않습니다.

저의 마음 그리고 눈으로부터."

13

칸타타 78번 : 예수여 나의 영혼을

(Jesu, der du meine seele) BWV 78

삼위일체절 후 14번째 일요일에 부르는 칸타타로서 전곡에 서정성이 넘쳐 흐른다. 예수님께서 사마리아와 갈릴리를 거쳐 예루살렘으로 가실 때 도중에 10명의 문둥병자를 만나 고쳐주신 이야기를 바탕으로 하고 있다.

> "가서 제사장들에게 너희 몸을 보이라 하셨더니 저희가 가다가 깨끗함을 받은지라 (중략) 그에게 이르시되 일어나 가라 네 믿음이 너를 구원하였느니라 하시더라"(눅 17:14~19).

당시 유대인들은 사마리아 사람들을 이방인으로 여기고 상대도 하지 않았다. 더구나 문둥병자들은 철저히 격리된 곳에서 그 누구도 돌보지 않는 상태에서 소외되어 있었다. 이곳에서 문둥병이 나을 경우 제사장을 찾아가 검사를 받아야 비로소 일반 사람들과 같이 살 수 있었다. 예수님께서는 열 명의 문둥병자에 대하여 차별 없는 사랑으로 이적을 보이사 그들의 병을 고쳐주신다. 그러나 병 고침을 받은 자 중 정작 예수님을 찾아와 고마움을 표시한 사람은 한 사람뿐이었고 나머지 아홉은 모두 제사장에게 달려갔다. 예수님께서 '아홉은 다 어디 가고 혼자만 왔느냐' 라 물으시며, 그 사람에게 병 고침 보다 더 큰 축복인 구원을 주신다.

1곡 합창

"예수 당신은 가장 쓴 죽음을 통하여 저의 영혼을 마귀의 암울한 동굴에서

그리고 영혼을 괴롭히는 큰 슬픔으로부터 당신의 힘으로 떼어 내셨습니다."

2곡 2중창(소프라노, 알토)

바흐의 칸타타에서만 들을 수 있는 아름다운 화음의 극치로 영혼의 소리를 들려주는 2중창이다.

"우리는 연약하지만 힘센 발걸음을 서두릅니다.

오 예수여, 오 주여, 당신께 도움을 요청하기 위하여

당신께서 신실하게 영혼이 병든 자와 가난한 자를 찾으셨습니다.

아 들으소서, 당신의 도움을 구하기 위해 우리가 어떤 음성을 올리는지

당신의 자비로우신 얼굴이 우리에게 기쁨을 가져오게 하소서."

3곡 서창(테너)

"아 저는 죄의 아들입니다. 죄는 저를 덮고 있고

저의 삶 동안 풀어주지 않을 것입니다.

그리고 슬픔의 짐을 매고 있습니다. 당신 앞에 내어 놓습니다."

4곡 아리아(테너)

"당신의 피는 저의 죄를 탕감해 주셨고

저의 마음이 다시 빛을 느끼고 저를 죄 없게 만드셨습니다."

5곡 서창

"상처와 못과 면류관과 무덤 그들이 예수님께 주었던 폭행은 이세 그의 승리하심의 표적이고 저에게 새로워진 힘을 줄 수 있습니다. 십자가 위에서 흘리신 귀중한 피에 젖은 저의 마음을 주 예수 그리스도 당신께 드립니다."

6곡 아리아(베이스)

"이제 당신은 저의 양심을 잠잠케 합니다. 그리스도인이 당신을 믿을 때 당신 손에서 저를 떼어낼 적은 아무도 없습니다."

7곡 코랄

"주가 저의 연약함을 도우심을 믿습니다. 죄와 죽음이 저를 위협할 때 저가 용기를 잃지 않도록 하소서. 제가 투쟁 이후에 영원한 축복 가운데서 당신 주 예수 그리스도를 뵈올 저는 당신의 선하심을 얻을 것입니다."

칸타타 140번 : 눈뜨라고 부르는 소리 있어

(Wachet auf ruft uns die Stimme) BWV 140

원래 삼위일체절부터 27번째 주일에 연주하는 칸타타로 이 때는 거의 대강절이 가까와 오므로 주님의 재림을 준비하라는 내용이며 가장 즐겁고도 희망적인 메시지와 느낌을 지니고 있고 완벽한 하모니로 듣는 이의 영혼이 순화되어 특별히 많은 사랑을 받고 있으며 특히 4번째 곡 코랄은 독립적으로 연주되는 잘 알려진 곡이다.

예수님은 제자들과 감람산에 올라 마지막으로 종말과 심판을 주제로 한 '감람산 강화'를 하신다. 그 중 세 가지 비유 ─ 열 처녀의 비유, 달란트 비유, 양과 염소의 비유 ─ 를 통하여 제자들을 가르치신다. 열 처녀의 비유를 통하여 항상 대비하는 자세를, 달란트 비유를 통해 성실과 충성을, 양과 염소의 비유를 통해 낮은 자에게 사랑과 선을 강조하며 심판의 날을 대비하라 이르신다.

이 칸타타는 이 중 마태복음 25장 1절~13절에 기록되어 있는 열 처녀의 비유를 가사로 사용하고 있다. 신랑을 기다리며 등불의 기름을 준비한 슬기로운 다섯 처녀들과 빈손으로 간 미련한 다섯 처녀들이 신랑을 기다리며 졸다가 신랑을 맞게 된다.

"이에 그 처녀들이 다 일어나 등을 준비할쌔 (중략) 그런즉 깨어 있으라 너희는 그 날과 그 시를 알지 못하느니라"(마 25:7~13).

예수님은 감람산 강화에서 제자들에게 두 번 '깨어 있으라' 고 강조하신다. 위와 같이 열 처녀들의 비유에서 말씀하시고, 또 이에 앞서

"그러므로 깨어 있으라 어느 날에 너희 주가 임할는지"(마 24:42).

무화과나무 비유와 노아의 홍수 때, 그리고 밭에서 일하다가, 맷돌을 갈다가 언제든지 심판의 날이 올 수 있으므로 영적으로 해이해지지 말고 각성하고 있으라는 당부이다.

예수님은 제자들과 최후의 만찬을 마치고 겟세마네 동산에 올라 마지막 기도를 하시기 위해 제자들 중 베드로와 야고보와 요한을 데리고 가시며 마지막으로 또 "깨어 있으라" 말씀하신다.

> "이에 말씀하시되 내 마음이 심히 고민하여 죽게 되었으니 너희는 여기 머물러 나와 함께 깨어 있으라 하시고"(마 26:38).

예수님은 겟세마네의 기도를 드리시며 이러한 절박한 상황에서 또다시 잠들어 있는 제자들을 보시고 "잠시라도 좀 깨어 있을 수 없더냐"고 탄식하신다.

> "제자들에게 오사 그 자는 것을 보시고 베드로에게 말씀하시되 너희가 나와 함께 한 시 동안도 이렇게 깨어 있을 수 없더냐"(마 26:40).

예수님께서 그렇게 가르쳤건만 앞으로 몇 시간 후에 닥칠 사건에 대하여 제자들은 알지 못하고 있는 것이다. 바흐는 이런 제자들을 향하여 정신이 번쩍 들도록 소리 높여 외치고 있다.

> "눈뜨라고 부르는 소리 있도다.
> 영광은 그대 위하여 세상 사람들 천사와 함께
> 하프와 심벌즈를 갖고서 노래 불러라."

1곡 합창 — 눈 뜨라고 부르는 소리 있도다

마치 씩씩하게 걷는 신랑의 행진과 같은 느낌의 관현악 서주로 시작되는, 짤막한 이 서주에 이어 등장하는 코랄 '깨어 있으라' 역시 아주 강건하고 흔들리지 않는 품격이 있다.

"깨어라 일어나라 음성이 우리를 부른다.

서둘러라 새 신랑이 오신다. 일어나 등불을 준비하라 할렐루야."

2곡 서창 ― 그가 온다. 신랑이 온다

"그는 오도다 신랑은 오도다. 시온의 딸들아 앞으로 나오너라.

깨어라 지금 생기를 찾으라. 신랑을 환영하라.

그가 너를 만나러 오고 계시다."

3곡 2중창(소프라노, 베이스) ― 나의 구세주여 언제 오시나이까

다 카포 형식의 영혼과 예수님의 2중창으로 기쁨의 등불을 밝히며 구원자의
오심을 기다리는 영혼과 사랑하는 영혼을 향해 오시는 예수님의 대화를 통
주저음과 비올리노 피콜로(Violino Piccolo)의 환상적인 반주가 따른다.

4곡 코랄 ― 시온아, 저 청지기의 노래를 들어라(Zion hört die Wächter singen)

대위법적 움직임이 매우 절묘하고 우아한 품격을 지닌 코랄로서 가장 널리
알려져 있는 곡으로 따로 떼어 독립적으로 연주되는 경우도 많다.

"파수꾼의 노래 소리를 시온은 듣는다.

시온의 마음 속에서 기쁨으로 춤춘다.

그녀는 깨어 급히 일어난다. 그녀의 친구가 하늘의 영광 중에 오신다.

이제 오소서. 당신의 고귀한 면류관 주 예수 하나님의 아들이시여.

호산나 기도하라. 만찬이 준비된 기쁨의 뜰로 우리 모두 따라가리."

5곡 서창(베이스) ― 자 내게로 오라

"자 이제 나에게로 오라. 너 나의 선택된 신부여.

나는 영원부터 너와 약혼했느니라.

또 너의 걱정스러운 눈에 즐거움을 가져다 주리다."

6곡 2중창(소프라노, 베이스) ― 내 친구는 나의 것

다 카포 형식에 의한 2중창 통주저음 위에 실린 오보에의 독주가 경쾌하다.

"우리의 사랑은 결코 부서지지 않도록 합니다.

즐거움이 가득 차고 기쁨이 넘치는 천국의 장미 밭에서

주님과(너와) 함께 있습니다(있으리라)."

7곡 코랄 — 그대의 영광이 노래되리

"당신께 영광송이 이제 불리어지리다. 천사들이 높이 당신의 보좌를 둘러싸는 그와

같은 커다란 기쁨 그리하여 우리는 찬양합니다."

13

칸타타 56번 : 나 기꺼이 십자가 짊어지리

(Ich will den Kreuzstab gerne tragen)—십자가 칸타타 BWV 56

성령강림절 후 제19번째 일요일 독창칸타타로 전곡이 베이스 독창으로 이루어지고 마지막에 합창이 따른다.

"이는 보좌 가운데 계신 어린 양이 저희의 목자가 되사 생명수 샘으로 인도하

시고 하나님께서 저희 눈에서 모든 눈물을 씻어 주실 것임이러라"(계 7:17).

우리의 죄를 대속하시고 십자가를 지신 예수 그리스도의 피로 인하여 주리지도 않고 상하지도 않고 생명수 샘으로 인도하시어 눈물을 씻어 주신다는 축복을 노래하고 있다.

"오직 여호와를 앙망하는 자는 새 힘을 얻으리니 독수리의 날개치며 올라감

같을 것이요 달음박질하여도 곤비치 아니하겠고 걸어가도 피곤치 아니하리로

다"(사 40:31).

우리가 어떤 어려운 상황에 처할지라도 하나님을 바라보는 자에게 임하는 강건한 삶을 찬양한다.

1곡 아리아

"나 기꺼이 십자가를 지겠노라.

그것은 하나님의 사랑하는 손길로부터 왔다.

내가 무덤에 들어갈때 나의 모든 어려움도 눕는다.

나의 구원자께서 손수 나의 눈물을 닦아 주실 것이다."

2곡 서창

"이 세상에 나의 삶은 바다에서의 항해와 같다.

슬픔, 십자가 그리고 두려움들이 파도쳐 나를 죽음 가운데로 몰아넣으려 한다.

내가 너와 함께 하리라. 나는 너를 포기하거나 버리지 않을 것이다.

성난 바다의 요동이 끝난 뒤에 저는 배에서 내려 도시로 들어갈 것입니다."

3곡 아리아

"언젠가 나의 멍에는 다시 한번 나에게서 내리어질 것이다.

저는 주 안에서 힘을 찾을 것입니다. 독수리의 진귀한 특성을 가지고

지상의 속박들을 위로 지치지 않고 날아 오를 것입니다."

4곡 서창과 아리아

"저는 여기 각오하고 준비하고 있습니다.

열망과 환희를 가진 나의 영원한 기쁨의 유산은

예수님의 손으로부터 마침내 잡힙니다.

저의 구원자께서 손수 저의 눈물을 닦아주십니다."

5곡 코랄

"오라, 죽음이여. 그대 잠의 형제여

와서 이제부터 나를 앞으로 이끌어라.

나의 작은 돛배의 키를 풀어놓아라.

너는 나를 안전한 항구로 인도하라.

다른 사람들은 너를 피하기를 소망하지만

너를 통해 나는 가장 순수한 예수님의 자녀가 될 것이기에

나는 너를 가장 즐겁게 할 수 있다."

칸타타 4번 : 그리스도는 무덤에 계셨으나

(Christ lag in Todesbanden)—부활절 칸타타 BWV 4

최초의 전형적인 코랄칸타타이다. 신포니아를 제외한 7곡의 각 가사는 루터 찬송의 가사를 인용하였으며 각 곡은 바흐 특유의 대칭적 구조로 서곡인 신포니아를 포함하여 합창—2중창—독창—합창 (혹은 4중창)—독창—2중창—합창으로 구성하였다.

예수님은 우리들의 죄로 인해 죽음을 입으셨지만 그 죽음을 극복하고 승리하시며 사망을 멸하리란 이사야 선지자의 예언을 성취한다.

> "사망을 영원히 멸하실 것이라 주 여호와께서 모든 얼굴에서 눈물을 씻기시며 그 백성의 수치를 온 천하에서 제하시리라 여호와께서 이같이 말씀하셨느니라"(사 25:8).
>
> "이 썩을 것이 썩지 아니함을 입고 이 죽을 것이 죽지 아니함을 입을 때에는 사망이 이김의 삼킨바 되리라고 기록된 말씀이 응하리라"(고전 15:54).

그리스도의 십자가 위의 고난과 그의 구속의 피로 인하여 우리들의 죄는 지나가고 죽음이 우리를 해치 못한다. 죄를 이기고 승리하신 그리스도의 은총을 기쁨으로 축복하며, 그리스도의 몸으로 인해 새로운 생명의 떡으로 사망을 멸하리라고 찬양한다.

1곡 신포니아

현악기만으로 연주되며 전체적으로 죽음의 분위기를 나타내는 엄숙함이 있으며 종결 부분은 부활을 향해 점점 밝게 고조된다.

2곡 합창 코랄환상곡

코넷으로 함께 연주되는 소프라노 멜로디의 단순한 선율과 트럼본으로 함께 연주되는 다른 성악 파트와의 코랄과 판타지의 진행감이 매우 넘친다.

"그리스도는 무덤에 계셨으나 우리의 죄 대신하여 주는 부활하셨다. 그리고 우리의 생명을 위하여 기쁘게 찬양하라. 다 감사 찬송 불러라 다 함께 할렐루야."

3곡 2중창(소프라노, 알토)

"죽음이 쏘는 힘을 그 누가 물리치랴. 우리는 죄 가운데 다 헤매다 쓰러진다. 죄에 따라 죽음이 우리 위에 내려 덮어 지옥으로 잡아가건만 할렐루야!"

4곡 아리아(테너)

"예수 그리스도 우리 주 하나님의 아들이 이 땅에 내려 오셔서 우리 죄 씻어주셨네. 죽음은 힘을 얻어 그 형태는 남았으나 쏘는 가시는 없구나. 할렐루야."

5곡 합창

"그는 큰 싸움 이기었다. 죽음과 생명의 싸움 생명이 끝내 이기었다. 죽음아 물러가라. 성경의 말씀대로 죽음아 물러가라 생명의 승리로다. 할렐루야."

6곡 아리아(베이스)

"주는 유월절 어린 양 하나님께서 주셨네.

십자가 높이 섰는데 거룩한 사랑 빛나네. 죽음이 침해하지 못하네.

믿음으로 그의 피를 문 위에 바르면 죽음이 침해하지 못하네. 할렐루야."

7곡 2중창(소프라노, 테너)

죄를 이기고 승리하신 그리스도의 은총과 기쁨이 화려한 축제적 분위기로 불려지며 가사의 뜻과 장중한 리듬의 진행이 잘 조화된 곡이다.

"우리는 이 기쁜 날 기쁨으로 축하하자. 새로운 유월절인 기쁨이 넘치는 날 햇빛처럼 내리는 우리 주님 은혜로 죄의 밤은 지나갔다. 할렐루야."

8곡 코랄 장중한 찬미가 풍

"누룩 없는 떡으로 먹여주시겠다고 우리를 부르신다. 낡은 떡은 버려라. 그리스도가 몸소 우리의 떡이니. 주님만 따라 살리라. 할렐루야."

칸타타 21번 : 내 마음에 근심이 많도다

(Ich hatte viel Bekümmernis) BWV 21

바이마르에서 1714년 삼위일체 주간 이후 셋째 일요일에 연주되는 칸타타로 이 곡의 두드러진 특성 가운데 하나는 음악적 표상(아이디어)의 뛰어난 결합이다. 바흐는 이 곡을 통해 비록 규모면에서는 작지만 두개의 거대한 수난곡과 B단조 미사곡에 결코 뒤지지 않는 아주 효과적인 상호 연관성과 극적인 강렬함을 보여주고 있다.

"속에 생각이 많을 때에 주의 위안이 내 영혼을 즐겁게 하시나이다"(시 94:19).

"내 영혼아 네가 어찌하여 낙망하며 어찌하여 내 속에서 불안하여 하는고

너는 하나님을 바라라 그 얼굴의 도우심을 인하여 내가 오히려 찬송하리로다"

(시 42:5).

"큰 음성으로 가로되 죽임을 당하신 어린 양이 능력과 부와 지혜와 힘과 존귀와 영광과 찬송을 받으시기에 합당하도다 하더라 내가 또 들으니 하늘 위와 땅위와 땅 아래와 바다 위와 또 그 가운데 모든 만물이 가로되 보좌에 앉으신 이와 어린 양에게 찬송과 존귀와 영광과 능력을 세세토록 돌릴찌어다 하니"(계 5:12~13).

하나님께서는 우리에게 늘 위안을 주시고 우리 영혼이 깊은 고통 중에도 천국의 기쁨을 발견할 수 있도록 해 주신다. 또한 어린 양의 죽음—부활—승천을 통한 새 언약을 완성한 것에 대하여 모든 피조물들의 축복과 존귀와 영광이 하나님께 영원히 있음을 찬양한다.

[1부]

1곡 서곡(Sinfonia)

오보에와 바이올린이 서로 대화하며 모테트풍의 푸가 형태를 이루는 아주 구슬픈 신포니아다.

2곡 서창과 합창(소프라노, 알토, 테너, 베이스)

"나의 마음에 저는 많은 아픔을 가졌습니다.

그러나 당신의 위로가 내 영혼을 즐겁게 합니다."

3곡 아리아(소프라노)

오보에 조주가 애처로움을 더해주는 가운데 소프라노의 아리아가 고고하게 울린다.

"한숨, 눈물, 근심, 궁핍, 걱정스런 열망, 두려움 그리고 죽음이 나의 답답한 마음을 갉아먹습니다. 저는 비탄 고통을 느낍니다."

4곡 서창(테너)

"나의 하나님, 어찌 당신은 저의 궁핍 속에 저의 두려움과 떨림 속에 저를 완전히 던지셨나요. 그럼에도 불구하고 나이 슬픔과 두려움은 당신에게 전혀 알려지지 않은 듯 합니다."

5곡 아리아(테너)

"소금 눈물의 시내가 끊임없이 흘러내립니다.

폭풍과 바다는 저를 상하게 합니다."

6곡 합창과 4중창

"나의 영혼아 왜 아파하고 왜 고요치 못하느냐 하나님을 고대하라."

[2부]

7곡 서창(영혼—소프라노, 예수—베이스)

예수와 영혼간의 대화 형식이다. 바흐의 극음악에 대한 갈망이 나타나며 북독일적인 내면의 정신세계를 극적인 표현으로 보여주고 있다.

영　혼: 당신의 광채와 빛으로 평화가 나오게 하소서.

예수님: 너의 수난과 면류관이 그의 달콤한 상쾌함을

　　　 생기게 하는 그 시간이 이미 왔다.

8곡 아리아(영혼 — 소프라노, 예수 — 베이스)

영　혼: 오소서 나의 예수님 기운을 북돋아 주소서. 저를 당신의 은총의 눈으로.

예수님: 그래 내가 가서 기운을 북돋아 주겠노라. 너를 나의 은총의 눈으로.

9곡 합창과 4중창

"너는 이제 평안을 생기게 하라 나의 영혼아!

주께서 너에게 좋은 것을 베푸실 것이다.

너의 괴로움 가운데서 하나님이 너를 버리셨다고 생각지 마라.

하나님의 품에 거함을 생각하라."

10곡 아리아(테너)

분위기가 반전되어 영혼은 근심에서 벗어나 예수의 보호하심 안에 기뻐한

다. 전주곡과 푸가 양식의 경배의 찬양이 울려 퍼진다.

"너를 기쁘게 하라 마음아 꺼져라 너희 슬픔아 사라져라 너 고통아

사랑과 평안의 가장 깨끗한 촛불이 제 영혼과 마음속에서 타오릅니다.

예수님께서 저를 천국의 기쁨으로 편안케 하시므로…"

11곡 합창

"죽임 당하신 어린 양은 부와 지혜와 힘

존귀와 영광 그리고 축복을 받으시기에 합당하십니다.

축복과 존귀와 영광과 권능은 우리 하나님께 영원히 있을 것입니다.

아멘, 할렐루야!"

칸타타 80번 : 하나님은 나의 성

(Ein feste Burg ist unser gott) BWV 80

종교개혁 기념일인 10월 31일을 기념하여 부르는 칸타타이다. 1529년 루터가 작곡한 코랄 '하나님은 나의 성' 을 사용하고 있으며, 이는 찬송가 384장으로 잘 알려져 있다. 루터는 신학교에서 시편을 가르치며 시편을 가사로 여러 곡의 코랄을 작곡했다. 그는 종교개혁이라는 역사적인 사명을 수행하며 늘 시편 46편을 묵상하며 강한 승리의 확신을 갖고 있었던 것이다.

"하나님은 우리의 피난처시요 힘이시니 환난 중에 만날 큰 도움이시라 (중략) 하나님이 그 성중에 거하시매 성이 요동치 아니할 것이라 새벽에 하나님이 도우시리로다"(시 46:1~5).

"만군의 여호와께서 우리와 함께 하시니 야곱의 하나님은 우리의 피난처시로다(셀라)"(시 46:11).

히스기아 왕 시절 유다는 앗수르의 공격을 받고 예루살렘 성이 포위되어 백성들이 심한 불안에 떨고 있을 때 시편 기자는 어떠한 어려운 상황에서도 두려워 말고 하나님은 우리의 피난처이시며 우리를 승리로 이끄신다는 굳건한 신앙심으로 무장하라고 외친다.

이 시는 알라못에 맞춘 노래라 하는데 알라못은 '처녀들' 이란 뜻으로 높은 음을 내는 악기이다. 바흐는 트럼펫을 3대나 사용하므로 이와 같은 효과의 표현에 충실하며 승리의 확신을 강한 에너지로 표출하고 있다.

"대저 하나님께로서 난 자마다 세상을 이기느니라 세상을 이긴 이김은 이것이니 우리의 믿음이니라"(요일 5:4).

두 번째 곡인 아름다운 2중창에서 하나님의 자녀라는 가장 확실한 증거인 사

칸타타 **259**

랑과 믿음 중 믿음이 세상을 이길 수 있다는 찬양이다.

1곡 합창

"강한 성은 우리의 하나님이라 좋은 방패와 병기

그는 우리를 엄습하는 모든 곤란에서 자유토록 우리를 도우신다.

이 땅에서 그와 맞설자 없도다."

2곡 2중창(소프라노, 베이스)

베 이 스: 모든 하나님께로 난 자는 세상을 이기리라.

소프라노: 우리의 힘으로는 아무것도 할 수 없네. 우리는 곧 무너질 것이다.

그가 우리를 위하여 싸우신다.

베 이 스: 모든 하나님께로 난 자는 세상을 이기신다.

3곡 서창(베이스)

"생각하라 그것 하나님의 그 크신 사랑을

예수님이 자신의 피로써

너에게 헌신하신 그것으로

그는 너를 마귀의 수괴와 세상 죄에 대항하여

싸움에서 도우신다."

4곡 아리아(소프라노)

"들어오소서. 저의 마음의 처소로 주 예수님 저의 소망이시여."

5곡 코랄

"그리고 세상이 마귀로 가득 차 있고 우리를 삼키려 해도

우리가 승리를 거둘 것이기에 그리 두렵지 않네.

그가 심판하시는 힘은 한 작은 말씀도 그를 멸할 수 있네."

6곡 서창(테너)

 음악으로 변주된 성경

"참아라. 그리스도의 피 묻은 깃발 아래서 나의 영혼아 굳건히 나를 믿어라.

만약 네가 하나님의 말씀을 잘 듣고 순종하면 너의 원수는 쫓겨나게 될 것이다. 너의

구원자는 너의 방패로 남으시기에."

7곡 2중창(알토, 테너)

"그들의 목소리(기도)로 하나님을 붙잡는 이는 얼마나 축복받았는가.

죽음을 이길 때 마침내 면류관을 받을 것이다."

8곡 코랄

"그 말씀을 인간은 그대로 두어야 한다.

그리고 감사 외에는 아무것도 가져서는 안 된다.

그는 그의 계획 위에서 온전히 우리와 함께 하신다."

13

여자여 보소서 아들이니이다(요 19:26)

미켈란젤로(Michelangelo Bounarroti, 1475~1564) : 〈피에타(Pieta)〉, 1499, 성 베드로 성당, 바티칸

스타바트 마테르
Stabat Mater : Gioacchino Rossini

－자식의 죽음을 지켜보는 어미의 마음

스타바트 마테르와 피에타

　세상에서 가장 큰 슬픔은 가족의 죽음일 것이다. 더구나 자식의 죽음 앞에 선 어머니의 마음은 직접 당해 보지 않더라도 가슴 아픈 일인데 당사자는 어떠할까? 더구나 그 아들은 하나님께서 성령으로 주신 특별한 아들이다. 또한 그 자식은 죄를 짓고 그 대가로 죽은 것도 아니고 오히려 인간의 죄를 대신하여 죽음을 자청한 기막힌 죽음이다. 스타바트 마테르는 야코포네 다 토디(Jacopone da Todi, 1236~1306)의 20절로 된 3행시로서 십자가에 매달린 아들을 비통하게 지켜보는 어머니 마리아의 슬픔을 함께 한다는 노래이다.

"어머니는 아들이 매달려 있는 십자가를 붙잡고 비통해하며 서 있네.

위로되지 않는 기진하고 신음하는 영혼에 칼이 깊이 박히네.

그녀는 얼마나 슬프고 비탄스러운가?

모든 어머니 중의 으뜸인 그녀에게 그가 첫아이였는데.

아들이 무참히 살해당했다고 생각하며 어머니는 숨죽여 눈물을 흘리네.

누가 눈물을 멈출 수 있을까?

그런 고난을 겪는 주의 어머니를 바라보면서

예수 그리스도 곁에서 슬프게 눈물을 흘리는

그녀를 보며 누가 슬퍼하지 않을 수 있을 것인가?

그녀는 제 나라의 죄인들을 위해 가죽 채찍질 당하는 아들을 보고 있네.

그녀는 사랑스러운 아들이 체념 속에서 죽어가며,

영혼을 아버지에게 맡기는 것을 지켜보고 있네.

내가 당신과 함께 눈물을 흘리게 하소서.

사랑의 근원인 어머니여, 나도 당신의 쓰디쓴 고통을 느끼게 하소서.

내 가슴 속에서 예수 그리스도에 대한

사랑의 불길이 활활 타오르게 하소서. 그녀의 마음에 들도록!'

아들의 죽음을 바라보며 눈물 흘리는 어미의 애통한 마음을 노래하는 스타바트 마테르(성모애가)를 들으면 연상되는 것이 바로 미켈란젤로의 '피에타'이다. '피에타'는 어머니가 무릎 위에 내리어진 죽은 아들 그리스도의 몸을 가로로 늘어뜨려 끌어안고 애처로운 눈으로 바라보고 있는 조각 작품이다. 미켈란젤로가 표현한 예수님은 갖은 고문으로 수척해진 몸과 손과 발의 상처와 못 자국이 사실적으로 묘사되어 그가 받은 고통까지 느낄 수 있다. 그러나 평온히 잠든 모습은 하나님의 뜻을 이루심에 대한 감사를 엿볼 수 있다. 마리아는 왼손 바닥을 하늘로 향하므로 그리스도를 그의 아버지께 돌려드린다는 의미를 나타내고 있다. 그 누구도 알지 못하는 슬픔을 속으로 삭이며, 명상에 잠긴 듯한 무표정의 고요한 얼굴에서 아들의 죽음을 하나님의 고귀한 뜻으로 받아들이는 위대한 순종의 담담함이 표현되어 있다. 성경의 사실에 상상력을 분사시키고 예술적 영감을 가미한 이 조각상 뒤로 애절한 성모애가의 선율이 흐르며 성결한 어머니를 위로하고 있다.

아들의 죽음 앞에 선 성모

천사 가브리엘은 마리아에게 동정녀로서 하나님의 아들 예수 그리스도를 성령으로 잉태하리라고 알려준다.

마리아는 하나님께서 행하신 일에 대한 기쁜 마음을 노래로 찬양(마그니피카트, 눅 1:46~55)하며 귀한 아들 예수님을 얻는다. 그러나 그 선지자가 아들에 대하여 하신 말씀과 같이 마리아는 하나님께서 주신 이 아들이 머지 않아 우리의 죄를 대신하여 고난 받으시고 죽게 된다는 사실을 알게 된다.

"그는 실로 우리의 질고를 지고 우리의 슬픔을 당하였거늘 우리는 생각하기를
그는 징벌을 받아서 하나님에게 맞으며 고난을 당한다 하였노라 그가 찔림은
우리의 허물을 인함이요 그가 상함은 우리의 죄악을 인함이라 그가 징계를 받
음으로 우리가 평화를 누리고 그가 채찍에 맞음으로 우리가 나음을 입었도다"
(사53:4~5).

이 얼마나 어미로서 가슴이 미어지는 일이겠는가. 드디어 그 아들과 이별의 때가 온 것이다. 아들 예수님은 "여자여 보소서 아들이니이다(요 19:26)" 라 말씀하시고 기꺼이 하나님의 부름을 받게 된다.

종교음악의 새 바람

롯시니(Gioacchino Antonio Rossini, 1792.2.29~1868.11.13)는 이탈리아의 소도시 페자로에서 태어나 뛰어난 음악적 재능과 극에 대한 본능적인 감각이 어우러져 총39곡의 오페라를 작곡하며 당대 최고의 오페라 부파(희가극) 작곡가였다. 그러나 유럽 전반에 거세게 몰아치는 낭만파의 물결과 자신의 음악과의 갭에 큰 위기 의식을 느낀다. 따라서 38세 때인 1830년 '윌리암 텔' 을 작곡한 이후 오페라 작곡에서 손을 뗀다.

그 후 약 40여년의 후반 생애를 통해서는 성모애가, 사울, 미사 등의 종교음악

과 가곡, 기악곡 등에 열중했다. 젊었을 때, 롯시니는 페르골레지의 '성모애가'를 듣고 나서 이처럼 훌륭한 작품이 있는 형식엔 손을 대지 않겠다고 작정한 일이 있었다. 그러나 1831년에 스페인의 부호인 돈 바렐라로부터 성모애가 작곡의 의뢰를 받게 되자 청년시절의 결심을 잊은 채 곧 작업에 들어간다. 롯시니는 심한 허리 신경통과 바렐라의 독촉에 시달리며 6장까지 완성하고 나머지는 친구인 타돌리니에게 마무리를 부탁하여 바렐라에게 넘겨 준다.

1841년에 바렐라가 세상을 떠나자 친구와 합작으로 만들었던 '성모애가'의 7장 이하를 다시 쓰게 된다. 이렇게 10년 만에 완성된 작품은 1842년 1월 7일, 파리의 방타두르 회장에서 초연되어 큰 성공을 거둔다. 롯시니의 '성모애가'는 페르골레지 등의 작품에 비해 심오한 종교성이나 심각한 비애감은 상대적으로 빈약하다는 평을 받고 있지만 그 특유의 아름답고 샘솟는 선율과 변화무쌍한 오케스트레이션은 색채적 감각과 감정을 느끼게 하며, 내용은 슬프지만 전체적으로 밝은 분위기를 연출하므로 관중들로 하여금 종교음악에 대한 친밀감을 주며 종교음악에 새 바람을 불러 일으켰다.

14

 곡의 구성

20절로 된 3행시 성모애가 전편에 곡을 붙인 독창, 중창, 합창과 관현악의 반주로 전 10곡으로 구성되어 콘서트 형식으로 연주된다.

제1곡 합창, 안단티노 모데라토

[1절] 주 예수 높이 달리신

십자가 곁에 성모 서서

비통하게 우시네.

제2곡 아리아(테너)

[2절] 섧고 슬픈 성모 성심

수난 칼에 깊이 찔려

참혹하게 찔렸네.

[3절] 간택 되신 동정성모

독생 성자 운명하니

애통하심 한없네.

[4절] 아들의 수난 보는 비통

마음 애는 환난 중에

성모 홀로 계시네.

제3곡 2중창(소프라노1, 2) 라르고

[4절] 예수 모친 이런 고통

받으심을 보고 누가

울지 아니 하리오. (소프라노1)

[5절] 성모 그 아들과 함께

고난 겪음 보고

누가 통곡 아니 하리오. (소프라노2)

독창 후 5, 6절이 2중창으로 반복

제4곡 아리아(베이스) 알레그로 마에스토소

[6절] 아들 예수 우리 위해

모욕 채찍 감수함을

성모 친히 보시네.

[7절] 십자가 상 아들 흘린

피에 젖은 붉은 땅을

 음악으로 변주된 성경

성모 친히 보시네.

제5곡 합창과 서창(베이스)

[8절] 사랑의 샘인 성모여

나에게도 슬픔 나눠

함께 울게 하소서.

[9절] 내 마음에 천주 예수

사랑하는 불을 놓아

타오르게 하소서.

제6곡 4중창 (소프라노1, 2, 테너, 베이스)

[10절] 아 성모여 못 박히신

주의 상처 내 마음에

깊이 새겨 주소서. (테너)

[11절] 나를 위해 상처입고

괴롬 겪은 주의 고통

내게 나눠 주소서. (소프라노1, 테너)

[12절] 사는 동안 내가 울고

주와 함께 십자 고통

참아 받게 하소서. (소프라노2, 베이스)

[13절] 십자가 곁에 성모 따라

나도 서서 고통함이

내 원이로소이다. (4중창)

[14절] 동정중의 동정이여

나를 버리지 마시고

함께 울게 하소서. (4중창)

제7곡 카바티나 (소프라노2)

[15절] 예수의 죽음 수난을

마음 새겨 그 상처를

앙모하게 하소서.

[16절] 정결한 성모 마리아

심판 날 나를 지키어

영벌 면케 하소서.

[17절] 아 그리스도여 내 죽은 뒤

성모의 고통으로 인한

승리 기쁨 주소서.

제8곡 아리아(소프라노)와 합창

[18절] 정결한 성모 마리아

심판 날 나를 지키어

영벌 면케 하소서.

[19절] 아 그리스도여 내 죽은 뒤

성모의 고통으로 인한

승리 기쁨 주소서.

제9곡 4중창, 안단테

[20절] 예수여 육신 죽어도

영혼이 천당 영복을

누리게 하옵소서.

제10곡 피날레, 알레그로

아멘!

그런즉 누구든지 그리스도 안에 있으면 새로운 피조물이라
이전 것은 지나갔으니 보라 새 것이 되었도다(고후 5:17)

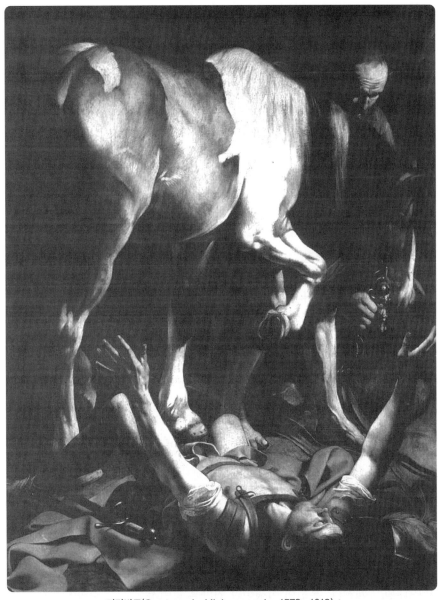

카라바조(Caravaggio Micheoangelo, 1573~1610) :
〈다마스커스로 가는 길에 개종하는 성 바울〉, 1600, 체라시 채플, 산타마리아 델 포폴로, 로마

사도 바울
St. Paulus op.36 : Jakob Ludwig Felix Mendelssohn
－이방을 향한 홀연한 빛의 노래

바울의 회심을 바라보는 멘델스존의 시선

어느 날 멘델스존(Jakob Ludwig Felix Mendelssohn, 1809.2.3~1847.11.4)은 유럽에서 가장 훌륭한 오르간이 있는 성당을 방문했다. 그는 그 성당의 반주자의 연주를 듣고 있다가 강단 위쪽에 있는 오르간 쪽으로 올라가서는 그 반주자에게 자기가 한번 연주해 봐도 좋은가 하고 물었다. 그러자 그 반주자는 "나는 당신이 누구인지 모르는데요. 그리고 이 오르간은 잘 모르는 사람에게는 치지 못하게 하고 있습니다"라 말했다. 멘델스존은 자신을 몰라보는 오르간 연주자를 설득하여 마침내 오르간을 치게 되었다. 그의 손가락이 건반 위를 미끄러져 내려가기 시작하였고, 능숙한 발놀림으로 페달을 밟기 시작했다. 큰 성당이 황홀한 음악으로 가득 채워지자 그 오르간 연주자는 지금까지 들어보지 못한 음악에 감동하여 눈물을 글썽이며 멘델스존의 어깨에 손을 올려놓으며 "당신은 대체 누구십니까?"라고 물었고 이에 '멘델스존'이라 답했다. 그제서야 오르간 반주자는 "나같은 늙은이가 당신 같은 훌륭한 음악가를 몰라 보고 무례한 행동을 하다니 정말 죄송스럽습니다"라고 고개를 숙였다.

우리가 인생의 항로를 잃고 방황할 때 하나님께서는 우리와 가장 가까운 곳에서 손을 내밀고 계신다. 우리의 인생이란 건반은 필연적으로 그 주인인 하나님의 거룩한 손길에 의해서만 피조물에 합당한 지극히 아름다운 소리를 낼 수 있기 때문이다. 그 성당의 오르간이 멘델스존의 손에 의하여 최상의 음악을 만들어내듯,

비록 훌륭한 학식과 인품을 지녔으나 그리스도인에 대해 그토록 악명 높던 사울이 하나님의 음성을 듣고 하나님의 계시에 붙들린 바 되어 하나님의 사람 바울로 변하여 하나님을 증거하는 일에 일생을 바치게 되므로써, 사도 바울의 삶의 건반은 하나님의 거룩한 손길로 인도되어 지극히 아름다움을 발하는 삶이 된 것이다. 그가 기록한 서신서는 신약성경의 많은 부분을 차지하므로 대사도로서의 면모를 가늠할 수 있다. 달려갈 길을 다 마치고 그의 편지도 끝날 날이 오면 의의 면류관이 예비될 터, 김남조 시인의 시를 묵상하며 멘델스존을 듣는다.

밤편지
                — 김남조—
편지를 쓰게 해다오

이날의 할 말을 마치고
늦도록 거르지 않는
독백의 연습도 마친 다음
날마다 한 구절씩
깊은 밤에 편지를 쓰게 해다오

밤 기도에
이슬 내리는 적멸을
촛불빛에 풀리는
나직히 습한 樂曲들을
겨울 枕上에 적시이게 해다오
새벽을 낳으면서 죽어가는 밤들을

가슴 저려 가슴 저려

사랑하게 해다오

세월이 깊을수록

삶의 달갑고 절실함도 더해

젊어선 가슴으로 소리내고

이 시절 골수에서 말하게 되는 걸

고쳐 못쓸 유언처럼

기록하게 해다오

날마다 사랑함은

날마다 죽는 일임을

이 또한 적어두게 해다오

눈 오는 날엔 눈발에 섞여

바람 부는 날엔 바람결에 실려

땅 끝까지 돌아서 오는

영혼의 밤외출도

후련히 털어놓게 해다오

어느 날 밤은

나의 편지도 끝날이 되겠거니

가장 먼

별 하나의 빛남으로

종지부를 찍게 해다오

 음악으로 변주된 성경

멘델스존은 자신의 첫 오라토리오의 주인공으로 신약의 중요한 인물인 바울을 선택하여 슈브링(Julius Schubrig)의 대본에 의해 '사도 바울'을 작곡했다. 멘델스존에게 있어서의 바울은 유대인인 어머니의 영향으로 유대교를 신봉하다가 기독교로 개종한 자신과 동질감을 느낄 수 있는 인물로 생각하고 바울의 입장에 선 자신의 신앙 고백이 깊게 스며들어 있는 곡을 만들었다. 1836년 듀셀도르프의 라인 음악축제에서 멘델스존 자신의 지휘로 초연되어 큰 성공을 거두었다. '사도 바울'의 성공으로 고무된 멘델스존은 이후 구약의 중요한 인물인 '엘리야'를 선택하여 신·구약의 중요한 인물을 통한 신앙고백적인 음악을 하나님께 바치므로 롤랑 마누엘의 "멘델스존은 신의 집에 총애의 자리를 마련한 최초의 음악가이다"라는 평과 같이 헨델과 하이든을 잇는 독일 오라토리오의 계승자요, 종교음악가로서 위치를 굳건히 하고 있다.

특별한 소명

사도 바울은 예수님께서 생전에 함께한 열 두 제자와는 달리 부활하신 후 특별한 목적으로 사용하신 사도이다. 당대 최고의 율법학자인 가말리엘 문하에서 수학한 율법학자, 철학자이며 로마 시민권을 가진 지식인으로 그리스도교인을 박해하는데 앞장섰던 인물이다.

> "내가 팔일 만에 할례를 받고 이스라엘의 족속이요 베냐민의 지파요 히브리인 중의 히브리인이요 율법으로는 바리새인이요 열심으로는 교회를 핍박하고 율법의 의로는 흠이 없는 자로라"(빌 3:5~6).

당시 세계의 정치와 경제의 중심지는 로마였고, 철학과 사상의 중심지는 그리스 헬라였다. 예수님은 이방인인 로마와 헬라의 지식과 논리에 맞서기 위해서는 자신의 구원 사역이 철학과 신학적으로 좀 더 조직화되고 체계화된 복음의 증거가 필요함을 아시고 이를 담당할 사도로 갈릴리의 열 두 제자가 아닌 또 다른 능력의 소유자인 바울을 사도로 택하셨다.

다메섹의 홀연한 빛이 사울의 눈을 어둡게 만들어 죽이고, 영적인 눈을 뜨는 바울로 다시 태어나는 강렬한 체험과 하나님의 직접적인 계시로 무장된 바울은 이 세상적인 모든 것을 버리고 그리스도 안에서 새로운 피조물임을 증거하고 새 사람으로서 그리스도의 복음 전파에 전력하게 된다.

"이는 내가 사람에게서 받은 것도 아니요 배운 것도 아니요 오직 예수 그리스도의 계시로 말미암은 것이라"(갈 1:12).

예수님의 이상인 온 인류의 구원을 실현하는 바울의 복음 전파 현장에는 늘 주님께서 곁에서 지켜주고 계신다. 바울의 선교의 길은 비록 고되고 험난한 이방을 향한 전도여행이었지만 항상 주님께서 함께하심을 믿고 간구와 기도하며 기뻐하고 감사하는 축복의 여정이었다.

"항상 기뻐하라 쉬지 말고 기도하라 범사에 감사하라 이는 그리스도 예수 안에서 너희를 향하신 하나님의 뜻이니라"(살전 5:16~18).

 곡별 성경대조표

[제1부]

순서	성경본문	형 식	내 용
1		서곡	코랄 '잠자는 자들아 깨어라' 인용
2	행 4:24, 26, 29	합창	주는 홀로 하나님이시다
3		코랄	주님께 감사 드리자

4	행 4:32 행 6:8, 10~13	서창 2중창(베이스)	한마음 한 뜻 되었다 확실히 들었다
5	행 6:11, 14 행 5:28	합창	이 사람 계속 하나님의 말씀을 모독하오
6	행 21:36, 레 24:16, 행 7: 10, 34, 39, 47, 49, 52, 53, 56	서창(소프라노, 테너), 합창	의회에 앉은 모든 사람들이
7	마 23:37	아리아(소프라노)	예루살렘아 예언자들을 죽이는구나
8	행 7:57~58 레 24:16	서창(테너), 합창	일제히 달려와
9	행 7:59~60	서창(테너), 합창	돌로 때리니, 주여 내 영혼 받으소서
10	행 7:58, 8:1~2	서창(소프라노)	증인들이 겉옷 벗어
11	약 1:12	합창	시련을 견딘 자 복 있다
12	행 8:3, 9:1 시 59:13, 83:18	서창(테너), 아리아(베이스)	사울이 교회를 박해하며/ 저 원수를 멸하소서
13	행 9:2, 딤후 2:19	서창(알토), 아리오소	주는 그의 자녀 아신다
14	행 9:3~6	서창(테너, 베이스), 여성 4중창	회심
15	사 60:1~2	합창	일어나 비추라
16	마 25:4	코랄	잠자는 자여 파수꾼의 소리 들어라
17	행 9:7~9	서창(테너)	사울과 함께 길 가던 사람들
18	시 51:1, 11, 13, 15, 17	아리아(베이스)	오 주여, 불쌍히 보소서
19	행 9:10, 11, 15, 16	서창 (테너, 소프라노)	다메섹 사는 제자 아나니아에게
20	시 12, 13, 25:8 계 21:4, 마 24:35	아리아(베이스), 합창	나 주를 찬양하리라
21	행 9:17	서창(소프라노)	아나니아가 찾아가
22	롬 9:33, 11:33~ 34, 36	합창	주님의 풍요와 지혜는 깊다

15

순서	성경본문	형식	내용
23	계11:15, 15:4	합창	이 세상 나라들 다 주의 나라되어
24	행9:29,13:2-3	서창(소프라노)	바울이 신도들 앞에 나와
25	고후5:20	2중창(테너, 베이스)	우리는 주의 사절들
26	롬5:15-16	합창	복음 전하는 사자들 아름답다
27	행 13:4-5, 시 86:1	서창(소프라노), 아리오소	주의 크신 자비 노래하리
28	행 13:45 사 14:44 행 9:23~24	서창(테너), 합창	그 군중들 본 유대인들/만군의 주가 말씀 하셨다/저들은 모여서 의회에 앉은 모든 사람들이
29	행 9:21	합창, 코랄	한때 예수 이름 박해한 사람 오 주는 참된 빛
30	행 13:46	서창(테너, 베이스)	바울과 바나바는 담대히 대답하길
31	행 13:47, 행 2:21	2중창(테너, 베이스)	주 친히 명령하시길
32	행 14:8~11	서창(소프라노)	루스드라에 한 사람이 있었는데
33	행 14:11	합창	사람의 형상을 입은 신들
34	행 14:12~13	서창(소프라노)	바나바를 제우스라 하니
35		합창	오 자비로운 신이시여
36	행 14:14 고전 3:16~17 시 11:3	서창(테너, 베이스) 아리아(베이스) 합창	이 소문들은 사도들 그대의 몸은 하나님의 성전 하나님 저 하늘에 계셔
37	행 14:2~5	서창(소프라노)	유대인들은 이방인 선동하며
38	행 21:28, 레 24:16	합창	여호와 계신 성전
39	딤후 4:17	서창(소프라노)	저들은 모두 바울을 핍박하였다
40	계2:10	카바티나(테너)	죽기까지 충성하라
41	행20:17~25, 37	서창(소프라노, 베이스)	바울이 에베소 교회 장로들을 불러놓고
42	마 6:32 행 21:13, 20:36, 38	합창, 서창(테너, 베이스)	가시지 마소서
43	요일 3:4	합창	주가 베푼 사랑 넓고 깊다
44	딤후 4:6~8	서창(소프라노)	그는 이제 희생 제물 될 준비되었다
45	딤후 4:8	합창	주님의 오심을 사모하는

 곡의 구성

전곡은 1부 22곡, 2부 23곡인 모두 45곡으로 구성되어 있으며 바울, 스데반, 바나바, 해설자, 거짓증인이 등장한다. 스데반의 순교 장면 및 바울의 회심이라는 성경 중 비교적 극적인 장면을 표현함에 극적이고 역동적이나 치우치지 않는 멘델스존 특유의 절제의 미를 보여주고 있다.

[1부]

사도행전 6~9장의 유대교인들에 의해 스데반이 돌에 맞아 순교하는 사도행전의 내용과 다메섹 도상에서 예수의 음성을 듣고 사흘 동안 아무것도 보지 못하던 바울이 회개하고 대 사도로서 이방선교를 시작하는 이야기를 담고 있다.

바흐가 칸타타 140번에서 사용한 필립 니콜라이의 코랄 '잠자는 자들아 깨어라(Wachet auf)' 가 이 곡 전체의 근간이 되는 선율로 서곡과 16곡 코랄에 나타난다. 15곡 합창 "일어나 빛 발하라"와 2중 푸가의 합창인 23곡 "세상의 나라들이"는 소프라노를 두 파트로 나누어 5성으로 확장하는 바로크 양식을 채택하여 마치 암흑 속에 희망의 햇살이 비치는 것 같은 극적인 효과를 내며 사울의 영적 회심을 실감나게 묘사하고 있다. 이는 헨델의 합창 기법에 대한 멘델스존의 깊은 연구와 영향에 의한 것이라 할 수 있다. 그러면서도 멘델스존 특유의 따뜻함과 감동적인 표현으로 신 세대(낭만주의) 오라토리오의 진수를 마음껏 발휘하고 있다.

제1곡 서곡

코랄 '잠자는 자들아 깨어라(Wachet auf)' 를 인용한 선율이 관현악에 의해 느리게 나타난다. 이윽고 이 곡의 템포가 빨라지면서 이 선율의 변주가 일어나고 마지막 전 관현악이 힘차게 다시 이 선율을 노래하면서 끝을 맺는다.

제2곡 합창 — 주는 홀로 하나님이시다

이 곡은 대위법적 구성으로 된 힘차고도 감동적 합창이다. 먼저 "Herr(주여)"가 3번 반복된다.

"저 하늘과 땅과 큰 물 다 주의 소유다"라 이어지고 여성 파트에 의해 "열방이 분노하며"로 시작하면 남성 파트가 이를 받아서 힘차게 진행한다.

(행 4: 24, 26, 29)

제3곡 코랄 — 주님께 감사드리자

"높으신 주께 감사해, 우리 결박 푸신 주

지금이나 영원히 우리에게 해가 없으리."

제4곡 서창, 2중창(베이스) — 한마음 한 뜻 되었다. 확실히 들었다

스데반의 전도와 행한 일은 장조로 이에 대적하는 상황의 표현은 단조로 조를 달리하여 효과적인 대비를 보이고 있다.

"그때 많은 신도들은 한마음 한 뜻 되었더라.

율법을 모함하고 성전을 모독함을 확실히 들었도다"(행 4:32, 6:8, 10~13).

제5곡 합창 — 이 사람 계속 하나님의 말씀을 모독하오

스데반을 모함하는 내용으로 '죽여야 한다'에서 심판의 주제를 강렬하게 표현하고 있다.

"이 사람 항상 예수 이름으로 가르치지 말라.

그가 하는 말 들었소.

나사렛 예수가 이 성전을 헌다고 말했소.

모세가 준 관습을 다 뜯어 고친다고 말했소"(행 6:11, 14, 5:28).

제6곡 서창(소프라노, 테너), 합창 — 의회에 앉은 모든 사람들이

주님의 뜻을 거역함을 꾸짖는 스데반의 주제로 시작되어 흥분한 군중의 모습을 극적으로 표현하고 있다.

"저 하늘은 보좌 땅은 주의 발판

 음악으로 변주된 성경

죽이시오, 죽이시오.

오 하늘이 열려있고 주의 오른편에 인자가 서 계시네"

(행 21:36, 레 24:16, 행 7:10, 34, 39, 47, 49, 52, 53, 56).

제7곡 아리아(소프라노) — 예루살렘아! 예언자들을 죽이는구나

느린 목관악기의 전주가 있은 후 소프라노의 한 많은 선율로 간절히 노래한다.

"예루살렘, 선지자를 죽인 예루살렘"(마 23:37).

제8곡 서창(테너)과 합창 — 일제히 달려와

'돌' 의 주제를 사용하므로 죄상을 고하는 외침과 돌 던짐의 청각적, 시각적 이미지로 극적인 효과 강조하며 노래한다.

"돌로 쳐서 죽이시오. 마땅히 그를 죽이시오.

하나님 모독했소. 마땅히 그를 죽이시오"(행 7:57~58, 레 24: 16).

제9곡 서창(테너)과 합창 — 돌로 때리니, 주여 내 영혼 받으소서

스데반의 마지막 간구는 십자가상의 예수님처럼 Adagio로 '이 죄를 저들에게 돌리지 마소서' 라 외치고 있다. 조용하고 평안한 리듬의 서창으로 순교의 장면을 나타내고 있다. 이어지는 합창 '주여 내 영혼 받으소서' 로서 찬송가 341장 '너 하나님께 이끌리어' 는 이 코랄을 인용하고 있다.

"주여 내 영혼 받으소서"(행 7:59~60).

제10곡 서창(소프라노) — 증인들이 겉옷 벗어

여리게 시작하여 세 마디의 가사 '죽음' 에서 강렬하게 표현하며 완전한 순교를 묘사하고 있다.

"하나님 모독했소. 마땅히 그를 죽이시오"(행 7:58, 8:1~2).

제11곡 합창 — 시련을 견딘 자 복 있다

현악기 특히 첼로의 선율미 넘치는 전주에 이어 베이스 파트에 의해 "시험

참는 자 복이 있네. 축복이 있네"가 나온다. 매우 온화한 분위기의 아름다운 음악이 첼로에 의해 주도된다. 합창 "육신은 죽어도 영혼은 살리"가 이어지고 다시 관현악의 후주가 따른다(약 1:12).

제12곡 서창과 아리아(테너) — 사울이 교회를 박해하며 / 저 원수를 멸하소서

짧은 서창 후 매우 격렬하고도 단호한 어조로 테너의 아리아가 이어진다.

서 창: "사울이 교회를 협박했네, 사울이 교회 잔멸하며

또 제자들을 위협하며 몰살하려 했네.

그가 악독한 말을 말하되"(행 8:3, 9:1).

아리아: "만군의 주여 저들을 멸하소서. 저들이 주를 몰라 주를 알지 못하도다.

여호와만이 우리 주님이로다.

주 하나님 저 원수를 멸하소서"(시 59:13, 83:18).

제13곡 서창과 아리오소(콘트랄토) — 주는 그의 자녀 아신다

짧은 서창 후에 매우 서정적인 알토의 호소력이 있는 노래가 불려진다.

"그가 무리와 함께 대제사장의 영장과 명령을 받아

주 믿는 남자와 여자까지 체포하러 다메섹에 갔다.

주는 저를 잊지 않으사 저를 기억하셨네"(행 9:2, 딤후 2:19).

제14곡 서창과 합창(테너) — 회심

"사울이 다메섹 가까이 올 때 홀연히 큰 빛이 하늘에서 비추었다.

그는 땅에 엎드려 제게 하는 말을 그가 들었다."

예 수: "사울아, 사울아 왜 나를 핍박하느냐.

나는 네가 핍박하는 나사렛 예수다."

사 울: "어떻게 하오리까"

예 수: "일어나 성에 들어가라!

행할 일을 말할 자 있으리라"(행 9:3~6).

제15곡 합창 — 일어나 빛추라

격렬한 관현악의 전주 후 합창이 "일어나 빛 발하라, 네 빛 왔고 주의 영광 임했네"라고 힘차게 대위법적인 진행을 하고, 후반부 다시 "일어나 빛추라"의 힘찬 합창이 되풀이된 후 클라이맥스를 이루며 금관의 팡파레로 끝맺는다.

"보라 어둠이 땅을 뒤엎을 것이며 캄캄한 만민 가리로다.

주의 영광이 네 위에 나타나리라.

일어나 비추라. 주의 영광 네 위에 나타나리라"(사 60:1~2).

제16곡 코랄 — 잠자는 자여 파수꾼의 소리를 들어라

이 곡의 선율은 코랄 '잠자는 자들아 깨어라(Wachet auf)'에서 빌려온 선율이다.

"깨어라 부르는 소리 있어 너 신부 예루살렘아 보라 신랑 오네.

등 밝혀 맞으라. 할렐루야 주님의 나라 가까워, 네 주를 만나라"(마 25:4).

제17곡 서창(테너) — 사울과 함께 길 가던 사람들

반주의 변화화음이 대단히 화려하며 조성도 수시로 변하는데 여기에다 잦은 스포르잔도(강하게 악센트를 주어)의 사용은 사울에서 바울로의 변화과정을 긴박하게 표현하기 위해 화음의 변화 및 화려한 조성을 사용하고 있다.

"사울과 함께 길 가던 사람들

그 음성을 듣고 두려워했으나 보지는 못했다"(행 9:7~9).

제18곡 독창(베이스) — 오 주여 불쌍히 보소서

바울이 회개하는 심정으로 죄인들에게 자비를 청하는 기도가 템포의 변화와 주제의 반복으로써 극적이고 간절하게 표현하고 있다.

"주님, 자비를 베푸소서, 주님의 인자하심으로 내 죄를 없이 하소서.

주님, 저를 주님 앞에 쫓아 내지 마시고 당신의 성령을 거두지 마소서.

회개하는 마음으로, 통회하는 마음으로 청하오니 저희를 멸시치 마소서.

죄인들에게 주님의 구원을 말하리라 주님께 돌아 오도록 가르치리라.

주님 내 입을 열어주소서, 내 입이 당신을 찬송하리이다"

(시 51:1, 11, 13, 15, 17).

제19곡 서창(테너, 소프라노) ─ 다메섹 사는 제자 아나니아에게

사울에게 명하시는 예수님의 음성을 표현하고 있다.

"아나니아야 어서 다소 사람 사울을 찾아라." (행 9:10, 11, 15, 16).

제20곡 아리아(베이스), 합창 ─ 나 주를 찬양하리라

주님을 찬양하는 바울의 찬양의 기도를 적당한 긴장으로 표현하고 있다.

"나 주를 찬양하리라.

참 선하신 주 눈물 닦으시고, 슬픔 위로하시네"

(시 12, 13, 25:8, 계 21:4, 마 24:35).

제21곡 서창(소프라노) ─ 아나니아가 찾아가

사울에게 명하시는 예수의 음성을 표현하고 있다.

"아나니아야 어서 다소 사람 사울을 찾아라" (행 9:17).

제22곡 합창 ─ 주님의 풍요와 지혜는 깊다

넓고 깊은 주님의 뜻을 경외하는 마음으로 찬양한다.

"오 주님의 풍요와 지혜와 지식은 넓다.

심오한 수의 늣 넓노다.

주의 판단하심 정확하고 깊다.

주의 영광 노래하라 영원히

영광 찬양 영원토록" (롬 9:33, 11:33~34, 36).

　　사도행전13장을 중심으로 전도자 사명을 받고 유대인에게 박해를 받으면서
도 사명을 감당하는 바울의 사역으로 시작되어 21장 3차 전도여행 후 순교의 길
을 떠나는 바울의 사역과 박해의 내용을 담고 있다.

제23곡 합창 — 세상의 나라들이 다 주의 나라 되어

　　합창으로 시작하여 템포가 바뀌며 남성파트에서 알토로 이어지며 대위법
적으로 전개한 후 끝 부분에서 다시 남성의 힘찬 합창이 되풀이된다. 마
지막에는 전 성부와 관현악의 총주로 마무리한다.

　　"이 세상 나라들이 다 주의 나라 되어 영원히 다스리리.

　　저 이방인들 모두 주님 앞에 나와 경배드리네.

　　율법과 심판의 그 영광 드러내도다"(계 11:15, 15:4).

제24곡 서창(소프라노) — 바울이 신도들 앞에 나와

　　"이젠 바울이 자유롭게 신도들을 향해 예수 이름 증거했다.

　　그 때에 성령 말하길 따로 세우라.

　　바울과 바나바 내가 그를 위해 정한 일이 있노라.

　　함께 모여 금식하고 안수 기도한 후 그들을 보냈다"(행 9:29, 13:2~3).

제25곡 2중창(테너, 베이스) — 우리는 주의 사절들

　　"우리는 주님 대신한 그의 사절들 주 대신 부탁하노라.

　　주의 이름으로 부탁하는 자로다"(고후 5:20).

제26곡 합창 — 복음 전하는 자 아름답도다

　　아주 서정적인 아름다운 3부 형식의 합창이다. 소프라노가 평화스럽게 노
래하기 시작하면 베이스가 이를 이어 받고, 알토, 테너가 가담하여 4부 합
창이 된다.

　　"평화의 복음 전하는 저 사자들 아름답다.

15

구원의 소식 온 세상에 전파하네"(롬 5:15~16).

제27곡 서창과 아리오소 — 주의 크신 자비 노래하리

짧은 서창 후에 밝고 아름다운 소프라노의 아리오소가 이어진다.

"바울과 바나바 성령 충만하여 지체 않고 떠나 기쁜 마음으로 주를 전했다. 주의

자비하심 노래하리. 오 내주여 당신의 자비 주의 자비하심 노래하리. 신실한 주님

을 찬양해 영원히"(행 13:4~5, 시 86:1).

제28곡 서창과 합창 — 그 군중들 본 유대인들 / 만군의 주가 말씀하셨다

저들은 모여서 의회에 앉은 모든 사람들이 서창에 이어 강렬한 합창이 불

려지며 다시 서창으로 마무리한다.

서창: "그 군중들 본 유대인들을 지나는 유대인들

바울의 말씀 들으러 모인 군중들 보고 시기에 복받쳐서

바울이 한 말을 모두 반대하며 함께 욕설을 퍼부었다

합창: "만군의 주 말하셨다. 나 이외에 다른 구세주는 없다."

서창: "저들은 모여서 바울을 죽이기 위해 밤낮을 지키며 음모하는 말"

(행 13:45, 사 14:44, 행 9:23~24).

제29곡 합창과 코랄 — 한때 예수 이름 박해한 사람 / 오! 주는 참된 빛

앞의 합창과 이어지는 코랄의 가사 내용 및 빠르기 등 모든 면에서 대조를

이룬다.

합창: "이 사람 한 때 예수 이름을 박해하던 사람

예루살렘 있을 때 박해한 그 이름 지금은 증거하고 있네.

속임수 쓰는 자 저주받을지라 물러가라."

코랄: "이 사람 한 때는 박해했던 이름 이젠 예수를 증거하고 있네.

오 주는 참된 빛이니 내 영혼 인도하소서.

피난처 되신 주께서 참 구원 내려주소서.

길 잃은 자 인도하여 그 앞길 늘 비추소서.

저 방황하는 자 위해 그 맘에 확신주소서"(행 9:21).

제30곡 서창(테너, 베이스) ― 바울과 바나바는 담대히 대답하길

'바울과 바나바는 담대히 저들에게 대답하길

하나님의 말씀을 먼저 그대들에게 전해야 했으나

그대는 말씀을 거부하고 영원한 생명 받을 자격 없다고 하니

우리는 이후론 이방인에게 가오"(행 13:46).

제31곡 2중창(테너, 베이스) ― 주 친히 명령하시길

"주님 네게 친히 명령하시길 너 이방인 위해 구원의 등불되어 빛나라.

너로 땅 끝까지 구원케 하리라. 주님을 찾는 자는 그의 간구 듣고

복 주시리. 그를 축복하시리"(행 13:47, 행 2:21).

제32곡 서창(소프라노) ― 루스드라에 한 사람이 있었는데

'일어나 서보시오'에서 음정의 도약을 통해 동작을 형상화하고 있다.

"루스드라에 한 사람 있었는데 날 때부터 앉은뱅이라.

한 번도 걸은 적 없었다. 그가 바울의 설교를 들을 때

바울이 눈 여겨 그를 보더니 말하길 일어나 서보시오.

그가 일어나 걸으며 주를 찬양했다. 그러나 이를 본 이방인들은

여기 저기 모여 큰 소리로 떠들기를"(행 14:8~11).

제33곡 합창 ― 사람의 형상을 입은 신들

"사람의 형상 입고 신들이 여기 내려왔네.

저들 보라 저들 경배하라.

사람의 형상 입고 내려온 신들 경배하자"(행 14:11).

제34곡 서창(소프라노) ― 바나바를 제우스라 하니

"저들은 바나바를 일러 제우스 또 바울을 헤르메스라.

제우스 신당의 사제가 황소와 화환을 성문 앞에 가지고 나와

무리와 함께 사도들에게 제사 지내려 했다"(행 14:12~13).

제35곡 합창 ― 외 자비로운 신이시여

사도들을 신으로 착각한 사람들이 그들에게 제사를 지내기 위하여 모여

들며 외치는 소리를 합창으로 묘사하고 있다.

"자비로운 신이시여 우리 불쌍히 보소서.

우리 제물 받으소서."

제36곡 서창과 아리아, 합창 ― 이 소문들은 사도들 / 그대의 몸은 하나님의 성전 /
하나님 저 하늘에 계셔

서창에 이어 통작가곡(각 절에 동일 선율이 반복되는 유작가곡에 대비되

는 형식. 이야기풍으로 전개되는 시의 내용에 따라 선율이 극적으로 발전

해 나감) 형식의 베이스 아리아가 불려진 후 합창으로 이어진다.

서 창: "이 소문들은 사도들 옷 찢으면서 군중 속에 뛰어들어 외쳤다.

여러분 이 무슨 짓이요 우리 역시 여러분 같은 사람이요.

우린 다만 그대에게 귀한 참 복음 전하여 우상을 버리고

하늘과 땅을 만드신 하나님께 돌아오게 하려 함이요.

선지자 말처럼 너희 믿는 우상들은 다 숨도 못 쉬는 헛된 것이라.

사람들이 모두 벌 받는 날에 그들도 사라지리.

사람이 만든 성전에 주 살지 않으신다"(행 14:14).

아리아: "그대의 봄 하나님의 성전 하나님 성령 그 안에 늘 거하네.

그대의 몸 하나님의 성전 주님의 성전 멸하는 자를 주는 파멸하리.

주의 몸 된 성전 거룩해 성전인 그대 곧 주의 성전이므로 참 거룩하다"

(고전 3:16~17).

합 창: "하나님 저 하늘에 계셔 높은 곳에 뜻대로 하사

온 세상 모두 지배해 하나님 저 하늘에 계신다"(시 11:3).

제37곡 서창(소프라노) — 유대인들은 이방인 선동하며

"유대인은 이방인들 선도하여 사도를 향하여

많은 악을 품게 하니 사도 박해하는 그 소리 가득 찼다"(행 14:2~5).

제38곡 합창 — 여호와 계신 성전

'하나님의 성전'을 동일음으로 반복하여 음역을 확장해서 사용하므로 격한 분노의 상태를 나타내고 있다.

"여호와 계신 성전 여호와 하나님의 성전

너 이스라엘 자손들이여 이 자는 민족 거역하라고 늘 가르쳤다.

또 율법과 성전 반대하였다.

우린 들었다. 율법과 민족과 성전을 다 반대하라 가르쳤다.

여호와 계신 성전 너 이스라엘 자손들 보라 그 자로다.

너 이스라엘 자손들 돌로 쳐서 죽이시오"(행 21:28, 레 24:16).

제39곡 서창(소프라노) — 저들은 모두 바울을 핍박하였다

"저들은 모두 바울 핍박했건만 주님께서 늘 그와 함께 계셔서

주의 말씀 선포케 하시니 이방인에게 까지 전해졌다"(딤후 4:17).

제40곡 카바티나(테너) — 죽기까지 충성하라

A-B-A 3부 형식의 아름답고 부드러운 카바티나(영창: 18~19세기의 오페라나 오라토리오 중 아리아보다 단순한 형식을 가진 독창곡)가 불려진다.

"죽기까지 충성하라. 생명의 면류관 네게 주리라.

조금도 두려워 말라. 나 있으니 조금도 두려워 말라.

네 곁에 나 있으리니 조금도 두려워 말라 죽기까지 충성하라"(계 2:10).

제41곡 서창(소프라노, 베이스) — 바울이 에베소 교회 장로들을 불러놓고

"에베소 교회 여러 장로들을 바울이 불러놓고 말하길

지금까지 우리가 지내온 것을 잘 알고 있소.

눈물을 머금고 온갖 굴욕을 참으며 말씀 증거하며 주님을 섬겨 왔소.

이제 성령이 지시하는 대로 예루살렘에 올라가겠소.

투옥과 고통이 기다리는 곳 내 얼굴 다시 보지 못하리.

이에 모두 슬피 울었다"(행 20:17~25, 37).

제42곡 합창, 서창(테너, 베이스) ― 가지 마소서

대비되는 두 부분으로 이루어진 합창으로 바울의 죽음을 암시하는 어두운 분위기의 조성을 보여준다.

"가시지 마소서 결코 가시지 마소서.

왜 이리 울면서 내 마음을 흔드느뇨.

나는 다 준비 됐노라.

묶일 것과 죽음까지 저 예루살렘에서 주님 이름 위해

예수 그리스도 위해 이 말을 마친 후에 무릎 꿇고 함께 기도했다.

바울이 배를 탈 때 전송한 후에 그의 얼굴 다시 못 보았다"

(마 6:32, 행 21:13, 20:36, 38).

제43곡 합창 ― 주가 베푼 사랑 넓고 깊다

"주가 베푸신 사랑 참 넓고 깊다. 그 큰 사랑 인해 우리 모두 주의 자녀 되었도다.

주가 베푸신 사랑 참 넓고 깊은 그 사랑"(요일 3:4).

제44곡 서창(소프라노) ― 그는 이제 희생제물 될 준비되었다

"그는 이제 희생제물 될 모든 준비가 다 되었다.

선한 싸움 다 싸웠고 달려갈 길 다 갔고,

의로우신 재판장께서 최후의 그날 이를 때까지

믿음 또한 지켰으니 주가 의의 면류관을 주시리로다"(딤후 4:6~8).

제45곡 합창 ― 주님의 오심을 사모하는

다섯 부분으로 이루어진 합창으로 점차 고조되며 웅장하게 전곡을 마무리한다.

"주님의 오심을 사모하는 모든 자를 상 주시리.

주 보호하시고 복 주시네. 구원주신 주 축복의 주 찬양하라.

내 영혼아 찬양하라. 거룩한 이름 높이 찬양해.

영원히 내 영혼아 찬양하라.

마음 다해 영원히 주 찬양해. 거룩한 이름 높이 찬양 찬양하라.

거룩한 이름 영원히 모든 천사들 주 찬양해"(딤후 4:8).

15

한마음과 한 입으로 하나님, 곧 우리 주 예수 그리스도의
아버지께 영광을 돌리게 하려 하노라(롬 15:6)

미냐르(MIGNARD Pierre, 1612~95) : 〈천국의 영광〉, 1663, Val-de-Grace, 파리

글로리아
Gloria RV.589 : Antonio Vivaldi
-지극히 높으신 하나님께 영광

예술의 전당에서 들은 글로리아

우리 딸은 피아노를 전공하는 대학생이다. 전공 탓도 있겠지만 어려서부터 자연스레 클래식 음악을 들으면서 자라온 아이라 리듬 위주의 단순한 록 밴드 음악보다 선율과 화성이 아름다운 고전음악을 좋아한다. 그러나 신세대답게 CCM도 좋아하고 유행하는 대중가수들의 노래도 곧잘 부른다. 학교 정기연주회가 있었을 때였다. 나도 우리 아이에게서 초대장을 받았다. 프로그램을 보니 윗 학년 학생이 학교 오케스트라와 그리이그 피아노 협주곡을 협연하고 1, 2학년 학생들은 성악 전공자들과 함께 비발디의 글로리아를 합창하는 것이었다. 음대생 전원이 참여하는 음악회인 셈이다. 그러고 보니 가끔 집에서 피아노를 치며 글로리아를 청아한 목소리로 연습하던 것이 떠올랐다. 비발디하면 사계(四季)밖에 모르던 아이가 이 곡이 너무 좋다며 즐기는 것이 아닌가. 아직 배우는 과정에 있는 젊은 음악도들이 잘하면 얼마나 잘하랴 생각하며 아내와 예술의 전당으로 향했다. 그러나 고전음악의 품격을 모르고 사는 젊은이들이 워낙 많은 세상에서 살다 보니 이 진지한 음악도들이 말할 수 없이 사랑스러워지더라는 거다. 바로크 음악의 전형을 보여주는 비발디 선율의 아름다움과 이 곡이 주는 경건함이 오케스트라에 배어 나오고 합창에서 빛을 발할 때, 품귀한 예술, 모든 예술이 동경해 마지 않는 음악을 공부하는 이 아이들을 향해 축복의 언어를 선사해 줌이 마땅하리라.

"사랑하는 내 딸아, 네가 힘들여 배운 공부가 댓가로 환원되어 네 삶을 위로하지 않음을 너무 속상해 하지 마라. 이 세상 그 무엇으로도 환산할 수 없는 가치가 인생에는 존재하는 법, 가난해도 누추하지 않은 것이 예술이란다. 하나님 찬양이란다." 그 날 들은 글로리아는 내가 태어나서 경험한 최상의 비발디였다.

하나님께 영광 돌림

글로리아(Gloria in excelsis)는 성부 성자 성령께 영광을 드리는 '대영광송' 이라는 대표적 찬가이다.

"지극히 높은 곳에서는 하나님께 영광이요 땅에서는 기뻐하심을 입은 사람들 중에 평화로다 하니라"(눅 2:14).

비발디(Antonio Vivaldi, 1678.3.4~1741.7.28)는 이탈리아 베네치아에서 태어났다. 아버지는 산 마르코 극장의 바이올리니스트로 소년 시절부터 아버지로부터 바이올린 지도를 받으며 성장했다. 1693년(15세) 수도원에 들어간 비발디는 25세 때 서품을 받아 사제의 길로 들어섰다. 이 때부터 베네치아 빈민구제원의 부속 여자음악학교에서 바이올린 교사, 합주장 및 합창장의 역할을 하며, 학생들을 위하여 많은 작품을 만들어 학교 관현악단으로 하여금 연주하게 하는 등 활발한 음악활동을 하였다. 비발디는 당대 명 바이올린 연주자로서 근대 바이올린 협주곡의 기초를 마련하며 79개의 바이올린 협주곡을 비롯한 총 600여곡의 기악곡을 작곡하였다.

한편 비발디는 이탈리아 베네치아 악파의 영향으로 성악 작곡가로서도 뛰어난 재능을 보여 90여곡의 오페라와 미사곡, 모데트, 오라토리오 등 교회를 위한 종교음악도 약 50곡이나 작곡했다. 특히, 글로리아는 힘찬 합창과 서정적인 아리아의 폴리포닉한 선법과 호모포닉한 선법이 조화를 이루고, 극적인 패시지와 전원풍의 차분한 패시지를 잘 대비시키면서 기악곡에서 보여줬던 자신의 풍부한 음악 세계를 성악에 적용하고 있어 이탈리아 바로크의 성악의 전형을 볼 수 있는 귀중한 곡으로 많은 사랑을 받고 있다.

'글로리아'는 이탈리아의 작곡가 알프레도 카젤라(Alfredo Caselia, 1883~1947)에 의해 토리노 국립박물관에 소장된 대량의 비발디 작품의 필사보를 조사하던 중 우연히 발견되었다. 카젤라는 스케치로 남아있던 몇 개 부분을 보필하여 1939년 9월 시에나에서 행해진 비발디 페스티발에서 자신의 지휘로 연주하므로 200년 이상 잊혀져 있던 곡의 빛을 보게 하였다.

 곡의 구성

전체 12곡으로 구성되며 미사 전례문 중 두 번째 Gloria(영광송) 부분만 떼어 독립적으로 만들었으나 곡 후반부에 Agnus Dei(하나님의 어린 양)과 Sanctus(거룩하시다)의 가사를 인용하므로 내용상으로는 작은 미사의 형태를 취하고 있다. 연주는 소프라노(2), 알토와 혼성 4부 합창에 의해 불려진다.

제1곡 합창 — 높은 곳에 영광(Gloria in Excelsis)

빠르고 힘차게 미끄러지는 서주와 함께 밝은 합창이 곡의 시작을 알린다.

"영광을 돌리세 지극히 높으신 하나님께 영광

영광을 하나님께 돌릴찌어다. 영광을 주께 놀릴찌어다."

제2곡 합창 — 땅 위엔 평화(Et in Terra Pax)

베이스 파트부터 조용히 시작하여 카논풍으로 다른 성부로 이어지는 서정적인 분위기를 느끼게 하는 합창이다.

"땅에는 사람에게 평화. 선한 사람에게 평화. 모든 사람에게 평화."

제3곡 2중창(소프라노1, 2) ─ 주님께 찬양(Laudamus Te)

바이올린의 반주 위에 소프라노의 2중창이 아름답게 울린다.

"주 하나님 찬양하세 주께 감사하세. 주를 경배하고 영광을 돌리세.

찬양하고 감사하고 경배 드리세."

제4곡 합창 ─ 주님께 감사(Gratias Agimus Tib)

느리게 시작하는 6마디의 다음 합창의 서주 역할이다.

"주 크신 영광 인하여 주님께 감사드리리."

제5곡 합창 ─ 주님의 크신 영광(Propter Magnam Gloriam)

앞의 합창에 이어져 카논풍으로 전개하며 점점 높게 고조된다.

"당신의 영광 인하여 감사드리나이다.

주여 감사드리나이다. 오 주여."

제6곡 아리아(소프라노) ─ 주 하나님(Domine Deus)

오보에의 목가적인 반주에 이끌려 아름답게 하나님을 찬양한다.

"오 우리 주님 하늘의 왕. 우리 아버지 그의 위엄 크시도다.

오 우리 주님 하늘의 왕. 우리 아버지 그의 위엄 크고 높으시다.

위에 계신 우리 주님 전능하신 아버지."

제7곡 합창 ─ 하나님의 외아들(Domine Fili Unigenote)

경쾌하고 밝은 현의 반주에 따라 화려하게 노래된다.

"하나님의 귀한 아들 독생자 예수 그리스도."

제8곡 아리아(알토), 합창 ─ 하나님의 어린 양(Domine Deus, Agnus Dei)

알토의 포근하고 다정한 음성으로 시작하여 합창과 대화하며 깊은 감동을
불러일으켜 성스러움을 고조시킨다.

"오 나의 구주 어린 양이여.

하나님 아들 오 나의 구주 어리신 양 하나님의 아들.

16

우리 죄 지시는 어린 양 하나님 아들 세상 죄 모두 지셨네.

주여 자비 베푸소서. 불쌍히 여기사 자비 베푸소서."

제9곡 합창 — 우리 죄 사하심(Qui Tollis)

느리고 무거운 분위기로 시작되며 호소하듯 짧게 마무리 짓는다.

"세상 죄 지고 가시는 구주여.

들어주소서. 우리의 간절한 기도

들으소서. 우리 기도 들으소서."

제10곡 아리아(알토) — 오른편에 앉아계신 주(Qui Sedes ad Dexteram)

비발디 특유의 선명한 바이올린 반주에 의한 알토의 간절한 기도이다.

"하나님 우편에 앉아계신 주여 자비 베푸사

주의 자비로 우리 구하소서.

불쌍히 여기사 자비 베푸소서.

우리 죄를 속하소서. 자비 베푸소서."

제11곡 합창 — 주님만 거룩하시다(Quoniam tu Solus Sanctus)

짧게 연주되는 첫 곡의 재현이다.

"주님 홀로 거룩하시다. 주는 오직 한 분.

주만 홀로 높으시다. 예수 그리스도."

제12곡 합창 — 거룩하신 주 성령(Cum Sancto Spiritus)

장대하게 시작하는 4성 푸가로 베이스, 알토, 소프라노, 테너의 순으로 주
제가 이어지며 당당하게 고조되며 곡을 마무리하는 합창이다.

"주님의 성령과 아버지의 영광 중에 있으리라. 아멘.

주님의 성령과 함께 있으리라.

주님의 성령과 아버지의 영광 중에 있으리라. 아멘."

평안의 매는 줄로 성령이 하나되게 하신 것을 힘써 지키라(엡 4:3)

노트르담 성당의 스테인드글라스 '장미의 창', 파리

b단조 미사

Hohe Messe in h-moll BWV.232 : Johann Sebastian Bach

－음악을 통한 신·구 교회의 화해

오직 주님께만 영광을(Soli Gloria Deo)

나는 음악을 통해 성경을 만나고 하나님을 만나게 되는 순간 천주교와 개신교 사이에서 약간의 갈등을 했다. 어렸을 때 아무것도 모르던 상태에서 1년간 천주교 성당에서 운영하는 유치원을 다닌 경험과 천주교 재단이 설립한 대학에서 신부 교수님의 강의도 들으면서 보낸 4년간의 대학 생활로 인해 내겐 천주교 성당은 그리 낯설지 않다. 또한 내가 듣던 대부분의 종교음악이 가톨릭과 연관이 있었고, 교회라면 높은 천장이나 창문에는 스테인드글라스가 있고 높은 곳에서 울려 퍼지는 천사의 음성과 같은 성가대의 찬양과 이를 받쳐주며 더욱 경건한 분위기를 연출해주는 파이프 오르간 소리의 전율이 바로 내가 그리던 교회의 환상이었다. 이렇게 내 개인적인 성향으로 봐서도 개신교보다 천주교가 더 맞을 듯하며, 더욱이 성당의 매력은 내가 좋아하는 파이프 오르간 소리를 들을 수 있다는 점이다.

당시 나는 천주교와 개신교의 교리를 그리 명확하게 알지는 못했으나 구원의 본질에 대한 지리한 논쟁보다, 다만 한가지 성경 속의 살아계신 하나님과 예수님을 천주교에서는 사제를 통해서 만날 수 있다는 점과 달리 개신교에서는 내가 직접 만날 수 있다는 만인 제사장 사상의 흡인력이 나의 발걸음을 개신교 교회로 이끌지 않았나 생각된다.

바흐의 'b단조 미사'는 상당 기간 나를 괴롭히던 곡이었다. 음악을 들은지 10년 남짓하여 어떤 종류의 대곡이라도 몇 번 들으면 쉽게 이해할 수 있었으며, 대부분의 미사나 레퀴엠을 모두 섭렵하고 이 장르에 특히 매력을 느끼던 터이나, 유독 이 곡의 음반에는 쉽게 손이 가지 않으며 기나긴 시간을 보냈다. 그 이유는 동일한 미사 통상문을 사용했음에도 다른 미사 곡들과 달리 무려 2시간 30분이나 연주되는 긴 곡이라는 시간적 압박과 실제 미사에 사용하기 위한 곡이 아닌 바흐가 죽기 직전까지 자신의 종교 음악을 총정리하려는 의도로 혼신의 음악 혼과 철학이 깊이 담겨있는 범접할 수 없는 곡이란 선입관이 작용했기 때문이었을 것이다.

그러나 나중에 깨달은 사실인데 가장 중요한 원인은 나의 신앙심에 큰 문제가 있었던 것이다. 바흐의 'b단조 미사'는 하나님을 경외하는 마음과 진정한 믿음 없이는 절대 가까이 할 수 없는 곡이다. 이후 교회에 다니며 세례를 받고 믿음이 점점 자라면서 내게 점점 가까이 다가오는 'b단조 미사'는 바흐가 이 곡의 모든 악보에 "S.G.D.(Soli Gloria Deo: 오직 주님께만 영광을)"라 기록해 놓음과 같이 내게도 주님의 영광을 찬양하는 최고의 음악으로 자리잡게 되었다.

바흐 종교음악의 집대성

바흐의 4대 종교음악이라면 마태수난곡, 크리스마스 오라토리오, 마그니피카트와 b단조 미사를 꼽는다. 이 곡들은 음악사적으로 통틀어 보아도 가히 각 형식을 대표하는 최고의 곡이라 해도 크게 틀리지 않을 듯 싶다. 칸타타도 바흐의 종교음악 중 중요한 위치를 차지하고 있지만 워낙 숫자가 많으므로 딱히 몇 개를 지정하기 어렵다.

바흐는 성 토마스 교회에 재직하는 동안 200여 곡의 칸타타와 수난곡, 오라토리오 등의 많은 종교음악을 작곡하면서 종교음악뿐 아니라 모든 음악을 대표할 수 있는 성악곡을 구상하였다. 이미 요한수난곡, 마태수난곡, 오라토리오 등 다양한 형식을 작곡한 경험을 갖고 있었기에 비록 프로테스탄트 교인이지만 당시 유럽에 전통적으로 널리 퍼져 있던 가톨릭 교회의 미사라는 음악 형식에 대한 미련을 버릴 수 없었던 것이다. 미사에 대하여 깊이 연구하여 1733년 '키리에' 와 '글로리아' 부분을 먼저 완성하여 작센가 프리드리히 아우구스트 2세에게 헌정하였다. 그로부터 14년의 시간이 흐른 후인 1747년 '크레도' 를 시작하여 '아뉴스데이' 까지 전곡을 사망하기 1년 전인 1749년에 비로소 완성하게 된다.

20여 년에 걸쳐 완성된 바흐의 'b단조 미사' 는 미사 전례에 기반을 둔 완전한 형식의 미사로 바흐 스스로 'Hohe Messe in h—moll(b단조의 높은 미사)' 라 하였다. 높은 미사란 소규모의 미사(낮은 미사)와 대조되는 것으로 또 다른 표현으로 베토벤의 미사와 같이 '장엄미사' 라 칭하기도 한다.

바흐 연구가인 로버트 마샬(Robert L. Marshall)이 "b단조 미사는 교회 음악가로서 바흐의 진수를 보여주는 불멸의 금자탑이라고 할 수 있다. 그것은 바흐가 30년에 걸쳐 써 온 여러 양식의 백과 전서이다"라 평하고 있는 것과 같이 이 곡은 바흐의 종교음악뿐 아니라 그의 음악의 모든 요소를 결합하면서 보편성을 잃지 않고 다른 모든 작품을 초월한 높은 수준을 갖고 있는 바흐의 원숙미와 완전성의 결정체라 볼 수 있다.

따라서 다른 곡들에 비해 좀 듣기가 난해하다는 점이 나의 이 곡에 대한 접근을 신중하게 했다. 나는 하나님을 만나기 전에 대부분의 종교음악들을 먼저 만났다. 그리고 거꾸로 그 곡에 맞추어 하나님을 알아간 것이다. 음악을 이해한 상태에서 말씀의 의미를 깨달았을 때의 묘미는 말할 수 없는 기쁨이다. 음악이 좋아서 음악을 듣다가 하나님께서 음악 속에 계시면서 기가 막힌 말씀을 주신다. 그런데 바흐의 b단조 미사의 경우 하나님을 알고 만난 종교음악 중의 하나이다. 오히려 전에 무턱대고 종교음악을 대할 때보다 좀 부담을 갖고 몇 가지 감상 포인트를 정리해야 했다.

- 첫째, 종교개혁 이후 계속되는 신·구교 간의 갈등이 심화되고 있는 상황에서 바흐는 프로테스탄트 교인으로 어떤 시각을 갖고 미사곡을 작곡했는지?
- 둘째, 당시 교회 내부적으로도 초대 교회의 순수성과 루터의 종교개혁 정신이 퇴색되어 인본주의적 교리에 치우치고 있었으며, 교회 음악까지 이에 속박을 강요하는 경향을 보이고 있던 상황에서 바흐의 음악과 신앙에 대한 신념은 어떠했는지?

바흐는 이 곡을 미사의 형식을 빌리지만 가톨릭 교회의 예배를 목적으로 작곡한 것은 아니며, 자신이 프로테스탄트임을 잊지 않고 전례문의 가사를 변형하므로 프로테스탄트풍으로 찬양하고 있다. 즉, 전통적인 가톨릭 교회 미사 형식에 부합하고 실제 음악적 내용은 개신교 교회 음악양식을 배합하므로 가장 완전한 미사(Missa tota)로 초교파적인 정신을 강조하였다. 이는 하나님께서 말씀하신 사랑의 실천으로 신·구교 간의 갈등을 음악이라는 통로로 화해하려는 자신의 이상을 나타낸 것이다.

특히, 18번째 곡인 베이스 아리아 "생명의 주이신 성령을 믿는다(Et in Spiritum Sanctum)"에 일명 '사랑의 오보에'라고 하는 두 대의 오보에 다모레를 등장시켜 서로 다른 형식으로 동시에 하나의 테마를 연주하게 하므로 신·구 양 교회의 화해와 합일을 상징하며, 아버지와 아들에서 성령으로 다시 '보편적인 교회'로 향하는 삼위일체의 신앙고백을 의도적으로 표현하고 있다. 당시 루터의 종교개혁은 교회 음악에도 영향을 미쳐 주로 성가대에 의해 불려지는 미사가 아닌 교인들이 직접 참여하여 부를 수 있는 '코랄'이라는 회중성가를 프로테스탄트 교회에 도입하고 "평신도들의 회중 찬송은 살아 있는 복음의 소리"라며 가톨릭 교회와 대립하였는데 이에 대한 화해의 의미로 볼 수도 있다.

17

바흐의 음악은 신에 대한 기도

바흐는 이 곡의 모든 악보에 "S.G.D.(Soli Gloria Deo)"라 기록해 놓았다. 즉, "오직 주님께만 영광을"이라는 함축된 표현을 통해 교회 음악의 순수성을 위협하던 교권에 굴복하지 않고, 가장 성경적인 가치에 기반한 자신의 신앙고백을 통하여 교회 음악의 순수성을 수호하고, 하나님께 영광 드리는 현명한 방법을 택했던 것으로 명 첼리스트 파블로 카잘스의 "바흐의 음악은 신에 대한 기도이다"란 말에서 이를 입증할 수 있다. 물론 이 말은 무반주 첼로 조곡을 염두에 둔 것이지만 바흐의 모든 음악을 아우르는 표현이라 해도 무리가 없다.

바흐는 거의 모든 종교음악을 교회의 주일 예배나 축일을 기념하여 실제 예배드리기 위한 음악으로 작곡했으나, 오직 'b단조 미사'만은 교회는 물론 가톨릭교회의 예배를 목적으로 한 것도, 연주회를 위한 곡도 누구에게 헌정하기 위한 곡도 아니다. 다만 교회의 칸토르(합창장)로 30년 이상 봉직해오며, 수많은 종교음악을 작곡한 바흐가 자신의 모든 음악적 역량과 하나님을 경외하는 마음이 그대로 녹아 살아있는 한 곡을 만들기 위하여 가장 종교적인 미사라는 형식을 선택했다. 이 음악으로 그 누구도 아닌 오직 하나님께만 영광 돌리고 싶었던 것이 'b단조 미사'에 숨어 있는 바흐의 음악적, 신앙적 고백임을 엿볼 수 있다. 음악적으로 대위법에 기초한 푸가와 카논의 다양한 전개를 통하여 완전무결한 바흐 음악의 진수를 보여주고 있으며, 자신의 이상적인 종교관과 순수한 신앙고백이 그대로 담겨져 있는 모든 종교음악을 대표하는 기념비적인 유산임을 누구도 부인할 수 없으리라.

미사 통상문의 이해

오랜 시간에 걸쳐 확립된 미사의 의식은 그리스도의 복음을 전하는 말씀의 전례와 그리스도 최후의 만찬을 재현하는 성찬의 전례, 두 부분으로 구성된다. 말씀의 전례는 회중이 둘로 나뉘어 안티폰으로 부르는 입당송(Introit)으로 시작하여 참회의 말(Kyrie), 영광송(Gloria)으로 이어진다. 복음서 낭독이 끝나면 독창자와 회중이 응답으로 부르는 층계송(Gradual)과 알렐루야(Alleluja)가 뒤따르고 신앙고백인 사도신경(Credo)을 회중이 부른 후, 사제의 설교로 말씀의 전례가 끝난다.

성찬의 전례는 봉헌송(Offertory)으로 시작되어 기도 후에 회중의 거룩하시다 (Sanctus)와 오시는 이의 축복(Benedictus)이 이어지고 사제가 빵과 포도주를 바치는 동안 주의 어린 양(Agnus Dei)이 불리워진다. 성찬식 후 영성체송 (Communio), 사제의 기도가 끝나면 사제와 회중이 응답송으로 부르는 "미사가 끝났으니 가서 복음을 전하십시오(라틴어로 Ite missa est)"로 모든 의식이 끝나게 된다. 미사(Missa)라는 예배의식의 명칭은 바로 여기서 유래한 것이다.

미사 의식의 중심은 예수님께서 십자가에 못박히기 전날 제자들을 불러 모아 놓고 마지막 만찬을 베풀면서 제자들에게 빵을 떼어 먹이고 포도주를 돌리면서 "이는 세상의 죄를 짊어지고 십자가에 못 박혀 죽음으로써 하나님 앞에 속죄하기 위하여 자신이 흘리는 피와 찢기는 살이다. 내가 다시 이 세상에 나타날 때까지 나를 기념하기 위해서 너희들은 같은 일을 하고 있어라 내 피와 살을 받은 자는 죄를 용서받고 영생의 나라에 태어날 것이니라"라는 오직 한 분이신 하나님을 믿는다는 것과 사도신경이라는 신앙고백이 바로 가톨릭 미사의 교리이다. 이 교리를 바탕으로 가톨릭 전례에 의한 미사 통상문은 다음과 같은 3가지 형식을 갖고 있다.

(1) 미사 집전자와 회중의 대화문

대화문은 전례의 주요 대목에서 사제는 "주께서 교우들과 함께"라 말하면 이에 대하여 회중들은 "또한 사제와 함께 하소서"라고 응대한다.

(2) 집전자와 회중이 함께 하는 노래

중세 때부터 관습적으로 교회의 성가대가 맡았으며 미사 전례에 의하면 다음과 같은 곡들이 순서대로 불려진다. 원래 미사곡을 전례용으로 사용하기 위해서는 전례문의 내용을 한자도 더하거나 덜할 수가 없게 되어 있다. 그러나 미사곡을 보다 장엄하게 쓰려다 보니 그 내용을 크게 해치지 않는 범주 내에서 첨가가 허용되고 있다.

키리에(자비송 : Kyrie eleison)

미사의 첫 곡으로

주님 자비를 베푸소서(Kyrie eleison)

그리스도님 자비를 베푸소서(Christe eleison)

주님 자비를 베푸소서(Kyrie eleison)

라 회개를 고함으로 시작한다.

"예수께서 거기서 떠나 가실 쌔 두 소경이 따라 오며 소리질러 가로되 다윗의 자손이여 우리를 불쌍히 여기소서 하더니"(마 9:27).

글로리아(영광송 : Gloria)

다음은 하나님의 영광과 능력을 찬양한다. 대영광송은 라틴어 자체가 가지고 있는 수사학적인 아름다움을 강조하는 신학과 전례학적 측면에서 볼 때는 삼위일체의 동질성을 더욱 강조하고 있다.

하늘 높은 데서는 하나님께 영광(Gloria in execelsis Deo)

땅에서는 주님께서 사랑하시는 사람들에게 평화

(Et in terra pax hominibus bonae voluntatis)

"지극히 높은 곳에서는 하나님께 영광이요 땅에서는 기뻐하심을 입은 사람들 중에 평화로다 하니라"(눅 2:14).

크레도(Credo)

오직 한 분이신 하나님을 믿는다는 것과 사도신경을 주 내용으로 하고 있는 신앙
고백이다.

나는 믿는다. 유일한 하나님을(Credo in unum Deum)

전능하신 아버지를 믿는다 (Patrem omnipotentem)

"그러나 우리에게는 한 하나님 곧 아버지가 계시니 만물이 그에게서 났고 우
리도 그를 위하며 또한 한 주 예수 그리스도께서 계시니 만물이 그로 말미암고
우리도 그로 말미암았느니라"(고전 8:6).

상투스, 베네딕투스(Sanctus, Benedictus)

거룩하시도다, 거룩하시도다, 거룩하시도다, 온 누리의 주 하나님(Sanctus,
Sanctus, Sanctus Dominus Deus Sabaoth)

거룩하신 하나님과 높은 곳에서 호산나를 찬양한다.

"호산나 다윗의 자손이여, 찬송하리로다 주의 이름으로 오시는 이여, 가장 높
은 곳에서 호산나 하더라"(마태 21:9).

아뉴스 데이(Agnus Dei)

하나님의 어린 양, 세상의 죄를 없애시는 주님, 자비를 베푸소서

(Agnus Dei, qui tollis peccata mundi, miserere nobis)

하나님의 어린 양, 세상의 죄를 없애시는 주님, 평화를 주소서

(Agnus Dei, qui tollis peccata mundi, dona nobis pacem)

"예수의 다니심을 보고 말하되 보라 하나님의 어린 양이로다"(요 1:36).

(3) 집전자가 대표로 낭송하는 부분

집전자가 대표로 읽는 예전문, 권고문, 기원문, 봉헌문 등인데 이 경우에도 일정한 음정의 노래로 낭송하는 것이 원칙이다.

곡의 구성

성악부는 독창 5부(소프라노1, 2, 알토, 테너, 베이스), 합창 5~8부로 구성되며 관현악부는 플루트 2, 오보에 3, 오보에 다모레 2, 파곳 2, 혼(코르노 다 카치아), 트럼펫 3, 팀파니, 바이올린 2부, 비올라, 통주저음(첼로, 비올로네, 파곳, 오르간)의 편성을 갖는다. 총 5부 25곡으로 이루어져 있다.

[제1부] 키리에(KYRIE)

제1곡 합창 — 주여, 우리를 불쌍히 여기소서(Kyrie eleison)

서주에 이어 5성부 합창이 있은 후 푸가풍의 긴 관현악이 연주된다. 이후 테너 파트로 시작하여 알토 그리고 5성부의 푸가로 발전하며 비통한 분위기에서 주님께 자비를 구하고 있다.

"주여, 우리를 불쌍히 여기소서."

제2곡 아리아; 2중창(소프라노1, 2) — 그리스도여, 불쌍히 여기소서(Christe eleison)

삼위일체의 제2위격인 그리스도의 기도가 바이올린의 조주에 의한 모방풍, 응답풍으로 그리스도에 대한 사랑의 정념을 담아 소프라노의 2중창으로 노래된다.

"그리스도여, 우리를 불쌍히 여기소서."

제3곡 합창 — 주여, 우리를 불쌍히 여기소서 (Kyrie eleison)

베이스로 시작하는 4성 푸가로 엄숙하고 애원하는 기도의 인상을 준다.

"주여, 우리를 불쌍히 여기소서."

[제2부] 글로리아(GLORIA)

제4곡 합창 ─ 매우 높은 곳에 계시는 하나님께 영광있으라 (Gloria in excelsis Deo)

3개의 트럼펫과 팀파니를 포함한 관현악의 반주로 '하늘의 협주곡' 을 연주하기 시작하고, 합창이 이 악장을 이어받아 하나님의 찬미를 진행시킨다(하나님의 상징으로 3박자가 적용). 제100마디부터 음악은 새로운 부분으로 들어간다. 차분하게 땅을 상징하는 4박자로 전환되어 지상의 평화를 기원한다. 4성의 푸가가 진행되고 금관악기 군의 장대한 클라이맥스로 마무리되는 장대한 합창이다.

"하늘 높은 곳에는 하나님께 영광 땅에는 마음이 착한 이에게 평화"

제5곡 아리아(소프라노2) ─ 우리는 그대를 찬양하여(Laudamus te)

독주 바이올린과 소프라노의 독창으로 바로크풍의 풍부한 장식을 가진 화려한 패시지가 찬미의 열렬한 마음을 전한다.

"주 하나님, 하늘의 왕이시여 전능하신 하나님 주를 기리나이다, 찬양하나이다."

제6곡 합창 ─ 감사를 올린다(Gratias agimus)

베이스로 시작하여 대위법적인 4성 합창이 이어지며 두 개의 주제를 교대시키면서 고조되어 트럼펫이 높게 울리며 마무리된다. 이 곡은 칸타타 '하나님이시여, 우리들은 당신께 감사한다(BWV29)" 의 제2곡에서 전용한 것이다.

"주의 영광 크시기에 감사하나이다."

제7곡 2중창(소프라노1, 테너) ─ 주님이신 하나님, 하늘의 왕 (Domine Deus, Rex coelstis)

플루트의 아름다운 조주가 전곡을 흐르며 현의 반주를 가진, 소프라노와 테너의 2중창으로 '아버지이신 하나님' 과 '아들 그리스도' 의 두 사람을 상징한다. 이 곡은 세속 칸타타 '그대들 하늘의 집들이여(BWV 193a)' 의 제5

곡을 원곡으로 하고, 이후 칸타타 BWV 191의 제2곡에도 사용된다.

"주님이신 하나님, 아버지의 아들이여,

외아들 예수 그리스도여, 아버지의 어린 양이여."

제8곡 4중창(소프라노2, 알토, 테너, 베이스) — 세상의 죄를 없애시는 자여 (Qui tollis)

현의 반주 위에서 2개의 플루트가 카논풍의 아름다운 반주 위에 제1 소프라노를 제외한 4중창으로 원곡은 칸타타 '생각해 보라 BWV 46' 첫 곡을 인용하였다.

"세상의 죄를 없애시는 주여 우리의 기도를 들어주소서."

제9곡 4중창(알토) — 아버지의 오른편에 앉으신 자여(Qui sedes)

현의 반주를 배경으로, 오보에 다모레가 마음에 스며드는 듯한 오블리가토를 연주한다. 알토의 아리아는 전·간주에 의하여 3개의 부분으로 나뉘고, 에코 효과가 훌륭하게 색채를 더해 준다.

"아버지의 오른편에 앉으신 자여. 우리를 불쌍히 여기소서."

제10곡 아리아(베이스) — 그만이 거룩하시니(Quoniam tu solus sanctus)

유일신에 대한 신앙이 확연하게 노래 불린다. 코르노 다 카치아와 한 쌍의 파곳, 통주 저음이라는 특이한 편성으로 반주되는 밝은 곡이다.

"예수 그리스도 홀로 거룩하시고, 홀로 주님이시고, 홀로 높으시도다."

제11곡 합창 — 성령과 더불어(Cum Sanctus Spiritus)

트럼펫이 가세하며 활기차게 시작하여 푸가풍의 모방 대위법으로 진행되며 긴박감을 주며 글로리아를 마무리한다.

"하나님과 성령과 함께 세세에 영원히

생활하시고 왕이신 하나님의 아들, 아멘."

[제3부] 크레도(CREDO)

제12곡 합창 — 나는 믿는다. 유일한 하나님을(Credo in unum Deum)

　　　5성의 합창에 2부의 바이올린을 더한 7성의 푸가(7은 하나님의 완전성의

　　　상징)로 전개되며 그레고리오 성가에서 유래하는 코랄 정선율을 쓴 고풍

　　　스런 푸가이다.

　　　"나는 믿나이다. 한 분이신 전능 하나님 아버지."

제13곡 합창 — 전능하신 아버지를 믿는다 (Patrem omnipotentem)

　　　확신에 찬 창조주의 믿음에 대한 고백이다. 이 곡은 칸타타 '하나님이시

　　　여, 당신의 이름처럼(BWV 171)' 로부터 인용했다.

　　　"하늘과 땅과 유형 · 무형한 만물의 창조주를 믿나이다."

제14곡 아리아(2중창 — 소프라노1, 알토) — 유일의 주 예수 그리스도를 믿는다

　　　　　　　　　　　　　　　　　　　　　(Et in unum Dominum)

　　　2개의 오보에 다모레와 현의 조주에 의한 카논 형식으로 진행되며 그리스

　　　도와 아버지이신 하나님의 일체성을 노래한다.

　　　"오직 한 분이신 주 예수 그리스도.

　　　모든 세대에 앞서 하나님께 나신 하나님의 외아들이시며

　　　하나님으로부터 나신 빛으로부터 나신 빛이시요.

　　　참된 하나님으로부터 나신 참된 하나님으로서

　　　창조되지 않고 나시어, 아버지와 일체이시며

　　　만물이 다 이분으로 말미암아 창조되었음을 믿으며

　　　우리 인간을 위하여, 우리 구원을 위하여 하늘에서 내려 오시어."

제15곡 합창 — 성령에 의하여 처녀 마리아로부터 육체를 받아(Et incarnatus est)

　　　5성 합창으로 신비스럽게 노래한다.

　　　"성령으로 동정녀 마리아에게 혈육을 취하시고 사람이 되심을 믿으며"

17

제16곡 합창 — 십자가에 못 박혀(Crucifixus)

베이스에 의한 샤콘느 형태를 취하고, 불협화음의 사용에 의해 십자가의
고뇌를 침통하게 표현하고 있다.

"본디오 빌라도 치하에서 우리를 위하여 고난을 받으시고

십자가에 못 박히시고, 죽으심을 믿으며."

제17곡 합창 — 3일째에 소생하시어(Et resurrexit)

승리를 상징하는 트럼펫이 추가된 관현악 반주 위에 자유로운 다 카포 형
식으로 부활의 기쁨을 밝고, 선명하게 알리며, 전곡을 통해 가장 극적인
노래가 불려진다.

"성경 말씀대로 사흘만에 부활하시고

하늘로 올라가 하나님 우편에 앉아 계시며

산 자와 죽은 자를 심판하러

영광 속에 다시 오실 것을 믿나니

그의 나라는 끝이 없으리이다."

제18곡 아리아(베이스) — 생명의 주이신 성령을 믿는다(Et in Spiritum Sanctum)

2개의 오보에 다모레(사랑의 오보에)가 신·구 양 교회의 화해를 상징하
는 듯 온화한 듀엣으로 흐르며 아버지와 아들에서 성령으로, 다시 '보편
적인 교회'로 향하는 신앙고백을 노래한다.

"하나님이시여, 생명을 주시는 성령을 믿나니

성령은 아버지와 아들에게서 좇아나시며,

아버지와 아들과 더불어 같은 흠숭과 영광을 받으시며,

예언자들을 통하여 말씀하셨나이다.

하나이요, 거룩하고, 공번되고, 사도로부터 이어오는 교회와"

* 흠숭(欽崇) : 흠모하고 공경함   * 공번 : 전체성, 완전성, 보편성

제19곡 합창 — 유일한 세례를 인정한다(Confiteor unum bapisma)

통주저음만으로 반주되는 5성부의 고풍스런 푸가풍으로 주제의 가사가
계속 전조되며 트럼펫, 팀파니가 가세하여 분위기가 점점 고조되며 3부를
마무리하는 합창이다.

"죄를 사하는 하나의 성 세례를 믿으며

죽은 이들의 부활과 후세의 영생을 기리나이다. 아멘."

제20곡 죽은 자의 소생을 대망한다(Et expecto resurrectionem mortuorum)

트럼펫의 화려한 울림과 함께 커다란 클라이맥스를 구축하며 피날레에 이
르는 합창이다. 칸타타 '하나님이시여, 인간은 남몰래 당신을 찬양합니다
(BWV 120)'의 제2곡의 4성 합창에 제5성부를 가하는 형태로 개작되었다.

[제4부] 상투스(SANCTUS)

제21곡 합창 — 거룩하도다(Sanctus)

3개의 트럼펫과 오보에, 팀파니가 울리며 프랑스풍 서곡의 반주에 맞춘
장대한 찬가가 푸가풍으로 전개된다.

"거룩하시다, 거룩하시다, 거룩하시다.

온누리의 온 하나님 하늘과 땅에 가득한 그 영광."

제22곡 합창 — 높은 곳의 호산나(Ossana in excelsis)

호쾌한 관현악 위로 8성부의 합창이 화려하고 역동적으로 찬양한다.

"높은 곳에 호산나"

제23곡 아리아(테너) — 축복 받으소서(Benedictus)

바이올린의 전주와 플루트의 조주와 함께 경건하고 정감있는 테너의 아
리아가 불려지고 이어 전곡의 22곡 '호산나' 합창으로 마무리된다.

"주의 이름으로 오시는 이여 찬양받으소서."

17

[제5부] 아뉴스 데이(AGNUS DEI)

제24곡 아리아(알토) — 천주의 어린 양(Agnus Dei)

바이올린이 유니즌으로 조주를 하며 비통한 감정으로 경건하고 아름답게
노래하는 표정적인 아리아다.

"하나님의 어린 양 세상 죄 없애시는 하나님 우리를 불쌍히 여기소서."

제25곡 합창 — 우리에게 평안을 주시옵소서(Dona nobis pacem)

제6곡을 가사를 바꾸어 재현하는 4성부 합창으로 엄숙하고 숭고하게 평
안을 기원하는 확신에 찬 찬미로 전곡을 마무리 짓는다.

"우리에게 평안을 주소서."

평안을 너희에게 끼치노니 곧 나의 평안을 너희에게 주노라 (요 14:27)

뒤러(Durer Albrecht, 1471~1528) : 〈성 삼위일체의 경배〉, 1511, 미술사박물관, 비엔나

장엄미사
Missa Solemnis op.123 : Ludwig Van Beethoven
– 내적 및 외적인 평안을 구하는 기도

후기 음악의 걸작

베토벤의 음악은 하일리겐슈타트의 유서를 기점으로 전기와 중기가 완전히 다른 음악세계를 나타내 보이고 있다. 유서 사건 이후 다시 태어난 그는 왕성한 창작 활동으로 중기 음악의 정점을 이룩하고, 마침내 청각을 완전히 잃은 상태에서 1816년부터 최후 10년간의 후기 창작 활동을 시작한다. 이 기간은 그의 인생 중 가장 암울했던 시간이다. 그러나 베토벤의 불굴의 의지는 이런 상황에서 또 다른 새로운 음악 세계를 구축하는 원동력으로 작용하고 있다. 후기의 중요 작품은 베토벤의 인생이 담겨져 있는 피아노소나타 중 최후 5곡(28~32번), 음악적 깊이가 담겨져 있는 현악4중주 중 최후 5곡(12~16번), 교향곡 9번 그리고 장엄미사로 그의 음악 일생을 대변하는 훌륭한 곡들로 마무리하고 있다.

당시 음악의 도시 빈은 '소나타 형식' 이라는 새로운 음악 형식과 롯시니의 이탈리아 오페라로 낭만주의의 물결이 밀려오며, 이런 형식과 대조적인 종교음악은 쇠퇴일로에 처해 있을 수밖에 없었다. 더욱이 C장조 미사의 실패 이후 베토벤은 제대로 된 교회 음악을 작곡해야겠다는 잠재적 욕구가 후기 작곡 시대로 접어들면서 폭발하게 된다. 베토벤은 고전주의 전통이 미사와 같은 고도의 영성을 표현하는 작품을 작곡하는 데 불충분한 한계성을 느끼고 있었다. 그리하여 팔레스트리나나 헨델, 바흐를 깊이 연구하며 그들이 이루어 놓은 고전적 조성 체계의 합창 음악에 시대의 조류인 소나타 형식을 접목시킨 거대한 교향악적 기법을 적용한 장대한 작품을 계획하게 된 것이다.

마침 베토벤의 가장 큰 후원자인 루돌프 대공이 대주교로 지명된 것을 계기로 대규모의 미사곡을 염두에 두고 그에게 보낸 축하 편지에 다음과 같이 기술하고 있다.

"제가 작곡한 미사곡이 당신의 장엄한 예식에 울려 퍼지게 될 그날,

그날은 제 생애에 있어 가장 영광스런 순간이 될 것입니다. 하나님께서

나를 이끄사 내 보잘것 없는 재주가 그 날을 영화롭게 하는데

쓰여질 수 있기를 믿습니다."

그러나 '장엄미사'를 작곡하는 기간 동안 베토벤에게 있어서 청력의 완전한 상실과 경제적인 궁핍은 최악의 상황이었다. 원래 1819년 봄에 착수하여 이듬해 3월 루돌프 대공의 대주교 취임식일인 '장엄한 그날(베토벤의 표현)'에 연주하기 위한 계획이었으나 워낙 작곡에 깊이 빠진 나머지 당초 계획과 큰 차질을 보이며 지연된다.

작곡 도중 베토벤이 일기장에 적어 놓은 다음과 같은 작곡 메모를 통해 그의 종교음악에 대한 열정과 작품의 완성도를 높이기 위한 철두철미한 준비성을 엿볼 수 있다.

18

"참다운 교회 음악을 작곡하기 위해서는 수도승들이 부르던 옛 교회 성가를

철저히 연구할 것. 또한 모든 그리스도교적 가톨릭적 시편이나 성가 전반의

완전한 시형학과 나란히 가장 올바른 번역에 있어서 원문의 도막 짓는 법을 연

구할 것"

이에 따라 라틴어로 된 미사 통상문의 단어 하나하나의 뜻을 정확하게 알아내고 단어의 강세 표시에 따른 미묘한 뉘앙스까지 세세하게 연구했다는 것은 출판업

자인 짐록(Simrock)에게 보낸 편지 "번역자는 반드시 음악을 잘 아는 사람이어야 하고, 미사 텍스트에 대한 내 구상을 충분히 이해하는 사람이어야 한다."를 통해서 발견할 수 있다.

곡의 완성이 지연되어 본래의 목적을 이룰 수가 없게 되자 베토벤은 교회의 전례음악이라는 굴레에서 벗어나 독자적인 가사의 해석과 교향악적 기법의 강화와 개인적인 종교관이 강하게 녹아 들어간 개성적인 작품을 위해 더 많은 열정과 시간을 투자하여 5년만인 1823년 3월 19일(53세)에 완성하여 루돌프 대공의 취임 3년째 되는 날 헌정하였다.

작곡 기간 중 헨델의 '메시아'에 깊이 매료된 베토벤은 훗날 임종이 가까워 병석에 누웠을 때 "헨델은 모든 작곡가들 가운데 가장 위대하오. 그리고 나는 아직도 그로부터 배울 것이 있소"라 말했다. 또한 병석에서도 헨델의 악보에 대한 연구를 게을리하지 않았음은 잘 알려진 이야기이다. 베토벤 스스로 자신의 병이 회복되기가 불가능한 것임을 알고 있었을 때 그를 돌보던 의사 바부르흐가 봄이 오면 건강이 회복될 것이라고 말하자 그는 "만일 나를 소생하게 하는 의사가 있다면 그의 이름은 기묘자(Wonderful)일 것이오"라고 말했다고 한다. 이 말은 '메시아'의 제12곡인 유명한 합창 "한 아기가 우리를 위해 태어나셨네"에 나오는 구절인 "His name shall be called Wonderful"을 그대로 인용한 것이며, 이것으로 보아도 베토벤이 '메시아'를 얼마나 속속들이 연구하고 있었던 가를 짐작하게 해준다.

초연은 1824년 5월 7일 빈의 케른트에르도르 극장에서 이루어졌으며 공식 초연시 키리에, 글로리아, 아뉴스 데이 3곡과 제9번 교향곡도 함께 연주되었다. "청각이 마비되어 완전히 듣지 못하는 사람도 소리에 몸이 반응한다"고 주장하는 바와 같이 소리는 귀로만 듣는 것이 아니라 몸을 구성하는 모든 세포들이 소리를 감지하여 신경 조직으로 전달한다고 한다. 베토벤은 이 날 청각이 완전히 마비된 상태에서 장엄미사, 교향곡 9번 등을 훌륭하게 지휘할 수 있었다.

베토벤은 '장엄미사'에서 그 특유의 폭발을 최대한 자제하고 미사의 본질에 충실히 접근하고 있다. 5년이라는 긴 시간 동안 종교음악을 다시 연구하면서 전례와 음악의 일치를 위해 고심했고, 목소리와 악기에 의한 교향곡적인 새로운 형태로 낭만시대를 열고 있다. 베토벤은 악보 표지에 "진심에서 나온 것은 진심으로 통한다"라는 인간적인 고백을 통하여 하나님께 모든 것을 의지하고 있음을 엿볼 수 있다. 경건하게 울려 퍼지는 '베네딕투스'는 전례와 음악의 일치를 가장 잘 보여주는 황홀함으로 가득 차 있고, 마지막 곡인 '하나님의 어린 양(Agnus Dei)'의 2번째 곡은 자신이 명시한 것과 같이 '내적 및 외적인 평안을 구하는 기도'를 담고 마무리되는 '장엄미사'는 베토벤에게 있어 가장 긴 시간 동안 온갖 열정을 기울여 만든 최고의 걸작임에 틀림없다.

 ## 곡의 구성

베토벤이 만년에 작곡한 미사곡(라장조 작품123)이다. '장엄미사'란 본래 가톨릭교의 전례(典禮) 중에서 가장 장중하면서도 규모가 큰 미사를 가리키는 말인데, 이 작품도 제명이 의미하듯이 4명의 독창자, 혼성 4부합창, 그리고 관현악에 파이프 오르간이 추가된 편성으로 전 5악장으로 이루어진 미사 중에서 가장 대규모의 미사곡이다.

제1곡 Kyrie 3부로 구성

1부 : 합창, 독창

베토벤 자신이 '경건하게'라고 지시한 것과 같이 관현악 총주로 시작해서 합창이 힘차게 Kyrie를 부르면 소프라노와 알토 독창이 메아리치듯 응답하

18

며 매우 감동적이고 엄숙하게 노래한다.

"주여, 우리를 불쌍히 여기소서."

2부 : 합창, 4중창

독창자들의 4중창의 눈부신 활약과 이에 합창이 가담하며 친근하게 다가온다.

"그리스도여, 우리를 불쌍히 여기소서."

3부 : 합창

제1부를 보다 강렬하고 장엄하게 반복한다.

"주여, 우리를 불쌍히 여기소서."

제2곡 Gloria(영광송) 6부로 구성

1부 : 합창

마치 제9번 교향곡 '합창' 과 같이 빠른 템포의 긴박한 합창으로 알토, 테너, 베이스, 소프라노의 순서로 노래된다.

"하늘엔 하나님께 영광.

땅엔 마음이 착한 이에게 평화.

주를 기리나이다. 찬미하나이다. 주를 흠숭하나이다."

2부 : 중창과 합창

클라리넷의 노래하는 듯한 조주에 이끌리어 테너 독창 후에 합창으로 감사의 노래가 계속된다.

"주의 영광 크시기에 감사하나이다."

3부 : 합창과 독창

힘찬 합창으로 시작하여 '전능(Omnipotentem)' 이란 가사에서 최고조에 달하여 독창부로 이어진다.

"주 하나님, 하늘의 왕이여, 전능하신 하나님 아버지.

외아들 예수 그리스도여."

4부 : 독창과 합창

라르게토로 바뀌어 목관의 고요한 반주에 이끌리어 독창과 합창이 대화한다.

독창: 세상의 죄를 없애시는 주여. 우리를 불쌍히 여기소서.

합창: 우리를 불쌍히 여기소서.

독창: 우리의 기도를 들어주소서.

합창: 아버지 우편에 앉아 계시는 주여. 우리를 불쌍히 여기소서. 오오.

5부 : 합창

"주 예수 그리스도 홀로 거룩하시고 홀로 주님이시고, 홀로 높으시도다.

하나님 아버지의 영광 안에 성령과 함께 아멘."

6부 : 합창

베이스 파트가 주제를 노래하고 푸가풍으로 전개되어 장대하게 마무리 짓

는다.

"하나님 아버지 영광 안에 아멘."

제3곡 Credo (사도신경) 3부로 구성

1부 : 합창

강렬한 관현악 총주에 이어 합창의 베이스 파트로부터 '신앙의 동기'를 시

작하여 테너, 소프라노, 알토 차례로 되풀이한다.

"나는 믿나이다 한 분이신 하나님.

전능하신 아버지 하늘과 땅과 유·무형한 만물의 창조주를 믿나이다.

하나님으로부터 나신 하나님 빛으로 나신 빛이시요.

창조되지 않고 나시어 하나님과 일체이시며

만물이 다 이분으로 말미암아 창조되었음을 믿으며

우리 인간을 위하여 우리의 구원을 위하여 하늘에서 내려오시어"

2부 : 4중창

아다지오의 낮은 음의 현악기를 테너 독창으로 그레고리안 성가풍으로 경건하게 시작하며, 성령의 상징인 비둘기를 목관의 평화로운 반주로 표현하고 있다.

"성령으로 동정녀 마리아에게 혈육을 취하시고

그리고 사람이 되심을 믿으며

본디오 빌라도 치하에서 우리를 위하여

고난을 받으시고, 십자가에 못 박히시고 묻히심을 믿으며

성경 말씀대로 사흘 만에 부활하시고

하늘에 올라 아버지 우편에 앉아 계시며

산 자와 죽은 자를 심판하러 영광 속에 다시 오시리라 믿나니

그의 나라는 끝이 없으리라."

3부 : 합창

1부와 같은 분위기로 베토벤의 체험에서 오는 확신을 가지고 노래한다.

"주님이시여 생명을 주시는 성령을 믿나니

성령은 아버지와 십자가에서 좇아 나시며

아버지와 아들과 더불어 흠숭과 영광을 받으시며

예언자들을 통하여 말씀하셨나이다.

하나님이여 거룩하고 공번되고 사도로부터 이어오는 교회와

죽은 이들의 부활과 후세의 영광을 기리나이다. 아멘."

제4곡 Sanctus(거룩하시다) 전주곡을 사이에 두고 2부로 구성

1부 : 4중창

아다지오의 조용한 목관의 전주로 시작되는 4중창으로 신비롭고 경건하게
거룩하심을 찬양한다.

"거룩하시다. 온 누리에 주 하나님 높은 곳에는 호산나."

2부 : 합창

플룻, 파곳, 비올라, 첼로의 고요한 전주를 뚫고 Benedictus가 경건하고 강렬
함으로 노래된다.

"주의 이름으로 오시는 이여 찬양 받으소서.

지극히 높은 곳에 호산나."

제5곡 Agnus Dei (하나님의 어린 양)

1부 : 세상 죄를 지신 하나님의 어린 양을 엄숙히 노래하고 파곳, 호른, 현악기의
전주에 이어 그레고리안 성가풍의 베이스 독창으로 시작되어 합창이 이에
응답한다.

독창: "하나님의 어린 양.

세상 죄를 없애시는 하나님."

합창: "주여, 우리를 불쌍히 여기소서"를 세 번 응답한다.

2부: 합창

베토벤 자신이 초고에 명시한 '내적 및 외적인 평안을 구하는 기도'와 같이
간구하고 있다.

"우리에게 평화를 주소서.

두려워하면서 세상 죄 없애시는 하나님.

하나님의 어린 양.

우리를 불쌍히 여기소서.

우리에게 평화를 주소서."

18

3부 : 합창

아직 평화에 이르지 못한 불안한 관현악의 총주에 강렬하게 노래되고, 흥분과 감동에 넘친 관현악의 연주로 끝난다.

"하나님의 어린 양.

우리에게 평화를 주소서."

은혜를 받은 자여 평안할찌어다 주께서 너와 함께하시도다(눅 1:28)

비치(BICCI Di Neri, 1419~1491) : 〈성모님의 대관식〉, 프티 팔레 박물관, 아비뇽

대관식미사
Kronungs Messe K.317 : Wolfgang Amadeus Mozart
-누구나 다가가고 싶은 미사에의 유혹

인간 모차르트의 재인식

모차르트(Wolfgang Amadeus Mozart, 1756.1.27~1791.12.5)는 모두 19곡의 미사곡을 남겼으며 그 중 16번째로 작곡한 '대관식미사'는 그의 나이 23세에 잘츠부르크에서 완성되었다.

신학자 칼 바르트는 "천사들이 하나님을 찬양하는 그들의 임무를 수행할 때에는 바흐만 연주할 것이다. 천사들이 가족과 함께 연주할 때 그들은 모차르트를 연주하며, 그때는 역시 은혜로우신 하나님께서 특별한 즐거움으로 들으신다"라 말하고 있다. 또 대지휘자 칼 뵘은 "내가 하늘 나라에서 베토벤을 만나면 공손히 경의를 표하며 인사할 것이다. 그러나 모차르트를 만나면 놀라서 기절할 것이다" 라고 말했다. 이렇게 모차르트 하면 일반적으로 신동, 천재, 천진난만함, 아기자기함, 순수함, 천사의 음악과 같은 이미지가 떠오른다. 반면 영화 '아마데우스'를 통하여 경박하고 괴팍한 사람으로 각인되어 있을 것이다. 그러나 겉으로 비춰진 모차르트와 실제 모차르트는 전혀 다르다는 것을 다음과 같은 사실에서 발견할 수 있다.

첫째, 모차르트는 성숙한 인간이다.

5살 때부터 작곡을 시작했고 6살 때부터 아버지 손에 이끌려 유럽 전역을 수차례나 돌아다니며 연주여행을 하면서 여러 나라에서 많은 것을 보고 들으며 쌓은 경험으로 나이에 비해 상당히 성숙했다. 이러한 성숙함은 모차르트의 삶의 시간을 남들보다 두 배 이상 빠르게 재촉했다. 즉, 35세라는 짧은 일생 동안 다른 작곡가들의 60~70년의 삶보다 오히려 양과 질에 있어서 더 훌륭한 업적을 남기고 있으니 모차르트는 남들보다 몇 배 이상 값진 인생을 보낸 것이다. 모차르트의 일생은 자신에게 주어진 어떤 상황에 대해서도 최선을 다하며 자신을 무의식적으로 순응시키는 삶으로 일관하는 나이에 걸맞지 않는 성숙함을 보인다. 모차르트의 "종교가 없는 사람은 온전히 신임할 수 없고, 그들과 함께 여행하기를 원치 않으며, 신앙이 없는 자들과는 오랜 교우 관계를 유지할 수 없다"라는 말에서 그의 신앙심을 엿볼 수 있다. 이는 모차르트의 세례명부상의 이름인 '요하네스 크리소스토무스 볼프강구스 테오필루스 모차르트' 중 테오필루스라는 이름이 희랍어로 '하나님이 사랑하는 자', '신의 사랑을 받은 아들'이라는 의미와도 무관하지 않다.

둘째, 모차르트는 사려 깊고 겸손한 인간이다.

모차르트는 주위 사람들의 찬사와 신동에 대한 대접에 우월감을 갖기보다 늘 생각이 깊고, 스스로를 낮추는 겸손하고 예의 바른 태도를 보였다고 한다. 아버지가 자식 자랑하고 싶은 마음이야 이해하겠지만 모차르트의 삶은 거의 그의 아버지인 레오폴드의 삶이었다고 할 수 있을 정도로 순종했다. 그리고 그는 인간의 본질적인 문제 "삶이란 무엇이고, 죽음이란 무엇인가? 우리가 존재하는 이유는 무엇인가?"에 대해 종교적인 도움을 구하고 있다.

모차르트는 레오폴드가 죽기 두 달 전 아버지께 보낸 편지에서,

"아버지, 생각해보면 죽음이란 참으로 우리 삶의 최종 목적지 입니다. 저는 이렇게 인간에게 참되고 가장 좋은 친구인 죽음과 여러 해 동안 아주 친숙해져 있습니다. 때문에 죽음은 제게 단지 두려운 존재가 아닐 뿐 아니라, 도리어 마음을 평안케 해주며 위로해 주는 것입니다. 하여 저는 하나님께서 제게 죽음

이 우리 인간의 참된 행복의 열쇠라는 것을 깨달을 수 있는 행운을 주신 것에 감사드리고 있습니다."

라며 나이와 삶의 경험에 걸맞지 않은 생각의 깊이와 성숙함을 지녔다.

보통 모차르트는 종교음악하고는 맞지 않으리라 생각하지만, 잘츠부르크 대사교의 교회 음악가의 직무를 수행하였고, 총 19곡의 미사를 비롯하여 수곡의 모테트 등을 남기며 종교음악에서도 중요한 발자취를 남기고 있다. 그리고 프리메이슨이라는 사상 단체에 가입하여 활동하였다. 모차르트가 죽기 전 아내인 콘스탄체에 보낸 편지를 통하여 그의 인간적인 고뇌를 느낄 수 있다.

"당신에게 나의 느낌을 설명할 수 없구려. 그것은 나를 무척이나 아프게 하는 것으로 허무의 영역이며…… 도저히 채워지지 않으면서 없어지지도 않는 갈망으로…… 그러면서도 언제나 여전히 지속되고 하루하루 커져만 가는 열망인 것이오."

셋째, 모차르트의 음악 속에는 슬픔이 있다.

그 어린 것이 어른들의 상업적인 속셈의 노리개가 되어 신동이라는 허울 좋은 가면 속에서 아이가 아이답지 않게 자란 슬픔과 고독이 녹아있는 음악이다. 어른들은 모차르트에게 피아노 건반을 천으로 가리고 연주하기, 즉석 복제 연주 등을 주문하며 서커스 단의 원숭이 묘기 보듯 신기해했다. 이에 대해 비록 어린 나이였지만 모차르트는 "어쩐지 슬픈 생각이 들었다. 나의 연주 기술이 아닌 음악을 사랑하는 사람을 만나고 싶다"라 말했다. 이런 비애감 속에서 자신의 인생을 짐차 고갈시키며 만든 한 곡 한 곡이 그의 목숨과 바꾼 곡이라 생각할 때 항상 슬픔이 앞선다. 천재의 삶이란 세상과 조화를 이루기가 얼마나 버겁고 외로우며 아득한가? 그 투명하기 그지없는 음악 안에 슬픔이 가볍게 승화되고 있는 것을 알아버릴 때 비애감은 절정에 달한다.

미사의 음악적 유혹

'대관식미사'의 작곡 배경에 대해서는 몇 가지 설이 난무하다. 잘츠부르크의 마리아 프라인 교회의 주 제단에 모셔진 성모 마리아 상의 대관식(머리에 왕관을 씌우는 의식)을 기념하여 매년 열리는 특별 미사를 위해, 1779년 4월 4일~5일에 잘츠부르크 대성당의 부활절 미사를 위해서 그리고 1790년에 유럽 각지에서 거행된 레오폴드 2세의 대관식 기념미사에 사용됐기 때문에 대관식이라는 이름이 붙여졌을 것이라 추측하고 있다.

'대관식미사'는 독일과 프랑스 등지의 여행 이후에 작곡되었기에 더욱 힘이 있고 규모가 크며 전통적인 교회 양식에 의한 호모포닉(선율과 화성이 서로 뚜렷하거나 음악의 텍스츄어가 화음 진행 위주로 된 양식)한 선율과 화성을 강조하고 있어 종전의 미사곡에 비해서 악기 편성이 대규모로 확대되어 있고 전체적인 악상이 상당히 역동적이며 활기차고 장대한 느낌을 준다. 흥미로운 것은 마지막 곡 '신의 어린 양'에서 엿볼 수 있듯이 화려하고 높은 기교가 요구되는 성악과 기악 모든 면에서 모차르트적인 요소를 충분히 느낄 수 있다.

대부분의 미사곡이 성스러운 무게감이 있고 쉽게 접근하기 어려운데 반해 이 곡은 모차르트다운 순수함과 밝음으로 듣는 이의 마음을 어루만지며 영혼이 투명해짐을 느끼게 하고 거룩한 분위기도 결코 잃지 않는다. 마지막 곡인 '주의 어린 양(Agnus dei)'은 성찬식에서 주님의 고난을 노래하는 곡으로 곡 처음 부분에 나오는 느린 소프라노 솔로는 전곡을 통해서 그 어느 부분보다도 아름다운 선율을 이루고 있으며 오페라 '피가로의 결혼' 중 백작 부인의 아리아와 매우 흡사하여 친근감을 더해주어 누구나 이 곡을 들으면 한번쯤 미사의 현장에 다가가고 싶은 유혹을 느끼지 않을까 생각된다.

19

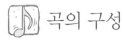 곡의 구성

성악은 독창4부와 혼성 4부 합창으로 되어 있으며, 2관 편성의 관현악부에 오르간이 추가된 편성으로 미사 통상문에 의한 전 6곡으로 구성된다.

제1곡 우리를 불쌍히 여기소서(Kyrie)

서주 없이 합창으로 시작하여 오보에와 바이올린 반주에 의한 알토의 멜로디가 인상적이다.

"불쌍히, 불쌍히, 주여 우리를 불쌍히 여기소서.

그리스도여 우리를 불쌍히 여기소서."

제2곡 하나님께 영광(Gloria)

전 성부의 합창으로 강하게 시작하여 소프라노와 테너의 독창이 서로 대화하고, 바이올린과 오보에가 아름다움을 더한다.

"영광을 영광을 영광을 하나님께

하늘에는 영광 땅엔 평화 평화

착한 사람들에게 주 하나님 찬미하나이다.

경배합니다 영광드립니다.

주님의 은혜를 인하여 주님께 감사.

주님께 영광 우리 하나님 왕이시요.

하나님 어린 양 외아들 되신

주 예수 그리스도 나의 구주 하나님 아들.

세상 죄, 세상 죄 지시는 주여.

우리들을 불쌍히 여기소서.

세상 죄, 세상 죄 지시는 주여.

우리의 기도를 들으소서.

하나님 우편에 앉으신 주여 우리들을 불쌍히 여기소서.

주님만, 주님만 홀로 거룩

주님만 홀로 구세주

주님만 홀로 거룩하시다.

구세주 저 높이 계시다.

예수 예수 그리스도 거룩 주 성령

우리 하나님 영광 아멘, 아멘, 아멘."

제3곡 사도신경(Credo)

알레그로 몰토―아다지오―알레그로 몰토의 전형적인 세 도막의 론도 형식이다.

"전능하사 천지를 만드신 하나님 아버지

선시 선능 나의 하나님 내가 믿사옵니다.

그의 아들 우리 주 예수 그리스도

당신은 하나님의 독생자

태초부터 영원토록 하늘 아버지 우편에 계신 주

만군의 주님과 주의 빛이요.

만물 위에 계신 주님 하나님의 아들

하나님 아버지와 하나이시며

모든 만물이 주께로 창조된 것을 믿사옵니다.

우리들을 위하여 우리를 구원하시기 위해 내려오셨도다.

이는 성령으로 잉태하사

마리아의 몸에서 이 땅에 탄생하셔서

십자가에 못 박히시어 큰 고통 당하셨네.

나의 주님 십자가에 못 박혀 죽으시고

19

장사한지 사흘 만에 죽은 자 가운데 다시 살아나시사

하늘 위에 오르사 하나님의 오른 편에 앉아계시다가

영광의 주님이 땅 위에 오셔서

산 자와 죽은 자를 심판하리라.

주의 나라 영원하리 영원하리라. 영원, 영원하리 영원하리라.

주의 성령님 우리 인간의 생명을 주신 주 내가 믿나이다.

아버지와 아들 그리고 성령님

모두 함께 찬양 영광 받으소서.

주의 선지자 통하여 예언을 하신 주

거룩하신 주의 공회와 성도들이 교통하는 것과

우리의 모든 죄악을 사해주실 것을 믿사오며

우리들이 다시 사는 것과 죽은 몸이 다시 사는 것과

영생을 믿사옵나이다. 아멘, 아멘.

하나님을 믿사옵나이다. 아멘, 아멘."

제4곡 거룩하시다(Sanctus)

관현악의 총주와 합창의 전 성부가 장대하게 울려 퍼진다.

"거룩 거룩 주님은 거룩하시다.

하늘과 땅에 가득한 주님의 영광

호산나 높은 곳에(반복)"

제5곡 복 있노나(Benedictus)

소나타풍으로 독주 4부와 바이올린, 오보에가 이루는 모차르트다운 환상을
만끽할 수 있다.

"복 있도다 주 이름 이름으로 오시는 주시여.

복 있도다 주 이름 주 이름 복 있도다.

주님의 이름으로 오시는 이여 호산나 높은 곳에(반복)."

제6곡 신의 어린 양(Agnus dei)

마치 '피가로의 결혼' 중 백작부인의 아리아와 같은 감정이 느껴지는 곡으로 슬프도록 성스럽고 아름답게 평화를 간구하고 있다.

"세상 죄 지고 가는 자비의 주여 우리를 불쌍히 여기소서.

세상 죄 지고 가는 하나님의 어린 양

우리를 불쌍히 여기소서.

주여 우리에게 평화를 평화를 주소서.

주여, 주여, 주여 평화 주옵소서(반복)."

19

몸과 영을 다 거룩하게 하려(고전 7:34)

돌치(DOLCI Carlo, 1616~1686) : 〈오르간 앞의 성 세실리아〉, 1671, 구 거장 회화관, 드레스덴

성 세실리아를 위한 장엄미사

Messe Solennelle de Santa Cecilia : Charles Francois Gounod

－생상을 매료시킨 여명의 빛

텍스트 페인팅 기법을 사용한 크레도

바흐가 'b단조 미사'에서 프로테스탄트 교인으로서 가톨릭의 예배 형식인 미사를 통하여 신·구교의 합일과 범 교파적 정신을 보여주었고, 베토벤이 '장엄미사'로 계몽주의적 휴머니티에 기초한 자신의 개인적인 신앙고백이 담겨있는 고뇌하는 자의 구원을 부르짖으며 범 종교적 정신을 보여주었다면, 구노의 '성 세실리아를 위한 장엄미사'는 진정한 구도자의 자세에서 나올 수 있는 신앙적 내면 세계를 자신의 예술적 감각을 총동원한 최선의 헌사로 하나님을 찬미하는 숭고한 정신이 담겨져 있다.

구노(Charles Francois Gounod, 1818. 6. 17~1983. 10. 18)는 파리 출생으로 아버지는 로마대상을 수상한 화가였으며, 피아니스트인 어머니에게 피아노를 배웠다. 18세 때 파리음악원에 입학했고 19세 때 로마대상을 받아 3년간의 로마 유학 중 신학자인 라꼬르떼 신부와 가까이 하며 독실한 신앙인으로 늘 세속적인 음악인 오페라와 종교음악 사이에서 크게 방황한다.

파리로 돌아온 구노는 1846년(28세) 해외선교교회의 합창상과 오르간 주사로 있으면서 성 실피스 신학교에서 5년간 신학 연구에 몰두하게 된다. 이 기간 중 음악가로서의 생활과 성직자가 되고자 하는 갈등 속에서 주로 슈만과 베를리오즈의 음악을 연구하며 모든 음악의 작곡을 중단했다. 다만 라꼬르떼 신부의 영향으로 늘 염두에 두고 있던 음악의 수호성인인 '성녀 세실리아를 위한 장엄미사'의 작곡을 시작했다. 구노는 이 곡을 쓰는 동안 하나님께 간절히 기도하면서 미사라고 하는 그 숭고한 음악에 자신의 신앙고백에 의한 영감을 담는데 혼신의 노력을 기울이며 이렇게 고백하고 있다.

"음악으로써 심오하고 끝없는 신앙의 세계를 표현하는 것처럼 어려운 것이 없다. 더구나 나처럼 보잘 것 없는 사람으로서는. 주여 불쌍히 여기소서!"

바흐나 베토벤의 미사는 그 규모나 내면적인 깊이, 음악적 완성도를 볼 때 모든 미사곡들 중 최고의 자리에 놓일 수 있음을 누구도 부인할 수 없으리라. 이 곡들은 모두 작곡자 자신의 창작 생활을 마무리하는 기념비적인 작품이며, 미사곡으로 꼭 들어야 할 가장 교과서적인 작품이기도 하다. 이런 대곡에 비해 구노의 미사는 여러 가지 면에서 그에 미치지 못함을 스스로 고백하고 있다. 그러나 구노의 하나님을 향한 깊고 무한한 신앙심이 그 어떤 작곡가보다 강했기 때문에 신앙심의 양적, 질적, 상대적 차이에서 오는 자신의 표현의 부족함을 토로하고 있는 것은 아닐까 한다.

구노의 미사곡같이 내 마음을 움직이는 종교음악은 흔치 않다. 구노의 미사를 들을 때면 나도 모르게 무릎이 꿇어지고 두 손이 모아지며 눈물 흘리며 기도하지 않을 수 없게 된다. 이 곡의 크레도를 들으면 모든 고통이 사라지고 상투스에서는 답답하던 가슴이 탁 트일 것 같은 후련함과 큰 힘이 용솟음치는 기분을 느끼게 된다. 이 곡의 가장 중요한 부분인 크레도는 가히 모든 미사곡 중 최고의 신앙고백이요 찬양이라 할 수 있다. 또한 상투스는 그 어떤 미사곡보다 하나님의 거룩함을 가장 거룩하게 높이 찬양하고 있다.

크레도에서는 시작부터 크레센도를 사용하여 신앙심의 깊이를 점점 더해가다가 그리스도의 부활하는 장면에서 가사 그리기(Text Painting, Word Painting) 또는 음화(Tone Painting) 기법을 사용하고 있다. 이는 가사의 전체적인 내용이나 특정 단어의 뜻을 음악을 통해 그림 그리듯 묘사하는 것으로 16세기부터 바로크 시대로 이어지며 모테트나 마드리갈 같은 성악곡에서 '천국' 이라는 가사에서는 올라가는 선율을, '땅' 이라는 가사에서는 내려가는 선율 음형을 사용했으며, 슬픔과 고통을 나타내는 단어를 표현할 때 불협화음을 사용하는 등 가사를 회화적인 기법으로 표현하는 것이다.

합창의 8성부가 순차적으로 '성경 말씀대로 사흘날에 부활하시어' 란 동일한 가사를 알토부터 시작하여 각 파트가 차례로 가담하며 합쳐져 마치 캔버스에 물감이 덧칠해져 혼합된 색감으로 이미지의 형상화를 나타내듯, 그리스도의 부활을 많은 사람들의 눈 앞에 생생하게 재현해 보이려는 감각적인 효과를 보여주고 있다. 이는 구노의 부친이 훌륭한 석판화가였다는 사실과 높은 교양의 소유자이신 어머니로부터 어린 시절 피아노 외에도 문학과 미술을 배우며 다방면의 예술 감각을 키운 것과 밀접한 관계가 있음을 엿볼 수 있다.

마침내 1855년 여름에 이 미사가 완성되어 그 해 11월 29일 "성 유스타스" 교회에서 초연이 이루어졌다. 이 자리에 참석한 작곡가 생상은 이 공연을 보고 이렇게 말한다. "처음엔 눈이 부셨고, 다음엔 매료당했는데, 마침내 정복당했다. 이 곡은 19세기 후반 프랑스 음악의 대표작이다. 이 단순하고 장대한 곡은 고통에 시달리고 있는 우리 인간들에게 찬란한 장밋빛을 주는 것 같다. 마치 어두운 새벽에 여명이 빛나기 시작하는 것처럼…."

너무나 적절한 표현이다. 구노의 '성 세실리아를 위한 장엄미사' 는 이 세상이라는 어둠 속에서 고통받고 있는 자들에게 소망의 빛을 비춰주는 가장 확신에 찬 신앙고백을 들려주면서 하나님의 사랑이 듬뿍 담긴 거룩하고 숭고한 음악이다. 나는 하나님을 믿는 사람이든 믿지 않는 사람이든 누구에게나 권하고 싶은 한 곡의 종교음악을 꼽으라면 서슴지 않고 이 곡을 권유하고 싶다.

성녀 세실리아의 순교

　성인들은 일생 동안의 사역과 순교의 내용과 관련지어 중세시대부터 국가나 도시, 가문, 개인을 보호해주며, 직업과 일을 지켜주고, 심지어 당시 난무하던 전염병과 같은 병을 치유하는 수호성인을 모시고 있다. 이들 수호성인을 통하여 하나님께 청원하고, 하나님의 보호 받음을 믿으며, 존경의 대상으로 삼아왔다.

　성녀 세실리아(St. Cecilia)는 음악과 음악가들의 수호성인이며 그녀를 나타내는 상징은 오르간이다. 유럽의 대부분의 음악학교는 그 도시의 이름이나 그 곳에서 출생했거나 주로 활동한 작곡가 이름을 붙이는 것이 상례인데 유독 로마의 유명한 음악학교인 산타 세실리아 음악원은 음악의 수호성인인 세실리아의 이름을 붙이고 있다.

　세실리아는 214년경 로마의 명문 귀족 가문에서 태어난다. 어릴 때부터 크리스천 신앙의 가르침 안에서 성장한 그녀는 하나님께 동정을 지킬 것을 맹세하고 세상의 모든 쾌락과 허식을 멀리한다. 세실리아는 발레리안이라는 청년과 마음에 없는 결혼을 하게 되지만 결혼 첫날밤, 그녀는 동정을 시키고자 한 굳은 서약과 늘 그녀 곁에서 보호해 주는 수호천사에 대하여 그에게 이야기해 주고 하나님의 진노를 사게 되는 일은 하지 말아 달라고 부탁한다. 이에 감화된 발레리안은 아내의 동정을 지켜줬다. 또한 그는 천사를 보고 싶은 열망에 하나님을 믿고 기꺼이 세례까지 받게 된다. 어느 날 기도 중에 있는 아내 곁에서 거룩한 광채에 싸여 빛나는 한 천사를 보게 되어 동생 티베르시우스에게도 개종을 권유했다. 그들 두 형제는 특별한 은총에 힘입어 천사를 보게 되고 얼마 후 총독 알마치우스 치하에서 순교한다. 총독은 세실리아가 두 형제의 재산을 가난한 사람들에게 모두 나누어준 것에 분개하여 그녀를 잡아들여, 집 목욕탕 안의 뜨거운 증기 속에서 질식사시킬 것을 명한다. 그러나 하루가 지난 후에도 기적적으로 살아있음이 밝혀져 사형 집행인이 목을 베었으나 여전히 목숨이 끊어지지 않고 빈사 상태로 있다가

사흘 후 천국에 올라 동정녀와 순교자의 두 영예를 함께 누리게 된 성녀이다. 로마 근교에 있는 산 칼리스토 카타콤은 세실리아가 순교의 순간에도 양 손가락으로 삼위일체 하나님을 증거하며 숨을 거둔 현장으로 유명하다.

이 카타콤은 이를 기리기 위해 세실리아의 순교 당시 모습을 조각으로 새겨놓았다. 목을 칼에 베인 채 처연하게 쓰러져 있는 모습의 와상은 순교 당시 모습 그대로 오른손가락 세 개로 '삼위'를, 왼손가락 하나로 '일체'를 표현하고 있었다. 초대 교회 성도들의 믿음이 얼마나 굳세었는지를 보여주는 증거이다.

가톨릭 교회의 성직자, 수도자는 모두 독신 생활을 한다. 이는 오직 하나님께만 철저히 순종하며 교회에 봉사하기 위하여 스스로 선택하는 거룩한 삶이다. 사도 바울은 하나님의 일을 하는 형제들에게 결혼에 대하여 이렇게 권면한다.

"너희가 염려 없기를 원하노라 장가 가지 않은 자는 주의 일을 염려하여 어찌하여야 주를 기쁘시게 할고 하되 장가 간 자는 세상 일을 염려하여 어찌하여야 아내를 기쁘게 할고 하여 마음이 나누이며 시집 가지 않은 자와 처녀는 주의 일을 염려하여 몸과 영을 다 거룩하게 하려 하되 시집 간 자는 세상 일을 염려하여 어찌하여야 남편을 기쁘게 할고 하느니라"(고전 7:32~34).

수도자는 가난, 순명, 정결을 서원하고 복음의 정신대로 살아가고 있다. 이 중 동정 서원은 가장 중요시하고 있으며, 전통적으로 성 세실리아와 같이 동정 순교한 성녀들의 순교정신을 높이 평가하고 있다.

 곡의 구성

성악부는 독창3부(소프라노, 테너, 베이스)와 혼성4부 합창으로 구성되며, 관현악과 오르간이 추가된 편성으로 미사 통상문에 의한 전 7곡으로 구성되어 있다.

제1곡 독창과 합창 ─ 주여 우리를 불쌍히 여기소서(Kyrie)

일반적인 미사와 달리 어둡지 않은 3부 형식의 키리에가 아름답게 불려지는 독창자들과 합창의 조화 속에 은은하게 마무리한다.

"자비의 주여 우리를 불쌍히 여기소서.

그리스도여 우리를 불쌍히 여기소서.

주여 우리를 불쌍히 여기소서."

제2곡 3중창과 합창 ─ 높은 곳에 영광(Gloria)

호른의 전주에 이어 소프라노의 독창과 합창의 허밍으로 영광을 찬양한다. 다시 힘찬 합창에 이어 3중창(소프라노, 테너, 베이스)의 화음이 아름다운 가운데 합창이 높이 고조된다. 오보에 조주에 맞추어 베이스와 테너의 독창에 소프라노가 가담되는 순수하고 아름다운 3중창이 이어지며 다시 합창으로 장대하게 마무리한다.

"영광을 영광을 높이 계신 주께

땅 위에는 사람들에게 사람에게 평화

주님의 영광을 찬미하나이다.

주께 영광 드림을 감사하나이다.

하나님 주님 만왕의 왕 전능하신 주 하나님.

전능 전능의 아버지."

제3곡 3중창과 합창 ─ 사도신경(Credo)

트럼펫의 전주에 따라 확신에 찬 합창으로 시작된다. 아다지오로 변하여 성스러운 분위기의 독창 3중창이 아름다운 화음과 함께 진행된다. 관현악의 총주 위로 합창이 점점 고조되며 하프의 반주로 나지막하게 마무리된다.(가사 생략)

제4곡 봉헌송(Offertorium)

상투스로 들어가기 전에 간주곡과 같은 형식의 목가적인 분위기의 아름다운 봉헌송으로 보통 관현악으로 연주되는데 간혹 오르간 독주로 연주되는 경우도 있다.

제5곡 독창(테너)과 합창 ─ 거룩하시다(Sanctus)

거룩하고 성스럽게 테너의 독창으로 시작한다. 합창이 받아 코랄적인 분위기로 서로 주고받으며 진행한다. 후반부 트롬본이 울리며 고조하고 극적인 합창이 연주된다. 전곡 중 가장 극적인 부분이므로 독립적으로 연주되기도 하는 유명한 곡으로 많은 사랑을 받고 있다.

"거룩 거룩 거룩하신 주.

거룩 거룩 거룩 하나님 찬양 하나님.

영광 주 영광 온 우주에 가득찼네.

찬양 찬양 하나님을 찬양해.

호산나 찬양하세." (반복)

제6곡 독창(소프라노)과 합창 ─ 복 있도다(Benedictus)

소프라노의 높은 음역으로 소박하고 정결하게 시작되어 합창이 주제를 이어받는다. 현악기만의 반주로 조용하게 진행하던 합창이 갑자기 포르테로 변하며 단순한 인상을 주며 마무리한다.

"복 있도다 주 이름으로 주 이름으로 오시는 이요.

찬미 받으소서 찬미 받으소서.

주 이름 복 있도다.

주 이름 호산나 높은 곳에"

제7곡 독창(테너, 소프라노) ─ 신의 어린 양(Agnus dei)

평화로운 합창으로 시작하여 저음 현의 피치카토에 맞춰 테너의 독창이 이어지고 합창과 하프의 반주에 맞추어 소프라노의 독창이 나온다. 다시 합창으로 옮겨져 하프 소리와 함께 은은하게 마무리된다.

"하나님의 어린 양 세상 죄를 지고 가는

하나님의 어린 양.

하나님의 어린 양 세상 죄를 지시는 주여.

우리를 불쌍히 여기소서.

세상 죄 지고 가는 하나님의 어린 양.

우리를 불쌍히 여기소서.

주여 우리에게 평화를 주옵소서, 아멘."

제8곡 합창 ─ 구원의 주님(Domine Salvum)

장엄하게 시작하는 합창이 행진곡풍으로 바뀌며 축제 분위기를 더하고 관현악의 총주와 함께 고조되며 화려하게 마무리된다.

"하나님 아버지 주 앞에 모인 우리

다 축복하사 우리들이 간구할 때

들으사 응답하소서."

20

시와 찬미와 신령한 노래들로 서로 화답하며
너희의 마음으로 주께 노래하며 찬송하며(엡 5:19)

그뤼네발트(GRÜNEWALD, Matthias, 1472~1528) : 〈천사와 탄생의 음악회〉, 1515, 운터린덴 미술관, 콜마르

테 데움
Te Deum : Josef Anton Bruckner
– 친애하는 주께 헌정한 곡

음악의 영향력

서양음악의 기본은 종교음악이다. 음악이란 사람들이 모이는 자리에서 전하고자 하는 메시지 전달의 효과를 극대화시키기 위한 것으로 고대부터 사람들이 많이 모이는 제사, 예배, 축제 같은 행사에서 불려지며 음악이 발생한다. 특히 예배의 경우 가장 성스럽고 정결한 행사이므로 가장 고귀하고 차원 높은 음악이 곁들여지면서 교회음악이 여러 가지 형태로 발전하는 과정을 보이고 있다.

시와 음악을 좋아하던 다윗 왕 시대에는 악기로 찬양하는 4,000명과 온전히 음악으로 찬양하는 일에만 전념하는 288명(12명으로 이루어진 24반차)의 음악 전문 사역자로 구성된 찬양팀을 보유하며 주야로 찬양하고 있었다.

> "사천은 문지기요 사천은 다윗의 찬송하기 위하여 지은 악기로 여호와를 찬송하는 자라 (중략) 저희와 모든 형제 곧 여호와 찬송하기를 배워 익숙한 자의 수효가 이백 팔십 팔인이라"(대상 23:5, 7).

성경에 나타난 기록 중 하나님을 가장 영화롭게 찬양하는 사건은 이 찬양팀을 동원한 솔로몬의 성전 봉헌식이다. 이 예식에는 성장한 20만 명의 가수와 120명의 트럼펫 주자와 4000명의 오케스트라에 의하여 웅장한 성전 봉헌을 위한 축하 행사가 거행되었다.

"노래하는 레위 사람 아삽과 헤만과 여두둔과 그 아들들과 형제들이 다 세마 포를 입고 단 동편에 서서 제금과 비파와 수금을 잡고 또 나팔 부는 제사장 일백 이십인이 함께 서 있다가 나팔 부는 자와 노래하는 자가 일제히 소리를 발하여 여호와를 찬송하며 감사하는데 나팔 불고 제금 치고 모든 악기를 울리며 소리를 높여 여호와를 찬송하여 가로되 선하시도다 그 자비하심이 영원히 있도다 하매 그 때에 여호와의 전에 구름이 가득한지라 제사장이 그 구름으로 인하여 능히 서서 섬기지 못하였으니 이는 여호와의 영광이 하나님의 전에 가득함이었더라"(대하 5:12~14).

하나님께서는 성전 봉헌의 찬양의 자리에 구름의 형체로 자신의 임재를 나타내고 계신다. 또한 성경에는 여호수아, 이스라엘 백성, 다윗, 바울 등이 믿음으로 기도하며 찬송의 노래를 부를 때 하나님의 권능으로 승리한다는 기록이 나오고 있다.

"여호와는 나의 힘과 나의 방패시니 내 마음이 저를 의지하여 도움을 얻었도다 그러므로 내 마음이 크게 기뻐하며 내 노래로 저를 찬송하리로다"(시 28:7).

사도 바울은 하나님을 만나 새로운 삶을 살게 되었을 때 모든 것이 새로워졌다. 하나님께서 모든 것을 새롭게 만드신다는 것을 믿는 사람만이 새 노래를 부를 수 있고 이를 다른 사람이 듣게 될 것이라고 말씀하신다.

"새 노래 곧 우리 하나님께 올릴 찬송을 내 입에 두셨으니 많은 사람이 보고 두려워하여 여호와를 의지하리로다"(시 40:3).
"하나님이여 내가 주께 새 노래로 노래하며 열 줄 비파로 주를 찬양하리이다"(시 144:9).

더욱이 하나님께서는 음악을 듣고 즐기는 차원을 넘어 모든 악(사탄)을 물리치고 이적을 행하는 영적 무기로 사용하고 계신다. 하나님께 불순종한 사울은 하나님의 축복을 박탈당하고 병에 걸려 우울하게 보낸다. 이 때 선지자 사무엘로부터 기름부음을 받은 다윗이 사울 앞에서 수금(하프) 연주를 하므로 사울이 정신적인 안정감과 육체적인 건강을 되찾게 됨을 통하여 음악의 영향력을 알 수 있게 한다.

"하나님의 부리신 악신이 사울에게 이를 때에 다윗이 수금을 취하여 손으로 탄즉 사울이 상쾌하여 낫고 악신은 그에게서 떠나더라"(삼상 16:23).

감옥에 갇혀 있던 바울과 실라는 하나님께 찬양하므로 자유로운 몸이 된다는 찬양의 능력을 나타내기도 한다.

"밤중쯤 되어 바울과 실라가 기도하고 하나님을 찬미하매 죄수들이 듣더라 이에 홀연히 큰 지진이 나서 옥터가 움직이고 문이 곧 다 열리며 모든 사람의 매인 것이 다 벗어진지라"(행 16:25~26).

종교음악은 사도 바울이 말하는 '시와 찬미와 신령한 노래'를 모두 내포하고 있다. 대부분의 종교음악에서 들려주는 하나님의 말씀은 모두 성경의 원문을 기본으로 하고 있으며, 성경 중에서도 가장 중요한 말씀을 취하고 있다. 그리고 대부분의 종교음악은 작곡가들이 자신의 창작 활동의 경험을 모두 담아 마무리하는 말년에 만들어진 것이 많아 마치 창작의 집대성과 같은 성격이 강하므로 각 작곡가의 작품을 대표하는 걸작이라 볼 수 있다. 따라서 당연히 성스럽고 정제되고 존귀함이 넘치는 음악적 효과가 어우러져 연주자나 듣는 이 모두 가장 지고지순한 상태에서 감동을 경험한다.

부르크너의 이 곡 또한 그의 말년에 작곡된 것으로 찬미의 세계로 우리를 이

끈다. 그리스도인들이 날마다 경건의 시간을 갖는 것을 생활화하듯 매일 한 곡의
종교음악으로 경건의 시간과 경건의 음악 생활을 동시에 누리면 좋을 듯하다.

테 데움 ─ 주님을 찬미합니다

테 데움(Te Deum)이란 '당신을 주님으로 찬미합니다' 라는 뜻의 31개의 시구
로 이루어진 장대한 찬가로, 5세기 초까지 거슬러 올라가 초대 교회에서 부르던
찬송시이다. 시작자는 정확히 알려지지 않았지만 아우구스티누스 또는 암브로시
우스 작이라고 전해지며 '거룩한 삼위일체 찬가' 라고도 한다. 오늘날에도 가톨
릭 교회와 성공회에서 아침기도의 한 순서로 사용되고 있으며, 개신교회에서도
사용하고 있다. 이 찬가에 다성부 곡을 붙인 퍼셀, 베를리오즈, 브루크너, 베르디
등의 곡이 널리 알려져 있다.

테 데움(Te Deum)

하나님, 하나님을 주로 받아드리며 찬양하옵니다.

땅 위의 모든 것들도 하나님을 영원의 주로 경배하옵니다.

모든 천사들도 하늘과 그 가운데에 있는 주의 모든 권능을 큰 소리로 찬양하옵니다.

천사들도 천주께 쉬지 않고 외치옵니다.

거룩, 거룩, 거룩 만군의 주 하나님 하늘과 땅이 주의 영광과 위엄으로 가득하도다.

거룩한 주의 사도들도 주를 찬양하옵니다.

선한 주의 선지자들도 주를 찬양하옵니다.

고귀한 주의 순교자들도 주를 찬양하옵니다.

온 세상의 모든 거룩한 주의 교회들도 무한한 위엄을 가지신 하나님과 하나님의
고귀하고 진실된 독생 성자 예수와 위로자 되시는 성령을 믿습니다.

21

영광의 왕, 그리스도여 하나님의 영원한 독생자 우리를 구하시고자 동정녀의 태를 입으심을 마다하지 않으셨고

사망의 날카로움을 이기시고 모든 믿는 자에게 하늘 왕국을 허락하셨으며 하나님의 영광 속에 하나님 오른편에 앉아 계시다가 우리를 심판하기 위해 오실 것을 믿습니다.

주여, 기도드리오니 주의 고귀한 피로 구제하신 당신의 종들을 도우소서.

그들을 주의 성자들과 영원한 영광 속에 함께 있게 하소서.

주여, 당신의 백성을 도우시고 주의 백성을 축복하소서.

그들을 다스리시고 그들을 영원히 들어 올려주소서.

날마다 주를 찬미하오며 주의 이름을 세상 끝날까지 경배하옵니다.

주여, 오늘도 우리가 죄악에 빠지지 않게 지켜주소서.

주여, 우리에게 자비를 베푸소서.

우리에게 자비를 베푸소서.

주여, 우리 믿음이 주안에 있사오니 주의 자비를 우리에게 비춰주소서.

주여, 주를 믿사오니 내가 결코 미혹치 않게 도우소서.

심연(深淵)같은 경건의 바다 브루크너

브루크너(Anton Bruckner, 1824. 9. 4~1896. 11. 11)는 오스트리아의 안스펠덴 출생으로 오르가니스트인 아버지의 영향으로 오르간 연주와 종교음악에 관심이 높았다. 평생 깊은 신앙심과 경건한 가톨릭 신자로 살아오면서 모두 7곡의 미사(레퀴엠 포함)곡과 많은 종교음악을 남기며, 19세기 후반 후기낭만파를 대표하는 종교음악가이자, 9개의 교향곡을 남기며 베토벤과 슈베르트를 잇는 교향곡 작곡가이다.

'테 데움'은 1884년 그의 나이 60세 때 완성된 것으로 노대가의 신앙고백이 담긴 경건함과 오르간 연주자다운 장중함과 교향곡에서 보여준 폭넓고 격정적인 감정이 모두 표현됨으로써 종교음악의 정수를 보여주고 있다. 이 곡을 아끼던 명지휘자 부르노 발터는 "브루크너가 신을 찾은 사람이라면 말러는 마지막까지 신을 찾아 헤메다 돌아간 사람이다"라 말했듯이 브루크너의 음악에는 철학적 사색과 심오한 신앙이 전편에 흐르고 있다.

브루크너의 음악을 들을 때마다 느끼는 것은 청록색 깊은 바다와 같은 종교적 질서의 깊이에 빠져 들게 한다는 점이다.

브루크너는 이 곡에 대한 애착이 강하여 생전에 30회 이상 연주하므로 그의 곡 중 최다 연주를 기록했으며, 이 곡의 헌정을 "친애하는 주"라 하여 음악가로서 하나님께 최대의 경의를 표시하고 있다. 1896년 10월 11일 72세의 생을 마감하면서 미처 완성하지 못한 마지막 교향곡의 끝 악장으로 연주해도 좋다는 유언을 남기고 있다.

 곡의 구성

제1곡 합창 — 하나님 주로 받아들이고 찬양하옵니다(Te Deum)

교향곡적 분위기의 힘차고 장엄하게 울리는 금관과 함께 합창의 짧은 주제에 이어 독창으로 옮겨진 뒤 다시 합창이 생동감 넘치게 고조된다.

"거룩하시다, 거룩하시다.

만군의 천주이신 주는 거룩하시나이다.

하늘과 땅에 주의 영광이 가득하나이다.

당신은 죽음과 싸워 이겼도다.

당신은 천주의 올바른 손길에 있어"

21

제2곡 독창(테너) — 주께 비나이다(Te ergo)

경건하고 풍부한 감정으로 테너가 비올라의 반주에 맞춰 노래한다. 소프라
노가 가담하며 감미로운 바이올린의 조주에 맞추어 은은하게 마무리한다.

"주여, 기도드리오니

주의 고귀한 피로 구제하신

당신의 종들을 도우소서."

제3곡 합창 — 영원히 얻으소서(Aeterna fac)

다시 힘찬 합창으로 시작되어 점차 느려지며 코랄과 같은 기분으로 끝맺는다.

"그들을 주의 성자들과

영원한 영광 속에 함께 있게 하소서."

제4곡 독창과 합창 — 주의 백성을 구하소서(Salvum fac)

2곡과 같은 분위기로 바이올린의 조주위에 독창과 합창이 서로 주고받으
며 진행하다가 1곡 테 데움의 주제가 힘차게 울린다.

"주여, 당신의 백성을 도우시고

주의 백성을 축복하소서.

그들을 다스리시고

그들을 영원히 들어 올려주소서."

제5곡 중창과 합창 — 주여, 주께 의지하리로다(In te, Domine, speravi)

서주부가 독창자들의 중창으로 시작하고, 합창이 가세하여 2중 푸가로 복
잡한 진행을 보이며, 주제가 재현되며 곡을 장대하게 매듭짓는다.

"주여, 주를 믿사오니

내가 결코 미혹치 않게 도우소서."

주께서 나를 모든 악한 일에서 건져내시고
또 그의 천국에 들어가도록 구원하시리니(딤후 4:18)

바흐가 봉직했던 라이프찌히 성 니콜라이 교회의 파이프 오르간

포레 레퀴엠
Requiem op.48 : Gabriel-Urbain Fauré

－천국의 소망

허무한 인생에 바치는 구원에의 간구

레퀴엠을 들을 때마다 인생의 허망함과 덧없음을 느낀다. 우리의 인생은 마치 높은 산을 오르는 것과 같다. 최종 목표인 산 정상에 오르려면 우선 작은 산을 여러 개 넘어야 하는데, 계곡을 헤치고 가파른 산길을 오르며 힘든 상황을 극복하여 능선에 오르면 잠시나마 멋진 경치를 내려다보며 성취감을 맛볼 수 있다. 그러나 또 다시 넘어야 할 산이 앞에 기다리고 있다. 물론 그 힘든 과정에서 중도에 포기하는 사람도 있다. 드디어 정상에 도달했다. 그러나 산의 정상은 대개 아주 좁다. 내 뒤를 따라 오르는 사람들이 있기에 거기 머무를 수 있는 시간은 극히 짧다. 이내 내려가야 하고 그 하산 길은 뚜렷한 목표도 없고 그저 사고 없이 되도록 천천히 내려갈 수 있기를 바랄 뿐이다. 왜냐하면 그 길의 끝에 죽음이 기다리고 있기 때문이다. 인간이 누릴 수 있는 온갖 영화(榮華)를 경험한 솔로몬의 숙연한 이 독백이 인생을 마감하는 모든 인간의 동일한 고백임을 공감할 것이다.

"내가 해 아래서 행하는 모든 일을 본즉 다 헛되어 바람을 잡으려는 것이로다"

(전 1:14).

이처럼 삶이란 태어나는 순간부터 결국은 헛될 수밖에 없는 무의미한 목표를 위하여 끊임없이 수고하고 투쟁하며 죽음을 향하여 달음질치는 과정이다. 그 과정에서 우리 앞에 어떤 일이 일어날지 알지 못하며, 언제 하나님께서 우리가 이 땅에 거하는 시간을 제한하실지도 모르며 살아가는 미약한 존재임을 알고 있다.

"내일 일을 너희가 알지 못하는도다 너희 생명이 무엇이뇨 너희는 잠깐 보이

다가 없어지는 안개니라"(약 4:14).

우리는 빈 손으로 이 세상에 태어난 나그네로서 하나님께서 허락하신 양 만큼

의 명예와 권력과 부를 누리며 그림자와 같이 짧은 시간 동안 머물다가 다시 빈

손으로 돌아간다.

"주께서 사람을 티끌로 돌아가게 하시고 말씀하시기를

너희 인생들은 돌아가라 하셨사오니"(시 90:3).

생명의 주인은 하나님이시며, 모든 것이 하나님께 속해 있고 우리는 단지 잠

시 머무는 순례자일 뿐이다. 또한 하나님께서는 이 세상에서의 삶 가운데는 완전

한 만족을 허락치 않으시고, 오직 천국의 소망을 통해서만 영원한 나라를 추구할

수 있도록 예비하고 계신다. 그러나 우리는 자신이 나그네라는 사실을 망각하고

절대 실현 불가능한 행복을 위하여 항상 내 것을 추구하며, 더 많은 부와 명예를

쫓아가며 죄 속에서 허둥대며 살아가고 있다. 남보다 좀 앞서간다는 것, 남보다

좀 많이 가졌다는 것들이 결국 하나님의 부르심 앞에서 다 무슨 의미가 있을까?

마셔도 마셔도 목마름을 해갈할 길 없는 인간됨의 본성이여….

"우리에게 우리 날 계수(計數)함을 가르치사

지혜의 마음을 얻게 하소서"(시 90:12).

'아름다운 이 세상 소풍 끝내는 날, 가서 아름다웠다고 말하리라' 노래하는

시인은 일찍이 순례자의 삶을 터득한 자유인일 게다. 레퀴엠(죽은 자를 위한 미

사)은 우리의 삶을 마치고 하나님의 보좌 앞의 공의로운 심판대에 선 우리가 영

원히 구원 받을 수 있기를 간구하는 노래다.

22

"이는 만물이 주에게서 나오고 주로 말미암고 주에게로 돌아감이라 영광이 그에게 세세에 있으리로다 아멘"(롬 11:36).

결국 주께 돌아가야 하는 우리가 이 심판의 날 영원한 구원을 받기 위하여 비록 하나님께서 우리에게 주신 짧은 시간이지만, 영원한 하나님 나라의 소망을 위한 순례자의 삶을 살고 있는지에 대한 물음을 늘 상기하며, 이것을 우리 삶의 기본이요, 삶을 완성하는 목표로 삼고 살아가야 할 것이다.

영혼까지 맑게 씻어주는 'Pie Jesu'

근대 프랑스의 가장 뛰어난 작곡가의 한 사람인 포레(Gabriel-Urbain Fauré, 1845. 5. 12~1924. 11. 4)는 오르가니스트로서 어려서부터 교회 오르간으로 즉흥연주를 많이 하며 바흐나 하이든의 종교음악에 깊은 관심을 갖고 있었다. 따라서 그의 작품은 가톨릭적 숭고한 정신인 절제와 신중함을 바탕으로 서정적이고 밝고 프랑스적인 섬세한 아름다움을 지니고 있으며 프랑스 인상파 음악의 기초를 세운 선구자이다. 레퀴엠은 그의 부친이 사망했을 때(1885년) 착수하여 1887년에 완성되었다.

이 곡의 특이한 점은 전통적으로 레퀴엠의 가장 극적이고 중요한 부분인 '진노의 날(Dies irae)'을 생략한 대신 '천국에서(In Paradisum)'를 넣으면서 포레는 "나의 레퀴엠은, 죽음의 두려움을 표현하고 있지 않다고 지적되어 왔다. 오히려 죽음의 자장가라고 불리었다. 내가 죽음에 대해서 느끼는 것은 서글픈 쓰러짐이 아니라 행복한 구원이며, 영원한 행복에의 도달인 것이다"라 고백하며 심판과 저주가 아니라 용서와 희망, 천국의 소망을 노래한다. 그렇다. 다른 레퀴엠과 달리 포레의 것은 죽음이 생의 두려운 종말이 아니라 천국으로 인도되어 달콤하게 잠드는 착각에 빠지게 한다. 특히, '자비로우신 주 예수여(Pie Jesu)'는 전곡을 통해 가장 아름다운 곡이며 종교적인 성스러운 분위기로 영혼을 맑게 하며, 천사의 노래 같은 순수함으로 가슴속을 파고든다.

악기의 왕 파이프오르간

종교음악의 거룩한 분위기를 연출해 주는 가장 중요한 역할을 하는 악기가 오르간이다. 여기서 오르간이란 일반적으로 교회에 있는 전자오르간이 아니고 파이프 오르간을 말한다. 옛부터 유럽의 유명한 교회는 파이프 오르간을 건축의 일부로 여겨 설계시 오르간의 설치를 고려하여 반영하고 오르간 소리가 가장 아름답게 잘 울려 퍼지도록 튜닝을 마치는 것을 교회 건축의 마무리라 생각했다. 이들 교회는 예배석을 중심으로 전면은 화려한 제단화, 측면과 천정에 유명화가의 그림과 조각 등의 장식으로 꾸미고 후면에는 교회의 규모와 분위기에 걸맞는 파이프 오르간을 위치시키며 Art & Music으로 교회의 유명세를 겨루는 경향도 있다.

세상 모든 악기와 연주지들이 청중을 찾아 들고 디니면서 연주할 수 있지만, 파이프 오르간만은 그 반대로 청중이 찾아오지 않으면 안 되는 도도한 자태를 갖고 있으며, 음 하나로 모든 악기를 제압할 수 있을 정도로 강하고 품격 높은 소리와 구경(球莖)과 길이가 다른 파이프의 배열이 마치 예술작품과 같은 조형미를 지니고 있어 악기의 왕으로 불리기에 충분하다. 파이프 오르간 소리를 직접 들으면 분위기를 압도하는 소리와 진동에 온몸이 전율함을 느낀다. 가끔 가톨릭 성당의 미사가 그리운 것은 아마도 파이프 오르간 때문이 아닌지 모르겠다.

몇 년 전 분당의 요한 성당이 완공되었을 때 지역신문과 소문을 통해 들으니 아주 훌륭한 파이프 오르간이 설치되어 있다고 하여 꼭 한번 들어보고 싶던 차에 그 해 늦은 가을 포레의 레퀴엠을 연주한다기에 가족과 함께 감상하러 갔다. 성남 시립오케스트라와 합창단의 연주였는데 명음반, 명연주에 높아질대로 높아져

있는 내 귀에 그날의 연주가 뛰어났다고 평가할 수는 없었지만 성도들과 지역주
민을 위한 음악회로서 더구나 대합창단과 훌륭한 오르간의 소리의 진가를 발휘
할 수 있는 더할 나위 없이 훌륭한 선곡이었다. 웅장한 성당에 가득 울려 퍼지는
오르간 선율과 합창의 라이브는 우리의 메마른 영혼을 맑게 씻어주기에 충분했
다. 니힐리스트 기질이 다분한 내 아내는 이 곡을 무척 사랑하여 마지막 곡인 '천
국에서(In Paradisum)'를 들을 때면 "내가 죽을 때 포레의 레퀴엠을 듣게 된다면,
두려움 없이 평화롭게 천국 갈 수 있을 것 같다"고 말하곤 한다.

 곡의 구성

1곡 입당송 불쌍히 여기소서(Introit et Kyrie)

금관의 무거운 전주 후에 주에게 죽은 자의 영원한 안식을 기도하는 '입당송
(Introitus)'이 이어지고, "불쌍히 여기소서"가 3번 반복된다. 전곡을 통해 계
속 볼 수 있는 오르간이 마치 바로크 음악의 통주 저음처럼 사용되고 있다.

Introit(입당송)

"주여, 그들에게 영원한 안식을 주소서.

영원한 빛을 그들에게 비추소서.

하나님이여, 시온에서 찬양함이 진정 마땅하오니

예루살렘에서 당신께 서원이 바쳐 지리이다.

주여, 내 기도를 들어주소서.

모든 사람이 당신께 오리이다.

주여, 그들에게 길이 비추소서."

Kyrie(불쌍히 여기소서)

"주여, 우리를 불쌍히 여기소서.

그리스도여, 우리를 불쌍히 여기소서.

주여, 우리를 불쌍히 여기소서."

2곡 봉헌송 (Offertoire)

신에게 희생을 바치고 죽은 자의 영혼을 죄와 지옥에서 구해달라는 기원문이다.

"영광의 왕이신 주 예수 그리스도여,

죽은 모든 신자들의 영혼을 지옥 벌과 깊은 수렁에서 구하소서.

그들을 사자의 입에서 구하시어,

지옥이 그들을 삼키지 못하게 하시고

그들로 하여금 어둠 속에 빠지지 않게 하소서.

주여, 찬미의 제물과 정성된 기도를 드리오니,

오늘 우리가 추도하는 영혼들을 위하여 받아들이시어,

그들로 하여금 일찍이 아브라함과 그 후손에게 언약하신 대로

죽음의 나라에서 생명의 나라로 건너가게 하옵소서. 아멘."

3곡 거룩하시도다(Sanctus)

하프와 바이올린의 반주로 알토 성부가 빠진 3성의 합창으로 노래한다.

"거룩하시다, 거룩하시다. 거룩하시다, 온 누리의 주 하나님

하늘과 땅에 가득한 그 영광 높은 곳에 호산나

주의 이름으로 오시는 이여 찬미 받으소서.

높은 곳에 호산나."

4곡 독창(소프라노) — 자애로우신 주 예수여(Pie Jesu)

현의 피치카토 반주와 함께 애절한 표정의 소프라노 독창으로 재차 죽은 이의

안식을 구하는 부분으로 전곡을 통해 가장 아름다운 선율이 등장하고 있으며,

포레의 지극히 프랑스적이며 서정적인 예술혼이 잘 나타나 있는 곡이다.

"자애로우신 주 예수님 그들에게 영원한 안식을 주소서."

22

5곡 합창 — 주의 어린 양(Agnus Dei)

가곡풍의 선율로 그 멜로디가 쉽게 귀에 들어와 포레의 감성에 감탄을 금치 못하게 만드는 아름다운 합창이다.

"하나님의 어린 양, 세상의 죄를 없애시는 주여 저들에게 안식을 주소서.

주여, 영원한 빛을 그들에게 비추소서.

자애로우신 주여 당신 성인들과 함께 비추소서.

주여, 그들에게 영원한 안식을 주소서.

영원한 빛을 그들에게 비추소서."

6곡 독창(바리톤) — 구원하여 주소서(Libera me)

저음 현의 피치카토 반주와 함께 바리톤이 영혼의 구원을 갈망한다. 3개의 트롬본이 등장하면서 포르테시모로 최후 심판의 날을 알리고 있으며, 합창이 독창 부분을 재현한다.

"오 주여, 나를 구하소서. 불로 심판하는 두려운 날에 영원한 죽음에서 구하소서.

진노와 심판의 재앙과 두려움에서 구하소서. 오 주여, 그들에게 영원한 안식을 주소서. 영원한 빛을 그들에게 비추소서."

7곡 천국에서 (In Paradisum)

오르간 반주가 효과적으로 사용되며 레퀴엠의 형식으론 독창적으로 죽음을 기쁨으로 맞이하는 천국의 소망이 이루어짐을 노래하고 있다.

"저 낙원으로 천사가 너를 인도해.

모든 순교자들이 널 기쁘게 맞으리라.

또 너를 저 거룩한 성 예루살렘으로 인도하리라.

저 천사 찬양하리라.

우리 주님께 가난했던 나사로 같이 편히 쉬게 되리라.

영원한 안식을 얻게 하소서."

그의 안식에 들어간 자는 하나님이 자기 일을
쉬심과 같이 자기 일을 쉬느니라(히 4:10)

모차르트의 레퀴엠 음반 쟈켓 지휘 : 칼 뵘(Karl Bohm), 연주 : 빈 필하모닉 오케스트라

모차르트 레퀴엠
Requiem K.626 : Wolfgang Amadeus Mozart
–영원한 안식

어머니께 바친 아름다운 이별가

무겁고 암울하게 흐르는 현악기의 선율 위에 바셋혼의 깊은 사색과 바순의 애달픈 탄식이 슬픔을 더해주는 가운데 베이스 파트가 리드하는 합창이 "영원한 안식을 그들에게 주소서. 영원한 빛을 그들에게 비추소서(Requiem aeternam dona eis, Domine,et lux perpetia luceat eis)"라 처절하게 절규하며 간구한다. 마침내 기다리던 영원한 빛인 소프라노의 맑고 순수한 독창 "시온에서 찬미함이 마땅하오니. 예루살렘에서 내 서원 바쳐지리이다(Te decet hymnus, Deus, in Sion. et tibi reddetur votum in Jerusalem)"가 높게 울려 퍼지며, 조국 폴란드를 떠나 이국 땅인 파리에서 생을 마감한 피아노의 시인 쇼팽의 장례식, 1962년 전 세계가 그의 죽음을 안타까워했던 위대한 지도자 존 F 케네디 전 미국 대통령의 장례식, 그리고 비교적 최근 9.11사태 1주기 추도식이 거행되는 엄숙한 분위기를 그려본다. 이렇게 모차르트의 레퀴엠은 예로부터 지금까지 실제 장례식과 추모식에 가장 많이 사용되고 있다. 이는 가장 큰 슬픔을 말할 수 없이 아름답게 승화시키는 모차르트 특유의 숭고한 음악 정신이 담겨 있으며, 이 곡이 작곡자 자신의 백조의 노래였기 때문이 아닌가 생각한다.

대학 2학년 무더운 여름 오후, 나의 어머니는 돌아가셨다. 그간 수차례 입원과 퇴원을 반복하시던 어머니께서 사랑하는 가족들과 영원한 이별을 하신 것이다. 나는 몰려오는 슬픔으로 깊은 침묵에 빠져 있었다. 나는 그 당시 죽음과 사후 세

 음악으로 변주된 성경

계에 대하여 깊이 생각했고 집안 분위기도 그렇고 해서 레퀴엠을 많이 들었다. 모차르트와 포레의 레퀴엠은 그 때 내 마음에 가장 큰 위안이 된 음악이다. 모차르트 음악을 들어오면서 내린 경험적인 결론은 슬픈 음악에서 위로와 평안을 찾을 수 있고 반면 즐거운 음악에서 감추어진 슬픔을 엿볼 수 있는 역설이 존재한다는 것이다.

자신의 삶을 모두 고갈시키며 음악에 전 생애를 바친 모차르트가 35세란 젊은 나이에 돌이킬 수 없는 병마로 고통받고 있던 어느 날 프란츠 발제그 슈투파흐 (Franz Walsegg Stuppach) 백작으로부터 레퀴엠의 작곡 의뢰를 받는다. 모차르트는 이미 자신의 병 상태를 어느 정도 예측하고 있어 레퀴엠을 자신의 마지막 곡으로 생각하고 이 운명적 의뢰를 받아들인다. 그가 죽던 1791년 여름, 아름답기 그지없는 클라리넷 협주곡(K.622)을 완성하고 심신이 완전히 고갈된 상태에서 최후의 열정을 발휘하여 레퀴엠을 작곡한다. 도입 부분인 입당송(Introitus), 키리에 (Kyrie), 그리고 이음송(Sequentia)의 끝곡인 '눈물과 한탄의 날(Lacrimosa)'의 여덟째 마디까지 쓰고 눈물을 왈칵 쏟으며 더 이상 손을 못 대고 미완으로 남은 모차르트의 운명적인 백조의 노래인 것이다. 이 곡은 사후 제자인 쥐스마이어에 의해 모차르트의 생전의 지시대로 마지막 곡인 영성체송을 입당성가와 같은 가락을 인용하므로 시작과 끝을 일치시켜 동질성과 통일성을 부여하고 있다.

어머니의 죽음에 무엇보다 가슴 아픈 것은 우리 8남매를 낳고 기르시며 모든 어미의 마음이 그렇겠지만 항상 자식들의 일에 대해선 자신을 돌보지 않고 헌신적이셨다는 점이다. 그 고생 다하시고 막내가 대학을 다니니 앞으로 효도 받을 일만 남아 있는 분이 그걸 마다하고 떠나버리신 것이 아쉽다. 그런데 더욱 안타까운 것은 절에는 열심히 다니셨지만 끝내 하나님의 구원을 받지 못하신 점이다. 당시 우리집은 어머니의 영향으로 아버지를 제외하고 모든 식구가 절에 다니고 있었다. 그나마 나는 이미 밝혔듯이 음악을 듣게 되면서 종교음악을 통하여 하나

23

님의 말씀이라는 것을 알았지만 우리 식구 그 누구도 복음을 알지 못하였다.

어머니를 마지막으로 보내는 입관식이 있던 날, 어머니의 유언대로 생전에 가장 가는 붓으로 정성 들여 쓰신 열권이 넘는 불경을 관에 넣어 드리며, 내가 그 당시 가장 많이 듣던 지휘자 칼 뵘이 빈 필과 함께 연주한 모차르트 진혼곡 판을 준비해 가서 함께 넣어 드렸다. 이것은 어머니를 가장 편하고 아름답게 보내드리자는 뜻이었다. 당시 갓 스물 넘은 아직 어리다면 어린 나이에 어머니를 잃으며 막내인 내가 울고 슬퍼하면 어머닌들 마음 편히 가실 수가 있을까 하는 생각과, 또 아버지와 형, 누나 이를 보는 주위의 친지들이 내가 슬퍼하는 모습을 보면 그로 인해 더 슬프지 않을까 하는 생각에 나는 장례를 치르는 동안 공개석상에서는 눈물 한 방울 흘리지 않았다. 그러나 그런 만큼 내 마음 속의 찢어지는 슬픔의 아픔은 배가되었다. 그 때마다 이 곡의 '라크리모사' 를 들으며 가슴을 파고드는 슬픔에 오히려 아름다움과 평안을 느끼며 마음을 달랬다.

레퀴엠의 가사는 기본적으로 미사의 내용에 특별히 죽은 자를 위한 안식이 포함되는 것으로 이것이 레퀴엠이 주는 종교적 의미이다.

비록 어머니는 생전에 하나님 알지 못하셨지만 돌아가신 이후라도 구원 받을 수 있지 않을까 하는 안타까운 마음에서였다. 당시 나도 구원이란 것을 잘 몰랐지만 어렸을 때 할머니께서 돌아가시기 몇 시간 전에 동네 할머니가 모시고 오신 신부님과 거의 의식이 없는 상태에서 몇 마디 주고받으시고 할머니께서 구원 받아 천국 가실 거라고 걱정 말라던 생각이 나서였다. 즉, 돌아가신 어머니께서 이 곡을 듣는 가운데 평안을 누리며 하나님의 영광을 찬송하며 하늘나라로 인도되어져 영원한 안식을 얻으시라는 것이었다. 장례식 내내 다른 가족들은 몰랐겠지만 나는 어머니와 함께 이 곡을 듣고 있었던 셈이다. 물론 어머니가 이것을 들으실 수는 없지만, 더구나 나오는 가족들 중 가장 짧은 만남의 시간을 가졌던 어머니였지만, 막내라고 나의 성장기 동안 질적으로 더 각별한 사랑을 주셨던 어머니께 내 마음을 전하는 영적인 교감이 이루어지리라는 생각에서였다. 당시 내가 어머니께 마지막으로 드릴 수 있는 최고의 것이 바로 모차르트의 레퀴엠 음반을 관속에 넣어 드리는 것이었다. 이 칼 뵘의 음반은 모차르트 레퀴엠의 최고의 명반이어서 거의 따라 부를 수 있을 정도로 많이 들었고 나의 컬렉션 중 가장 아끼는 음반이었다. 이후에도 이 음반은 몇 번 살 수 있는 기회가 있었음에도 사고 싶지 않았다. 나는 이 곡의 음반을 이미 돌아가신 어머니께 온전히 다 바쳐드렸기 때문이다.

 ## 곡의 구성

제1곡 입당성가(Introit) ─ 그들에게 영원한 안식을 주소서(Requiem)

현악기의 선율 위에 바셋혼과 바순이 무게를 더해주는 가운데 베이스 파트가 리드하는 합창에 순차적으로 모든 파트가 가담하여 이후 소프라노의 맑고 순수한 독창이 높게 울려 퍼지며 다시 합창이 고조되며 마무리된다.

합　　창: 영원한 안식을 그들에게 주소서.

　　　　영원한 안식을 그들에게 주소서.

　　　　영원한 빛을 영원한 빛을 그들에게 비추소서.

소프라노: 시온에서 찬미함이 마땅하오니

　　　　예루살렘에서 내 서원 바쳐지리이다.

합　　창: 나의 기도, 나의 기도 들어주소서.

　　　　모든 사람들이 당신께 오리이다.

　　　　영원한 안식을 그들에게 주소서.

　　　　주여 그들에게 영원한 안식을 주소서.

　　　　영원한 빛을 그들에게 비추소서.

23

영원한 빛을 그들에게 비추소서.

제2곡 주여 불쌍히 여기소서(Kyrie)

가장 짧은 텍스트인 "Kyrie eleison"과 "Christe eleison"로 장대한 2중 푸가로 펼쳐지는 독특한 표현을 시도한다. 알토와 베이스가 각각 복잡하게 서로의 주제를 이야기함으로써 극적 효과가 더해 간다.

합   창: "주여 우리를 불쌍히 여기소서.

그리스도여, 우리를 불쌍히 여기소서.

주여, 우리를 불쌍히 여기소서."

제3곡 이음성가(Sequentia)

[1부] 합창 ─ 진노의 날(Dies Irae)

강력한 총주와 추진력 있는 템포를 바탕으로 격렬한 감정을 표현한다. 소프라노, 알토, 테너의 "Dies irae"와 베이스의 "Quantus tremor"가 서로 반복되면서 나타나는데 베이스의 효과는 경외감과 두려움을 느끼게 한다.

합   창 : "진노의 날 다윗시빌 예언따라

세상 만물 재 되리라.

모든 선악 가리시리.

심판관이 오실 그때에

놀라움이 어떠하랴?

모든 선악 가리시리, 진노의 날 그날 오면

모든 선악 가리시리, 심판관이 오실 그때,

진노의 날, 그 날이 오리라. 온 천지가 잿더미 되는 그날

다윗과 시빌의 예언처럼 그 얼마나 두려울 것인가.

심판의 주가 당도하실 그 때, 온갖 행실을 엄중히 저울질하리."

[2부] 독창(베이스)과 4중창 — 나팔소리 울려 퍼지네(Tuba Mirum)

섬세한 표현이 돋보이는 부분이다. 트롬본이 베이스에 앞서 연주되고 뒤따라 나오는 베이스는 서로 대화하듯 시작된다. 이후에 테너, 알토, 소프라노의 순서로 계속 이어진다. 이 부분이 독창자의 기량과 오케스트라의 호흡이 가장 선명하게 나타내는 부분이다.

베 이 스: 나팔소리 무덤속의 사람들을 불러 어좌앞에 모으리라.

테   너: 주의 심판 때 대답하리.

조물들이 부활할 때 죽었던 만물의 혼이 깨어나리.

모든 선악 기록한 책 만민 앞에 펼쳐놓고

세상 심판하시리라.

알   토: 심판관이 좌정할 때

숨은 죄악 탄로되어

벌 없는 죄인 없으리라.

소프라노: 성인들도 불안커늘

미진한 이 몸 어찌하리오.

무슨 변명 청해보리오?

합   창: 무슨 변명 청해보리오.

무슨 변명, 무슨 변명 청해보리오?

[3부] 합창 — 두려운 대왕 자비로와(Rex Tremendae Majestatis)

강렬한 합창으로 'Rex'를 세 번 반복하며 시작되고 합창이 잦아들면서 여성, 남성 파트가 카논풍으로 진행하며 구원을 간구하는 부분에서 애절한 분위기로 끝맺는다.

합   창: "지엄대왕 자비로와 뉘우친 이 구하시니

나도 함께, 나도 함께 구하여 주소서."

[4부] 4중창 — 착한 예수 기억하사(Recordare Jesu Pie)

3부 형식으로 첼로와 바셋혼에 의한 서주에 이어 솔로의 4중창이 고요하고 온화하게 노래한다.

알토, 베 이 스 : 착하신 예수 기억하사

소프라노, 솔로: 주의 강생 기리시어

4　　중　　창: "나의 멸망 거두소서, 나의 멸망 거두소서.

　　　　　　　나를 찾아 기진하고 십자가로 나를 구하신

　　　　　　　참된 은총 보람되도록 정의로운 심판 주여

　　　　　　　심판하실 그날 전에 우리 죄를 사하소서.

　　　　　　　우리 죄를 사하소서.

　　　　　　　불쌍한 나 지은 죄로 얼굴 붉혀 구하오니

　　　　　　　우리 간구 들으시고 내게 희망 주옵소서.

　　　　　　　나의 기도 부당하나 주의 인자 베푸시어

　　　　　　　영원한 불길 꺼주소서.

　　　　　　　산양 중에 나를 가려 면양이라 일컬으사.

　　　　　　　오른편에 세우소서, 오른편에 세우소서."

[5부] 합창 — 사악한 자들을 골라내어(Confutatis Maledictis)

팀파니가 울리는 격렬한 반주에 이어 남성 합창과 오케스트라가 저주 받은 모습을 격렬하게 이야기하면, 여성 합창은 단순한 반주와 구원을 바라는 노래를 부르는 상반된 형태를 보이지만 다시 전체 합창이 하나로 모이며 쉬지 않고 6부로 이어진다.

테너, 베 이 스: 악인들을 골라내어 불길 속에 던지실 제불길 속에 던지실 제

소프라노, 알토: 주여, 나에게 당신의 축복 베푸소서.

테너, 베 이 스: 악인들을 골라내어 불길 속에 던지실 제악인들을 골라내어

　　　　　불길 속에 던 지실 제

소프라노, 알토: 주여, 당신의 축복 베푸소서.

　　　　　주여 나에게 당신의 축복 베푸소서.

합　　　창 : 재 되도록 마음을 태워 엎드려 구하오니

　　　　　나의 종말, 나의 종말 돌보소서.

　　　　　죄인으로 판결 받아

　　　　　참혹한 불 가운데 던져질 그 때

　　　　　나를 불러 주소서.

[6부] 합창 — 눈물겨운 그 날이 오면(Lacrimosa Dies illa)

　　가슴을 파고드는 슬픔에 더욱 아름다움을 느낄 수 있는 선율로 이루어지는 레퀴엠의 애통한 감정의 정점을 이루는 합창이다.

합　　　창 : "눈물겨운 그날이 오면

　　　　　심판 받을 죄인들이 먼지에서 일어나리.

　　　　　눈물겨운 그날이 오면

　　　　　심판 받을 죄인들에 먼지에서 일어나리.

　　　　　주여, 죄인 사하소서.

　　　　　인자하신 우리 주 예수

　　　　　영원한 안식, 영원한 안식

　　　　　그들에게 베푸소서. 아멘."

23

제4곡 봉헌송(Offertorium)

[1부] 합창 — 주 예수 그리스도(Domine Jesu Christe)

　　폴리포닉한 구조의 합창으로 곡 중반에 카논풍으로 성부가 모방하며 독창

자들도 모방하며 진행해 나간다.

"주 예수 그리스도여! 영광의 왕이여!

모든 죽은 자들의 영혼을 지옥의 옥죄임에서 구원하소서.

주여, 그들을 지옥의 옥죄임과 밑 없는 구렁에서 멀리하소서.

사자의 입 속에서 나를 꺼내주시고, 흑암에 빠지지 않게

죄악 권세가 삼키지 못하게 해 주소서.

성자 미카엘의 깃발이 거룩한 빛 가운데로 인도하게 하소서.

이는 일찍이 아브라함과 그의 후손들에게 언약하신 것입니다."

[2부] 합창 — 주께 바칩니다(Hostias)

단순한 호모포니로 부드럽고 성스럽게 시작하여 긴박한 푸가가 진행되다가
나지막하게 마무리한다.

"찬양과 함께 제물과 기도를 주께 바칩니다.

우리가 오늘에 기리고자 하는 영령들을 생각하사

받아주소서 주시여, 영생을 내려주소서.

이는 일찍이 아브라함과 그의 후손들에게 언약하신 것입니다."

제5곡 거룩하시다(Sanctus)

[1부] 합창—거룩하시다 온 누리의 하나님(Dominus Deus Sabaoth)

강한 총주로 힘차게 시작되고 'Hosanna' 부터 다시 Allegro로 바뀌면서 더
욱 활기를 찾는다.

"거룩, 거룩, 거룩하도다. 만군의 주 하나님

온 하늘과 땅이 주의 영광으로 가득 찼도다. 하늘 높은 곳, 주께 호산나."

[2부] 4중창 — 주에 축복 있으라(Benedictus)

바이올린의 우아한 반주에 의한 알토 독창으로 시작되어 4중창으로 이어지는

가장 화성적인 곡으로 끝 부분에서는 장엄한 분위기로 '호산나'를 외친다.

"주의 이름으로 오는 이여 복 있을지어다.

하늘 높은 곳, 주께 호산나."

제6곡 합창 — 하나님의 어린 양(Agnus Dei)

현과 팀파니에 이끌리어 합창으로 시작한다. '죽은 자의 평안을 기원'하는 매우 엄숙하고 경건한 분위기로 이어진다.

"하나님의 어린 양, 세상 죄 짐 지신이여

그들에게 안식을 허락하소서."(반복)

제7곡 영성체송(Communio) — 영원한 빛 내리소서(Lux Aeterna)

입당성가와 같은 가락을 인용하므로 처음과 끝이 같은 동질성과 통일성을 부여하고 있다. 아다지오로 시작되는 소프라노의 고귀한 찬양에 이어 합창이 푸가풍으로 진행하다 템포를 늦추면서 상엄하게 전곡을 마무리 짓는다.

"영원한 빛이신 주는 광명 내리소서.

주여, 당신의 성도들과 마찬가지로 주는 선하시기 때문에

죽은 이들을 영원한 안식에 거하게 하시고 영원한 빛 내리소서."

23

우리가 다 잠 잘 것이 아니요 마지막 나팔에
순식간에 홀연히 다 변화하리니 (고전 15:51)

브뤼겔(Bruegel Pieter the Elder, 1525~1569) :
〈반역을 저지른 천사들의 추방〉, 1562, 벨기에 왕립미술관, 브뤼셀

독일진혼곡
Ein Deutsches Requiem op.45 : Johannes Brahms
-산 자를 위한 죽음의 재해석

후기낭만주의 음악이 본 죽음

　나는 어릴 때 좀 조숙한 편이어서 초등학교 3학년 때부터 사람이 죽으면 어떻게 되는 것인지 정말 사후 세계가 있는지 많은 고민을 했다. 하루는 결국 죽게 될 내가 땅 속에서 이 지구가 멸망할 때까지 갇혀 있다가 한줌의 흙과 함께 존재의 생멸을 마감해야 한다는 것을 생각하니 참 답답하고 무서워 밥도 넘어가지 않은 적이 있었다. 그 때 어머니께서 불교의 윤회설을 설명하셨지만 그건 더욱 비참해지는 것이었다. 이후로도 죽음이란 것이 머릿속 한 곳에서 항상 나를 압박하고 있었다. 동양의 한 철학자는 오늘 도(道)를 깨치면 오늘 죽어도 좋다 했지만, 나는 죽음의 정체와 의미를 안다면 언제 죽어도 좋았다. 그것은 삶의 난해한 메타포어를 이해한다와 동의어이며 삶과 죽음은 동전의 양면이며 죽음은 삶의 또 다른 이름이 아닌가 싶다. 내가 대학시절에 종교음악에 관심이 많았던 것, 특히, 레퀴엠을 많이 들은 것도 사실은 죽음에 대한 해답을 얻고자 함이 아니었었나 생각된다. 그러다 하나님을 믿고 구원받아 거듭나게 되며 드디어 천국의 소망을 바라보게 되었다. 그 후 모든 레퀴엠이 새롭게 들리기 시작했고, 레퀴엠은 내게 더 이상 죽음을 달래주는 진혼곡이 아닌 새로운 소망을 보여주는 천국을 향한 음악이 된 것이다.

　후기낭만주의 음악에서 바라보는 죽음의 의미는 종말이 아니고 신비롭고 매혹적인 새로운 세계, 안식의 세계를 뜻한다. 바그너의 '트리스탄과 이졸데' 는 이루어질 수 없는 사랑에 대한 깊은 고뇌와 그로 인해 더욱 뜨겁게 불타오르는 강렬한 사랑을 그리고 있다. 마지막 장면에서 싸늘히 식어가는 주검 앞에서 그 사랑을 고백하는 아리아 '사랑의 죽음' 은 오직 죽음으로서만 완성될 수 있는 사랑의 비극을 절규하고 있다. 리하르트 슈트라우스는 '죽음과 변용' 을 죽음에 대한 최후의 낭만적인 찬양이라 했다. 말러는 '죽은 아이를 그리는 노래' 에서 아이의 죽음에 대하여 "나도 따라가야 할 천국에 조금 먼저 가서 어머니와 같은 하나님 품에서 아무 불편 없이 잠자고 있다" 라고 노래한다. 후기낭만파를 대표하는 브람스에게 있어서 죽음을 대하는 견지도 종말이나 심판의 세계가 아니고 사랑이 완성되는 새로운 안식의 세계란 것이다. 브람스가 특별한 애정을 갖고 있던 모테트 '왜 빛이 주어지는가' 에서는 죽음에 대해 자신이 생각하는 바를 예레미야 애가 및 마르틴 루터의 텍스트를 인용하여 노래하고 있다.

"우리의 손과 마음을 하늘에 계신
하나님께 전부 드리자"(애 3:41).
"평온하고 기쁜 마음으로 나는 가려네.
하나님의 뜻에 따라
내 마음과 영혼은 평온하다네.
고요하고 잔잔해져 있다네.
하나님께서 내게 약속하신 것처럼
내게 죽음이란 잠에 빠지는 것이라네"(마르틴 루터).

브람스적 레퀴엠

24

슈만은 1853년 10월에 발간된 《음악신보》라는 잡지에 '새로운 길' 이라는 글을 통해 브람스(Johannes Brahms, 1833. 5. 7~1897. 4. 3)의 뛰어난 음악성을 세상에 소개하고, 그의 부인 클라라는 브람스의 피아노 작품을 연주회를 통하여 소개하며 청년 브람스를 후원하였다. 1856년 슈만의 비극적인 죽음을 맞은 제자 브람스는 큰 충격을 받으며 스승의 유품을 정리하다 '독일레퀴엠' 이라는 작품 계획서를 발견한다. 브람스는 이를 보는 순간 스승이 자신에게 남긴 마지막 유언임을 직감하고 스승의 명복을 비는 마음과 어머니의 죽음을 슬퍼하는 마음에서 일생일대의 대작인 레퀴엠의 작곡을 결심한다.

　브람스의 신앙을 엄밀하게 말하자면, 교회에서 봉사하거나, 종교음악에 열정을 바친 진정한 신앙인은 아니었다. 그렇지만 어릴 적부터 어머니로부터 받은 선물인 성경을 늘 묵상하며 음악의 텍스트로 사용하기 위해 많은 연구를 했음에 틀림없다. 성경을 문학적, 음악적 영감의 최고의 출처로 삼고 독일민족예술의 기념비적인 작품을 목표로 삼으며 독일인으로서의 역사와 긍지를 보여주고 있다. 또 브람스는 "우리가 모차르트나 하이든과 같이 아름답게 쓸 수 없다면, 적어도 그들 못지않게 순수하게 쓰도록 하자"라 말한 바와 같이 진솔한 마음으로 독일 전통에 충실하고 있다.

　'독일 레퀴엠' 은 레퀴엠의 기본 정신은 유지하고 있지만 각 노래의 내용은 전례문과는 전혀 다르게 구성하고 있다. 그때까지 미사나 레퀴엠의 가사의 관례로 되어 있던 교황 비오 5세가 1570년 제정해 놓은 라틴어 전례문 대신 마르틴 루터가 그보다 앞선 1537년 독일어로 신·구약 성경을 번역한 사실을 발견하고 정통성을 앞세워 자신이 직접 성경의 텍스트를 선택하여 가사로 인용하고 있다.

　또한 레퀴엠으로 필히 갖춰야 할 하나님의 심판이 임하는 '진노의 날' 부분이 빠져 있다. 이는 앞서 말한 것같이 브람스의 죽음에 대한 생각이 그대로 반영된 것이라 볼 수 있다. 로망 롤랑이 브람스의 음악에 대해 "브람스는 이상 속에서 완성을 찾지 않는다. 그의 위대함과 새로움은 오직 공통된 언어를 쓰면서 뛰어나게 개성적인 사명을 전달한 점에 있다"고 지적한 것은 그의 독창성이 더욱 돋보인

'독일 레퀴엠'에서도 예외가 아니었다.

그는 평생 독신으로 지내면서 스승의 아내인 클라라에 대한 변치 않는 사랑과 섬김으로 클라라를 죽는 날까지 보살펴주며 사랑을 실천했고, "사랑이 없으면, 음악은 공허하다"라 고백하며 모든 작품에 깊은 사랑을 담았다. 그의 음악 대부분이 깊은 철학적 사색과 우수의 색채가 묻어 나고 안개 자욱한 함부르크 항의 쓸쓸함 같은 고독이 무게를 더하는데 브람스의 죽음관에 의한 '독일 레퀴엠'은 죽은 자를 위한 것이라기보다 산 자를 위한 레퀴엠에 더 가깝다고 볼 수 있다. '독일 레퀴엠'에 담겨 있는 종교적, 철학적 깊이와 넓이는 브람스 음악의 심오한 내면 세계를 대표하고 있는 작품이라고 볼 수 있다. 당대의 유명 평론가 한스릭은 이 곡에 대해 "가장 순수한 예술적 수단 즉, 영혼의 따스함과 깊이, 새롭고 위대한 관념 그리고 가장 고귀한 본성과 순결로 일궈 낸 최고의 작품"이라 극찬하고 있다.

이 곡의 주제는 위안, 구원의 희망, 인생무상, 성전예찬, 부활의 희망, 전능과 영광의 하나님, 영원한 안식으로 되어 있다.

위안

산상수훈을 인용하여 "애통하는 자는 복이 있나니 저희가 위로를 받을 것임이요(마5:4)"라며 바벨론의 포로로 고통 받던 이스라엘 민족을 구하신 감격과 기쁨을 찬양하는 시편126편을 통하여 위안을 이야기한다.

구원의 희망

우리의 삶이 고통과 어려움의 연속이지만 농부가 열매 맺는 때를 기다리 듯 주님이 오실 때를 기다리면 구원 받은 자들이 시온에 이르는 즐거움을 얻으리라며 이사야 35장, 10장을 인용하여 구원의 희망을 노래한다.

인생무상

인간 생명의 유한성과 시편39편을 인용하며 인간사의 모든 일이 헛되고 재물

24

을 쌓아도 취할 자가 누구인지 알지 못한다며 모든 것이 하나님의 손에 달려 있다는 인생의 무상함을 일깨워 주고 있다.

성전예찬

시편 중에서 최고의 성전예찬가인 시편84편을 인용하여 성전으로 나아가 예배하고 찬송하며 살아가는 행복은 마치 죽음 이후 하나님 아버지의 집인 천국을 동경하는 마음이라고 이야기한다.

죽음은 떠나는 것이지만 그 떠남은 새로운 출발인 것이다. 그 떠남의 목적은 새로운 만남이며 그 만남은 더 이상 떠남이 없는 하나님과의 영원한 만남이다. 사도 바울은 그리스도와 함께 할 죽음을 욕망이라 말하고 있다.

부활의 희망

예수님은 요한복음 16장 22절에서 고난 받고 십자가에 못 박혀 죽으실 자신에 대해 걱정할 제자들에게 확실한 부활의 메시지를 전하신다. 또한 이사야의 예언(66장)과 같이 하나님의 백성들을 환란에서 벗어나 평강에 이를 것이라며 부활의 희망을 이야기한다.

전능과 영광의 하나님

고린도전서 15장 52~55절의 그리스도가 재림할 때 썩지 않고 죽지 않는 신령한 몸으로 변화되어 사망을 이기는 능력과 영광을 갖고 계신 창조주 하나님의 위대하심을 노래한다.

영원한 안식

마지막 곡에서 요한계시록 14장 13절을 인용하며 죽음 후의 심판을 이야기하며 하나님 안에서 죽은 수고한 영혼에게 영원한 평안과 안식을 부여한다.

곡의 구성

제1곡 합창

느리게 슬픈 감정으로 조용하게 시작하여 주제가 성부를 옮겨가며 하프의

반주 속에 은은히 마무리된다.

"애통하는 자는 복이 있나니

저희가 위로를 받을 것이요"(마 5:4).

"눈물을 흘리며 씨를 뿌리는 자는

기쁨으로 거두리로다.

울며 귀한 씨를 뿌리러

나가는 자는 정녕 기쁨으로

그 단을 가지고 돌아오리로다"(시 126:5~6).

제2곡 합창

장송 행진곡풍의 전주에 이어 비통한 기분으로 시작하여 트리오로 전개되

며 후반부에 환희에 대한 신뢰와 동경에 넘지는 감정으로 마무리된다.

"그러므로 모든 육체는 풀과 같고

그 모든 영광이 풀의 꽃과 같으니

풀은 마르고 꽃은 떨어지도다"(벧전 1:24).

"그러니 참으라. 형제들아, 주의 강림까지

보라, 농부가 땅에서 나는 귀한 열매를 바라고

길이 참아 이른 비와 늦은 비를 기다리나니

너희도 길이 참으라"(약 5:7).

"그러므로 모든 육체는 풀과 같고

그 모든 영광이 풀의 꽃과 같으니

풀은 마르고 꽃은 떨어지도다.

24

그러나 오직 주의 말씀은 세세토록 있도다"(벧전 1:24~25).

"여호와의 속량함을 얻은 자들이 돌아오되 노래하며 시온에 이르러

그 머리 위에 영영한 즐거움을 받들고 기쁨과 즐거움을 얻으리니

슬픔과 탄식이 달아나리로다"(사 35:10).

제3곡 독창(바리톤)과 합창

호른과 팀파니가 부각되는 전주에 이끌리어 우수에 젖은 바리톤의 노래가 흐

르고 합창이 이를 모방하며 진행하고 끝으로 치달으며 강렬하게 고조된다.

"여호와여, 나의 종말과 연한이 어떠함을

알게 하사 나로 나의 연약함을 알게 하소서.

보라. 주께서 나의 날을 손 넓이만큼 되게 하시매

나의 일생이 주의 앞에는 없는 것 같사오니

사람마다 그 든든히 선 때도 진실로 허사뿐이나이다.

진실로 각 사람은 그림자같이 다니고

헛된 일에 분노하며 재물을 쌓으나

누가 취할는지 알지 못하나이다.

주여 내가 무엇을 바라리요.

나의 소망은 주께 있나이다"(시 39: 4~7).

"허나 올바른 사람의 영혼이 주님의 손에 있으니

어떤 고통도 그들에게 닿지 않으리라"(구약 외전 솔로몬의 지혜 3:1).

세4곡 합창

천사의 노래와 같이 상쾌하고 환희에 넘쳐 행복한 천국의 집, 사랑스럽고

즐거운 주의 집을 평화롭게 찬양한다. 중반에 카논풍으로 전개되고 현의

우아한 피치카토와 함께 평온하게 마무리된다.

"만군의 여호와여 주의 장막이 어찌 그리 사랑스러운지요.

 음악으로 변주된 성경

내 영혼이 여호와의 궁전을 사모하여 쇠약함이여.

내 마음과 육체가 생존하시는 하나님께 부르짖나이다.

주의 집에 기거하는 자가 복이 있나이다.

저희가 항상 주를 찬송 하리이다"(시 84:1~2, 4).

제5곡 독창(소프라노)과 합창

소프라노가 독창으로 밝은 위로의 감정을 표출하며 노래하며 합창은 고요

하게 응답한다.

독창: "지금은 너희가 근심하나 내가 다시 너희를 보리니

너희 마음이 기쁠 것이요.

너희 기쁨을 빼앗을 자가 없느니라"(요 16: 22).

합창: "어미가 자식을 위로함 같이

내가 너희를 위로할 것이니"(사 66: 13).

독창: "내가 잠시 일했을 뿐인데

그처럼 커다란 위안을 주시었도다"

(구약 외전의 벤시라의 지혜 51:35).

합창: "내가 너희를 위로할 것이니."

제6곡 독창(바리톤)과 합창

애통한 감정으로 시작하여 후.반부로 가면서 관현악의 총주와 함께 합창이

힘차게 고조된 후 승리의 환희를 담고 모방 대위법으로 진행하며 당당한

화음을 이루며 마무리한다.

합창: "이 땅에 영원한 도성이 없고

오직 장차 올 것을 우리가 찾나니"(히 13:14).

독창과 합창: "보라 내가 너희에게 비밀을 말하노니

우리가 다 잠잘 것이 아니요.

24

마지막 나팔 소리에 순식간에

홀연히 다 변화하리니"(고전 15:51).

합창: "나팔 소리가 남에 죽은 자들이 썩지 아니할 것이요.

다시 살고 우리도 변하리라"(고전 15:52).

독창: "기록된 말씀에 응하리라."

합창: "사망이 이김의 삼킨 바 되리라고,

사망아 너의 이기는 것이 어디 있느냐!

사망아 너의 쏘는 것이 어디 있느냐!'(고전 15: 54~55).

"우리 주 하나님이여 영광과 존귀와

능력을 받으시는 것이 합당하오니

주께서 만물을 지으신지라.

만물이 주의 뜻대로 있었고

지으심을 받았나이다"(계 4:11).

제7곡 합창

첼로의 엄숙한 가락이 바이올린과 비올라에 의해 모방되며 소프라노 파트를 시작으로 점점 가세하며 장엄하게 이어지며, 자유롭고 안정된 분위기로 전환되고 하프의 아르페지오와 함께 승천하는 사람이 기도하듯 평온하게 전곡이 마무리된다.

"지금 이후로 주안에서 죽는 자들은

복이 있도다 하시매

성령이 가라사대 그러하다

저희 수고를 그치고 쉬리니

이는 저희가 행한 일이 따름이라"(계 14:13).

 음악으로 변주된 성경

한번 죽는 것은 사람에게 정하신 것이요
그 후에는 심판이 있으리니 (히 9:27)

렘브란트(Rembrandt Van Rijn, 1606~1669) :
〈예루살렘의 파괴를 비탄해 하는 예레미야〉, 1630, 국립박물관, 암스테르담

베르디 레퀴엠
Requiem : Giuseppe Fortunino Francesco Verdi

－예레미야 애가를 닮은 폭발하는 슬픔

삶을 주관하시는 하나님

파스칼은 인간의 하나님에 대한 태도에 따라 세 가지 부류의 인생으로 구분하고 있다. 하나님을 모르고 하나님과 무관한 인생을 사는 사람을 '어리석은 자'라 했고, 하나님에 대해 의심하며, 탐구하며 사는 사람은 오히려 '불행한 자'라 했고, 하나님을 믿는 신앙심을 갖고 사는 사람을 진정 '행복한 자'라고 했다.

하나님께서 만드신 모든 것이 걸작이다. 우리는 하나님의 형상대로 만들어진 걸작 중의 걸작이며 하나님께서 가장 사랑하시는 존재이다. 사랑하시는 만큼 관심도 커 우리의 잘못을 결코 그냥 내버려 두지 않으신다.

"주께서 그 사랑하시는 자를 징계하시고 그의 받으시는 아들마다 채찍질하심
이니라 하였으니"(히 12:6).

하나님께서는 간혹 우리가 교만해져 하나님을 무시하고 그 뜻에 맞지 않는 삶을 살 수 있으므로 부모가 자식을 사랑하는 마음으로 우리에게 의의 길을 가도록 인도하시며 때론 시험하시고 고난을 주시며 이를 통해 우리의 믿음을 연단하신다.

"나의 가는 길을 오직 그가 아시나니 그가 나를 단련하신 후에는 내가 정금 같
이 나오리라"(욥 23:10).

하나님께서는 결코 우리를 실망시키지 않고 버리지도 않으신다. 자신의 사랑

하는 아들까지 바쳐가며 구원하신 존재인 우리를 어찌 포기할 수 있겠는가? 우리가 어떤 잘못을 하더라도 그 잘못을 하나님 앞에 내어 놓고 회개할 때, 하나님께서는 언제나 용서를 통하여 우리 인생 항로의 궤도를 수정하고 계신다.

"만일 우리가 우리 죄를 자백하면 저는 미쁘시고 의로우사 우리 죄를 사하시며 모든 불의에서 우리를 깨끗케 하실 것이요"(요일 1:9).

예레미야 애가의 연상

하나님의 언약의 백성과 땅은 믿음에 순종치 못하고 악을 행하여 이스라엘이 멸망하고 BC587년에 유다까지 멸망하게 된다. 선지자 예레미야는 바벨론의 말발굽 아래 무참하게 짓밟혀진 예루살렘의 폐허 현장에서 처참한 참상을 묘사하고 백성들에게 회개를 촉구하며 다시 한번 하나님께 간구하는 예레미야의 슬픈 노래를 들려준다.

"성막을 동산의 초막같이 헐어 버리시며 공회 처소를 훼파하셨도다 여호와께서 시온 가운데서 절기와 안식일을 잊어버리게 하시며 진노하사 왕과 제사장을 멸시하셨도다 (중략) 성문이 땅에 묻히며 빗장이 꺾여 훼파되고 왕과 방백들이 율법 없는 열방 가운데 있으며 그 선지자들은 여호와의 묵시를 받지 못하는도다"(애 2:6~9).

베르디(Giuseppe Fortunino Francesco Verdi, 1813.10.10~1901.1.27) 레퀴엠의 무섭게 폭발하는 '진노의 날'과 이어지는 '연송'은 예레미야 애가서를 연상시킨다. 무참하게 파괴되는 예루살렘과 하나님의 제단까지 짓밟히고 왕과 제사장, 선지자, 백성들 모두 포로로 붙잡혀 가게 되는 하나님의 무서운 심판을 묘사하는 유다의 슬픈 진혼곡과 닮아 있다. 베르디의 것은 다른 레퀴엠과 달리 죽은 자를 단

25

순히 위로하기보다 심한 진노로 고통 가운데 괴로워하는 인간들의 심정을 생생하게 재현한다. 그래서 이 곡은 무섭고도 슬프다. 그러나 하나님의 자비를 바라며 다음 곡을 이어 나간다.

"여호와의 자비와 긍휼이 무궁하시므로 우리가 진멸되지 아니함이니이다. 이것이 아침마다 새로우니 주의 성실이 크도소이다"(애 3:22~23).

또한 고난당하는 자는 하나님께서 그 목적을 이루실 때까지 잠잠히 기다리는 것이 하나님의 방법임을 알고, 겸손과 침묵으로 고난을 감수하라고 한다.

"무릇 기다리는 자에게나 구하는 영혼에게 여호와께서 선을 베푸시는도다. 사람이 여호와의 구원을 바라고 잠잠히 기다림이 좋도다"(애 3:25~26).

그리고 예레미야는 하나님께 눈물로서 애절하게 절규한다.

"여호와여 우리를 주께로 돌이키소서. 그리하시면 우리가 주께로 돌아가겠사오니 우리의 날을 다시 새롭게 하사 옛적 같게 하옵소서"(애 5:21).

'봉헌송'에 이어 '거룩하시다', '신의 어린 양'이 흐르며 예레미야가 하나님께서 아담을 심판하시고, 노아를 홍수로 심판하시고, 엘리야를 통해 칠천 명을 남기셨듯이 하나님의 백성에게 하신 언약을 잊지 말아 주실 것을 간절히 기도하는 중에 '영혼의 빛'이 울려 퍼지는 것과 겹쳐진다. 그런데 베르디가 예레미아애가서를 이 곡의 텍스트로 사용한 것은 아니므로 다른 사람들이 이 곡을 들을 때 어찌 느끼는지 모르겠지만 나는 애가서를 묵상할 때면 자연히 이 음악과 어우러지게 되면서 슬픔이 배가된다.

베르디는 이탈리아 오페라의 선구자 로시니와 그의 친구인 이탈리아의 대문호 만쪼니의 죽음을 추모하면서 레퀴엠을 쓴 것이다. 가사가 내포하는 극적인 요소들이 음악과 완전한 조화를 이루어 높은 완성도를 보이고 있다. 또한 엄숙한 종교음악이면서도 마치 오페라와 같이 극적인 박력과 화려함을 겸하고 있어 연주회용으로도 많은 사랑을 받고 있다. 레퀴엠은 1874년 완성되어 밀라노의 산 마르코 성당에서 120명의 합창단과 110명의 오케스트라 단원에 의해 베르디의 지휘로 초연되어 찬사를 받았고 이후 베르디가 직접 지휘한 자신의 작품 중 가장 빈번하게 연주된 곡으로 기록될 만큼 그가 애착을 가진 곡이다.

곡의 구성

베르디의 진혼곡은 모두 7장으로 나뉘어 있는데 4인의 독창자와 규모가 큰 대합창단, 그리고 오케스트라가 연주하는 대규모의 진혼곡이다. 가사는 라틴어로 되어 있는데 가톨릭 교회에서 "죽은 사람을 위한 미사" 에 쓰이는 의식용의 기도문이다.

제1곡 4중창과 합창 — 영원한 안식을 주소서(Requiem & Kyrie)

4중창과 합창으로 엄숙하게 노래된다. 여기서 키리에 부분에서는 "주여, 긍휼히 여기소서" 라는 말을 반복하면서 합창과 4중창으로 굳은 신앙을 노래한다.

"주여 그들에게 영원한 안식을 주소서.

영원한 빛을 그들에게 주소서.

주여 시온에서 찬미함이 진정 마땅하오니

예루살렘에서 당신께 서원이 바쳐지리이다.

주여 내 기도를 들어주소서.

모든 이가 당신에게 오리이다.

주여 그들에게 영원한 안식을 주소서.

영원한 빛을 그들에게 주소서.

주여 우리를 불쌍히 여기소서.

그리스도여 우리를 불쌍히 여기소서.

주여 우리를 불쌍히 여기소서.

모든 이가 그들에게 내려 주옵소서."

제2곡 심판의 날(Dies Irae)

심판의 날 광경에 9개의 소제를 붙인 악상의 변화가 심하며 감정이 풍부하게 담겨있는 이 곡의 가장 핵심이라 할 수 있는 부분이다. 하나님의 분노가 극에 달함을 극적으로 표현한 '진노의 날'로 시작하여 '눈물의 날'까지 이 세상에 내려지는 최후의 심판 날을 드라마틱하게 묘사하고 있다.

진노의 날(Dies irae)

"진노와 심판의 날이 임하면 다윗과 시빌의 예언따라

하늘과 땅이 모두 재가 되리라.

모든 선과 악을 기리시려 천상에서 심판관이 내려오실 때

인간들의 가슴은 공포로 찢어지리."

최후 심판의 나팔(Tuba mirum)

"놀라운 나팔소리가 온 땅의 무덤위로 파고들어

모든 이를 보좌 앞에 모으리라.

심판 주께 대답하기 위해 모든 피조물이 깨어날 때

죽음이 엄습하고 만물은 진동하리."

적혀진 책은(Liber Scriptus)

"보라 모든 행위 기록들이 엄밀하게 책에 적혔으니

음악으로 변주된 성경

그 장부 따라 심판하시리.

심판주께 좌정하실 때 모든 숨겨진 행위가 드러나리니

죄 지은 자 벌 받지 않는 이 없으리라."

가엾은 나(Quid Sum Miser)

"어린 인간은 무엇을 탄원하며 누가 나를 위해 중재할까

자비가 필요한 그때는 언제일까."

위엄의 왕이시여(Rex tremendae)

"위엄과 공포의 왕

값없이 우리를 구하시니 긍휼의 기원이여

그 때에 우리를 도우소서."

착한 예수 기억하사(Recordare Jesu pie)

"우리를 구원하시기 위해 육체를 입으신

자비로운 예수 구원의 때에 나를 기억하시고

나를 버리고 떠나지 마소서.

나를 찾으시려 힘들고 피곤하셨으며 나로 인하여 십자가에 고난 당하시니

그런 은혜를 어찌 헛되게 할까.

공정하신 심판주여 심판의 그날 전에 우리 죄 사하여 주옵소서."

나는 탄식한다(Ingemisco)

"내가 죄로 인해 슬퍼하며 부끄러움으로 고통스러워하나

신음하고 간청하나이다. 주여 죄 사하소서.

죄 많은 여인을 사하여 준 것 같이 죽어가는 도둑이 용서를 받은 것 같이

내게도 희망을 주셨도다.

나의 기도와 탄식은 보잘것 없으니.

인자하신 주의 은총으로 영원한 불에서 나를 구하소서.

25

나를 염소 떼 속에 두지 마시고 택하신 양들 중에 자리 주시고

주의 오른편으로 나를 놓이소서."

심판 받은 자들 불꽃에서(Confutatis)

"사악한 자들을 깨뜨리어 꺼지지 않는 불꽃으로 심판하실 때

나를 부르사 주의 성자들로 둘러싸소서.

내가 무릎 꿇고 진심으로 복종하나이다.

재가 되도록 뉘우침을 보소서 나의 종말을 돌보소서."

눈물의 날(Lacrimosa)

"눈물과 슬픔의 그 날이 오면

땅의 먼지로부터 일어난 심판자들이 주 앞에 나아오리.

하나님 자비로써 그들을 사하소서.

긍휼의 주 예수여 축복하사

그들에게 당신의 영원한 안식을 주소서. 아멘."

제3곡 봉헌송(Offertorio)

"주 예수 그리스도여! 영광의 왕이여!

모든 죽은 자들의 영혼을

지옥의 형벌과 깊은 구렁에서 구하소서.

사자의 입으로부터 그들을 구하소서.

지옥이 그들을 삼키지 않게 하시고

그들이 어둠 속에 빠지지 않게 하소서.

성 미카엘의 인도에 따라

일찍이 아브라함과 그의 후손들에게 언약하신

거룩한 빛의 세계로 그들을 이끄소서.

주여 찬양과 기도의 제물을 드리니

우리가 오늘에 기리고자 하는 영혼들을 생각하사 받아주소서.

주여, 일찍이 아브라함과 그 자손에게 언약하신 것처럼

그들을 사망을 지나 생명으로 나아가게 하소서.

지옥의 형벌로부터 산 자들의 영혼을 구하시어

그들을 사망을 지나 생명으로 나아가게 하소서."

제4곡 거룩하시다(Sanctus)

강하게 세 번 울리는 트럼펫이 삼위일체를 상징하며 빠르고 격렬하게 푸가 형식으로 풍부한 화성이 어우러지며 진행된다.

"거룩, 거룩, 거룩하도다. 만군의 주 하나님.

온 하늘과 땅이 주의 영광으로 가득 찼도다.

하늘 높은 곳에서 호산나.

주의 이름으로 오시는 이여 찬양 받으소서.

하늘 높은 곳에서 호산나."

제5곡 독창(소프라노, 메조소프라노)과 합창 — 하나님의 어린 양(Agnus Dei)

독창과 합창이 반복하며 단순한 멜로디가 6회 반복되는데 여러 악기와 소리의 중복이 서로 다른 데서 오는 소박한 아름다움을 준다. 후반에 플루트 반주에 지극히 평화로운 2중창과 합창으로 마무리한다.

"하나님의 어린 양,

세상 죄 짐 지신이여 그들에게 안식을 허락하소서." (반복)

25

제6곡 영원한 빛을(Lux aeterna)

천국을 상징하는 플루트의 반주로 메조소프라노가 노래를 시작하여 베이스가 가세하며 아름다운 2중창이 서로 화답하며 고요하게 울리며 신비로운 여운을 더해준다.

"영원한 빛이신 주는 광명 내리소서.

주여, 당신의 성도들과 마찬가지로 주는 선하시기 때문에

죽은 이들이 영원한 안식에 거하게 하시고

영원한 빛 내리소서."

제7곡 나를 용서하소서(Libera me)

소프라노가 무반주로 노래 부르며 합창이 가세한다. '진노의 날'의 동기가 강하게 울려 퍼지고 다시 소프라노와 합창이 첫곡인 레퀴엠의 주제를 부르며 숭고하고 조용하게 마무리한다.

"주여, 천지를 진동시킬 무서운 그 날

세상을 불로써 심판하기 위해 오시는 그 날에

원컨대 저를 영원한 죽음에서 해방시켜 주시옵소서."

일곱째 천사가 소리 내는 날 그 나팔을 불게 될 때 하나님의 비밀이
그 종 선지자들에게 전하신 복음과 같이 이루리라(계 10:7)

미켈란젤로(Michelangelo Buonarroti, 1475~1564) : 〈최후의 심판〉, 1537~41, 시스테나 예배당, 바티칸

시간의 종말을 위한 4중주
Quatuor pour la fin du Temps : Olivier Messiaen
– 요한계시록에서 길어낸 영원의 빛과 평화의 묵시

전쟁의 한가운데서 본 희망의 빛

마치 영화의 한 장면을 보는 듯한 음악회를 상상해 본 적이 있는가?

2차 세계대전의 포성 속에서 폴란드의 한 포로수용소의 마당에 오천 명의 포로가 운집한 가운데 정물화 같은 4명의 연주자가 있다. 정적을 깨는 클라리넷 소리가 포로들의 귀를 집중시키며 깊은 감동에 빠져드는 연주자와 청중의 모습을 그려본다. 작곡가인 한 포로가 만든 음악으로 작곡자 자신이 피아노를 치고 또 다른 세 명의 포로들의 손에 들리워진 바이올린, 첼로, 클라리넷이 그 어떤 음악회보다도 진지한 모습으로 특별한 4중주를 들려준다. 이들이 들려준 음악은 심신이 지친 포로들을 위로하는 감미로운 낭만파의 음악도 아니요, 그들 대부분의 고국인 프랑스의 향수를 자아내는 음악도 아니며, 나치의 정신을 고양시키는 독일적인 음악은 더욱 아닌 전혀 새로운 음악이 연주되는 이색적인 퍼포먼스이다.

이런 영화 같은 상황이 1941년 1월 15일 폴란드의 괴르리츠에 위치한 스타라크 A8 포로수용소 내에서 실제로 벌어진다. 동료 포로들이 지켜보는 가운데 메시앙((Messiaen, Oliver-Eugene-Proper-Charles, 1908.12.10~1992.4.28)은 자신의 유일한 실내악곡 '시간의 종말을 위한 4중주'를 초연한 것이다. 당시 프랑스군의 일원으로 참전하여 독일군의 포로가 된 메시앙은 이 포로수용소에 붙잡혀 온 파스퀴에 3중주단의 단원인 세 명의 포로들 — 첼리스트 에띠엥 파스퀴에, 바이올리니스트 장 르 블레어, 클라리넷의 앙리 아코카 — 를 만나게 되었고, 이들 모두 자신의 악기를 갖고 있음에 고무된 메시앙은 이들과 함께 연주할 수 있는 곡을 계획하게 된다. 드디어 곡이 완성되어 이 세 명의 연주자와 메시앙이 특이한 구성의 4중주를 연주한 것은 아주 흥미로운 사건으로 음악사에 기록되고 있다. 당시 사용된 피아노는 조율도 안 되어 있고 건반도 몇 개 주저앉아 있었으며, 줄이 세 개뿐인 첼로가 사용되었으나 후일 메시앙은 당시의 연주에 대해 "결코, 나는 그 만큼 주의 깊게, 그리고 이해하면서 음악을 들은 적이 없었다"고 이야기하고 있다.

어려서부터 독실한 가톨릭 신자로서 그의 대부분의 작품은 성경을 바탕으로 한 종교음악적인 색채가 강하게 나타나고 있다. 특히 이 곡은 혼란한 전쟁의 와중에서 게다가 자유롭지 못한 포로의 몸이지만 이와 같은 어두운 현실을 극복하려는 강한 믿음을 바탕으로, 외적인 구속의 강도가 크면 클수록 내면의 자유에 대한 무한한 갈망으로 오히려 창작의 욕구를 더욱 강력하게 부추겨 그의 신앙과 그의 모든 작곡 기법을 집약해 만든 메시앙 음악의 종합체로 볼 수 있다. 대부분의 현대 음악은 인간의 직관과 감각에 호소하고 있어 들을 때는 신선하지만 다 듣고 난 후 여운이 부족하다. 그러나 메시앙의 '시간의 종말을 위한 4중주곡'은 엄청난 상상력을 불러일으키며 황홀한 감동을 남겨준다.

요한계시록과의 조화

메시앙은 늘 악보의 시작 부분에 작곡기법과 주제 및 부제에 대한 설명을 하고 있다. 이 곡의 악보에도 작품의 주제와 각 악장에 대한 주석, 그리고 자신의 리듬 어법에 대한 이론과 연주자의 해석에 도움이 될 수 있는 조언이 포함되어 있다.

"이 곡은 성경의 요한계시록 10장에서 직접 영감을 얻었다. 그 음악 어법은 본질적으로 비물질적·정신적이며 가톨릭적인 것이다. 선법은 선율적·화성적으로 부분부분 조성에 배경을 두고 있다는 것을 느낄 수 있다. 모든 박자의 틀 밖에

26

있는 특수한 리듬이 거기에서 일시적인 것을 멀리하게끔 크게 기여하고 있다.

이 4중주곡은 8악장으로 되어 있다. 그것은 무엇 때문일까? 7은 완전한 수이며, 6일간의 천지창조가 이 신의 안식일에 의해 성스럽게 된다. 휴식의 제7일은 무궁 속에 연장되며, 제8일은 영원의 빛과 불변하는 평화를 의미한다."

그렇다. 메시앙은 전쟁의 피해자로서 그 누구보다도 평화에 대해 열망한다. 많은 작곡가들이 전쟁을 소재로 음악을 만들었다. 리하르트 슈트라우스의 '메타모르포젠', 쉰베르크의 '바르샤바의 생존자', 펜데레츠키의 '히로시마 희생자를 위한 애가', 브리튼의 '전쟁레퀴엠' 등 하나 같이 전쟁의 참상을 알리며 평화를 갈망하고 있는 것과 같이 메시앙도 마찬가지다. 그러나 메시앙은 그 희망의 빛을 성경의 요한계시록에서 찾고 있다는 점이 다르다.

이 곡의 결정적인 작곡 모티브는 바로 성경의 가장 마지막 책인 요한계시록의 10장이다. 특히 이 장은 세상의 종말에 하나님께 쓰임 받을 사명자에게 소명을 전달하는 과정이 마치 그림처럼 묘사되고 있다. 요한계시록은 요한이 환상 중에 계시를 받아 기록한 묵시록으로 종말론적인 완성의 빛을 현재에 비춰게 하려는 것으로 난해하다. 메시앙의 음악이 난해하고 상징적이듯 계시록 또한 그러하다. 요한이 밧모섬에 유배되어 계시록을 기록하였듯이 메시앙은 포로로 붙잡힌 상태에서 이 곡을 완성하였다. 절망 가운데 황홀한 희망을 바라본 두 사람과 교감하며 이 음악을 듣는다. 이 곡이 비현실적인 색채의 소용돌이 속에 현기증 나는 황홀경으로 빠져들게 한다고 메시앙이 스스로 밝힌 것처럼….

천사가 소리 내는 날 그 나팔을 불게 될 때에 하나님의 비밀이 복음과 같이 이루어질 것을 예언하며, 천국의 커튼을 아주 조금 열어 보여주시며 우리에게 기대를 또 다른 선물로 주신 것같이, 메시앙은 이 곡의 마지막 악장에서 장대한 바이올린의 독주로 '지극히 느리고 편안하고 기쁨에 넘쳐' 라는 악상기호를 제시하며 최고음의 길고 긴 잔향(殘響)에 실어 파라다이스를 향해 점점 상승하는 느낌으로 데려간다. 성경과 이처럼 절묘한 조화를 이루는 음악이 또 있을까? 이 순간 메시앙은 "그리하여 나는, 이미 말한 바를 다시 한 번 소리 높여 외친다. 이러한 모든 것들도 주제의 압도적인 장대함에 비하면, 한 조각의 시도나 외마디 소리에 불과한 것이다"라 덧붙인다.

 곡의 구성

곡은 모두 8개의 악장으로 구성되어 있으며, 악장 별로 악기의 구성과 주된 악기가 다르다. 특히 동일한 부제인 '예수의 영원성에의 송가'의 5악장과 8악장은 각각 피아노와 첼로, 피아노와 바이올린의 2중주로 대비시키고, 악상기호도 5악장은 '기쁨에 넘쳐서, 무한히 느리게'로 8악장은 '극도로 느리고 편안하게, 기쁨에 넘쳐'로 지정하며 연주시 감정과 속도를 서로 바꾸어 미묘한 감각적인 차이를 보이고 있다.

제1악장 : 수정체의 예배 (Liturgie de cristal)

"오전 3시부터 4시 사이, 새들의 눈뜸, 무수한 소리와 나무 사이를 빠져나와 저 멀리 높은 곳으로 사라져 가는 트릴의 광채에 싸여서 독주자는 개똥지빠귀 · 꾀꼬리 소리 같은 즉흥 연주를 펴나간다." 피아노의 화성진행과 첼로의 하모닉스에 에워싸인 바이올린과 클라리넷이 새의 노래를 부른다. 조심스런 고조와 첼로의 하모닉스의 여운으로 끝을 향한다.

"이것을 종교적인 플랜으로 바꿔보길 바란다. 하늘의 해탈의 조용함을 얻게 될 것이다."

제2악장 : 시간의 종말을 고하는 천사들을 위한 보칼리즈

(Vocalise, pour l' Ange qui annonce la findu temps)

26

"제1, 3부분이 강한 천사의 힘을 나타낸다. 천사는 머리에 무지개를 쓰고, 몸은 구름에 싸여 한쪽 발은 바다에, 한쪽은 땅을 밟고 있다. 피아노에 배당된 블루 오렌지 화음의 감미로운 폭포가 멀리서 들리는 종의 울림으로 바이올린과 첼로의 성가풍의 선율로 감싸인다."

천사의 노래, 즉 성가이다. 힘에 넘치는 피아노로 악장을 시작하며 제 2부에서는 바이올린과 첼로가 2옥타브 간격을 유지하면서 '무지개 빛으로 빛나는 물방울' 을 나타내는 피아노 소리와 함께 천국의 힘을 상기시킨다.

제 3 악장 : 새들의 심연 (Abime des oiseaux)
"심연, 그것은 슬픔과 권태의 '때' 이다. 새들은 '때' 와 대립한다. 이것은 별과 빛과 무지개, 그리고 환희의 보칼리즈로 향하는 우리의 소원이다."

클라리넷의 독주이다. '심연(abyss)' 은 메시앙이 자주 사용하는 주제로 '무(無)' 의 상징, 죽음에 직면하는 인간의 경험에 대한 상징이다. 새의 소리가 들려오는 동안 그의 정신적인 환희, 해탈에의 중심적인 이미지는 계속해서 현실화된다.

제 4 악장 : 간주곡(Intermede)
"스케르쪼, 다른 악장에 비해서 외면적인 성격을 가지고 있으나 그럼에도 불구하고 몇 개의 멜로디를 순환시키면서 연관성을 맺고 있다."

피아노가 빠진 3중주의 스케르쪼로 전곡 중에서 눈에 띄게 선율적이며 리듬적으로 6악장을 암시하고 1악장을 회상하고 있다. 클라리넷은 여전히 새의 소리를 흉내 내고 있으며 바이올린과 종달새의 울음소리를 주고받는다.

제 5 악장 : 예수의 영원성에의 송가(Louange a l' Eternite de Jesus)
"예수는 여기에서 '말씀' 으로 다루어진다. 첼로의 끝없이 이어지는 장대한 프레이즈가 힘차고 감미로운 '말씀이신 예수' 의 영원성을 사랑과 경건함으로 찬양한다."

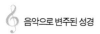

첼로와 피아노의 2중주로 피아노의 신비스런 반주 위에 경건하기 그지없는 첼로의 선율이 도도히 흐르며 '기쁨에 넘쳐서, 무한히 느리게' 라는 악상 기호에 맞춰 '말씀' 으로서의 예수를 노래한다.

제 6 악장 : 7개의 나팔을 위한 광란의 춤

(Danse de la fureur, pour lessept trompettes)

"음악의 돌, 강철의 저항할 수 없는 움직임, 절망적인 운명의 거대한 벽, 자포자기의 얼음, 결정적으로 악장의 말미에 이러저리 움직이는 공포의 포르티시모를 들으라. 율동 면에 있어서 이 악장은 전 악장 중에서 가장 특징이 있다. 4개의 악기는 유니즌으로 공과 나팔을 모방한다."

네 개의 악기가 계속해서 동일한 음형을 강하게 연주한다. 악장 전체가 강력하고 리드미컬한 테마에 기초하고 있으며 공포와 위엄을 상징하고 있는 듯 하다. 라틴어 전례미사의 'Tuba mirum' (최후 심판의 나팔) 같이 네 개의 악기가 어떻게 트럼펫의 소리를 암시하고, 결국 징의 소리까지를 암시하는지를 그림으로 남기기까지 했다.

제 7 악장 : 시간의 종말을 고하는 천사들을 위한 무지개의 착란

(Fouillis d'arcs—en—ciel, pour l'ange qui anonce la fin du temps)

"나의 꿈 속에서 나는 낯익은 색과 모양으로 분할된 화성과 멜로디를 보고 듣는다. 그리고서 이 변화하는 풍경 뒤에 비현실 속을 지나가고 초인적인 색채의 소용돌이치는 침투 속에 현기증 나는 황홀경으로 빠져든다."

"제2악장에서의 몇 개의 패시지가 여기서 재연된다. 힘에 넘치는 천사가, 그리고 불로 된 검과 블루 오렌지의 용암의 흐름, 갑자기 나타나는 별, 거기에 착란의 무지개가 나타난다."

26

제 8 악장 : 예수의 영원성에의 송가(Louange a l'mmortalite de Jesus)

'바이올린의 장대한 독주로 왜 두 번째의 송가인가. 이 송가는 특히 예수의 제 2의 모습, 즉 인간 예수로서 육체화하여 우리에게 생명을 주기 위하여 소생한 '말씀'으로 지향되는 완전한 사랑인 것이다. 고음역의 정점을 향한 느린 고조, 이는 인간이 '산'에게, 신의 아들이 '성부'에게 피 창조물이 '천국'을 향하는 상승이다."

5악장에 대응하는 악장이다. 이번에는 '극도로 느리고 편안하게, 기쁨에 넘쳐' 라는 악상기호를 붙이고 있다. 피아노의 반주를 받는 바이올린은 인간으로 다시 태어나신 예수를 찬양하고 있다.

참고문헌

● 『NIV 한영해설성경』, 아가페출판사, 1997.

● 『세계명곡해설대사전 전집18권』, 국민음악연구회, 1978.

● 홍세원 저, 『교회음악의 역사』, 벨로체, 2002.

● 클라우드 V. 팔리스카 저, 김혜선 역, 『바로크음악』, 다리, 2000.

● 레이 M. 롱이어 저, 김혜선 역, 『19세기 낭만주의 음악』, 2001.

● 에릭 살쯔만 저, 김혜선 역, 『20세기 음악』, 다리, 2001.

● 쳇 레이모 저, 김혜원 역, 『아름다운 밤하늘』, 사이언스북스, 2004.

● 러셀 셔먼 저, 김용주 역, 『피아노 이야기』, 이레, 2004.

● 계민주 저, 『교회 음악 이해』, 도서출판 한글, 2003.

● Frank Garlock, Kurt Woetzel 공저, 홍성수 역, *Music in the balance*, 『위험에 처한 교회음악』(역명), 두풍, 1997.

● 이동원 저, 『골고다에서 본 예수의 삶』, 나침반 출판사, 9판, 2003.

● 노성두 저, 『성화의 미소』, 아트북스 초판, 2004.

● 힌리히 반 데메스트 저, 공찬숙 · 여상훈 역, 『음악치료』, 도서출판 시유시, 2003.

● 문성모, "시편의 표제와 음악에 관한 연구", 1998.

● 이성은, "멘델스존의 오라토리오 연구(사도바울을 중심으로)", 2003.

● 『음악의 벗사』, "비발디(명곡해설 라이브러리 7)", 음악세계사, 2001.

● 『음악의 벗사』, "바흐(명곡해설 라이브러리 4)", 음악세계사, 2000.

● 폴 뒤 부셰 저, 권재우 역, 『바흐:천상의 선율』, 시공사, 1996.

● J.E. 멕케이브 저, 이 디모데 역, 『헨델의 메시아』, 대한기독교서회, 1994.

● 『하이든(명곡해설 라이브러리 10)』, 음악의벗사, 음악세계사, 2002.

● 노베르트 엘리아스 저, 박미애 역, 『모짜르트』, 문학동네, 1999.

● 미셸 파루티 저, 권은미 역, 『모짜르트: 신의사랑을 받은 악동』, 시공사, 2005.

● http://www.wga.hu